이렇게만 하면 구글 스프레드시트는 끝!

이렇게만 하면 구글 스프레드시트는 끝!

초판 1쇄 인쇄 | 2022년 9월 20일
초판 1쇄 발행 | 2022년 9월 25일

지은이 | 김종원
펴낸이 | 김휘중
펴낸곳 | 위즈플래닛
주 소 | 서울시 양천구 목동 923-14 현대드림타워 1307호
　　　　　경기도 파주시 탄현면 방촌로 548(축현리 409) (물류 - 신한전문서적)
전 화 | (직통) 070-8955-3716 / (주문) 031-942-9851
팩 스 | 031-942-9852
등 록 | 2012년 7월 23일 제2012-25호
정 가 | 22,000원
ISBN | 979-11-88508-23-5 13000

기획/진행 | Vision IT
표지/내지 디자인 | Vision IT
인스타그램 | www.instagram.com/wizplanet_book/
페이스북 | www.facebook.com/wizplanet

> 열정과 도전을 높이 평가하는 위즈플래닛에서는 참신한 아이디어와 역량 있는 필자를 언제나 기다리고 있습니다.
> IT 전문서에 출간 계획이 있으시면 간단한 기획안을 메일로 보내주세요.
> 원고 투고 및 문의 : leo45@hanmail.net

Published by Wiz Planet, Inc. Printed in Korea
Copyright ⓒ 2022 by 김종원 & Wiz Planet, Inc.

이 책의 저작권은 김종원과 위즈플래닛에 있습니다.
이 책은 저작권법에 의해 보호를 받는 저작물이므로 무단 복제 및 무단 전재를 금합니다.

※ 잘못된 책은 바꾸어 드립니다.

머리말

초등학교 때 친구 집에 놀러 갈 때마다 집착하듯 가지고 놀던 장난감이 있었습니다. 그 장난감은 바로 레고였습니다. 레고를 보자마자 무작정 블록을 끼워 맞췄고, 어느 정도 완성되면 자연스럽게 기사나 괴물이 등장하면서 장황한 상황극을 펼쳤습니다. 요즘, 우리 집의 아이들은 마인크래프트 게임을 합니다. 가상 세상에서 다양한 물질로 기찻길, 지하 세계, 거대한 건물을 만들면서 자신만의 세상을 창조합니다. 어느 정도 완성하면 자신이 직접 그 세상에 들어간 것처럼 신나게 누비면서 즐길 수 있습니다.

구글 스프레드시트를 사용할 때마다 레고와 마인크래프트를 생각합니다. 조건, 규칙, 환경을 스스로 만들고, 그 환경 안에서 콘텐츠를 채워 나간다는 점에서 비슷한 부분이 많습니다. 예전에는 하나의 데이터베이스를 구축하기 위해 전문가에게 비싼 비용을 치르고 서버까지 운용해야 하기 때문에 많은 유지비가 들었습니다. 하지만 구글 스프레드시트를 사용하면 언제 어디서나 데이터를 축적하고, 활용하는데 전혀 비용이 들지 않습니다. 조직의 데이터 관리 도구를 만들어서 직접 활용하고, 쉽게 개선할 수 있다는 것이 매우 매력적입니다.

구글 스프레드시트의 또 다른 매력은 엑셀이 인터넷과 만나 클라우드형 스프레드시트가 되었다는 점입니다. 저장한 파일이 클라우드에 항상 있으므로 내 컴퓨터를 끄더라도 어떤 디바이스에서든 편리하게 접근해서 사용할 수 있고, 다른 이용자와 원본을 공유하여 동시 작업을 할 수 있기 때문에 취합이 전혀 수고스럽지 않습니다. 여기에 인터넷 정보를 크롤링하는 함수가 있어 어려운 코딩을 알지 못해도 데이터를 쉽게 수집할 수 있습니다. 결론적으로 데이터베이스 서버를 운영해야 얻을 수 있는 효과를 구글 스프레드시트에서 얻을 수 있습니다.

이 책을 통해서 데이터 관리 도구를 쉽게 제작할 수 있고, 클라우드형 스프레드시트의 이점을 최대한 전달하려고 노력했습니다. 수시로 업데이트되어 변화하는 구글 스프레드시트의 최신 버전을 적용하기 위해 조언을 아끼지 않으면서 끝까지 이 책이 출간될 수 있도록 애써 주신 위즈플래닛의 김휘중 대표님 감사합니다. 조직의 정보를 어떻게 데이터화 하고, 관리 및 분석할까를 고민하면서 디지털 전환을 모색하는 모든 사람들에게 본 도서가 조금이라도 도움이 되기를 진심으로 바랍니다.

저자 김종원

이 책의 구성

| 안내 사항 |

이 책은 Chrome 버전 104.0.5112.102(공식 빌드) (64비트)에 최적화되어 있습니다. 구글의 정기적인 업데이트로 인하여 화면 메뉴 구성이 조금씩 다를 수 있지만 책의 내용을 학습하는 데 큰 문제가 되지는 않습니다.

Section

이번 섹션에서 배울 내용에 대해 전체적인 개념과 학습 목표를 설명합니다.

따라하기

해당 내용을 쉽고 빠르게 학습할 수 있도록 따라하기로 실습 내용을 구성하였습니다.

SECTION 02 댓글로 업무 할당

댓글을 사용하면 공유 사용자와 공동 작업을 하면서 셀별로 추가 작업 지시, 수정 의뢰 등을 요청할 수 있습니다. 채팅에서는 사용자가 구글 스프레드시트 문서를 닫으면 채팅 기록이 사라지는 반면에서 댓글은 지속적으로 남겨집니다.

01 **'댓글로 업무 할당' 예제 파일**을 불러온 후 [E6] 셀에서 마우스 오른쪽 버튼을 클릭하고, [댓글]을 선택합니다.

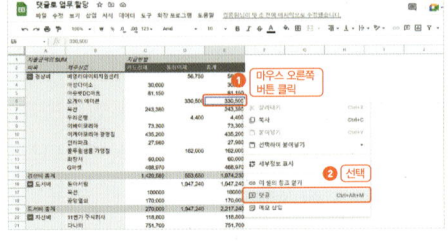

02 댓글 팝업 창의 댓글 입력란에 업무 할당 대상을 언급하기 위해서 '@'과 함께 구글 계정을 입력한 후 댓글 내용을 작성하고, '(계정)에게 할당'을 선택한 다음 [할당] 버튼을 클릭합니다.

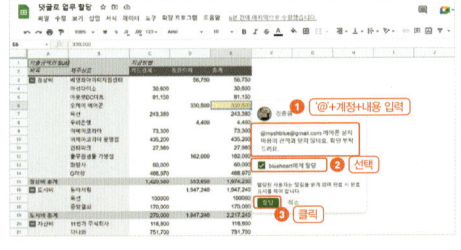

098 구글 스프레드시트

Google Spreadsheet

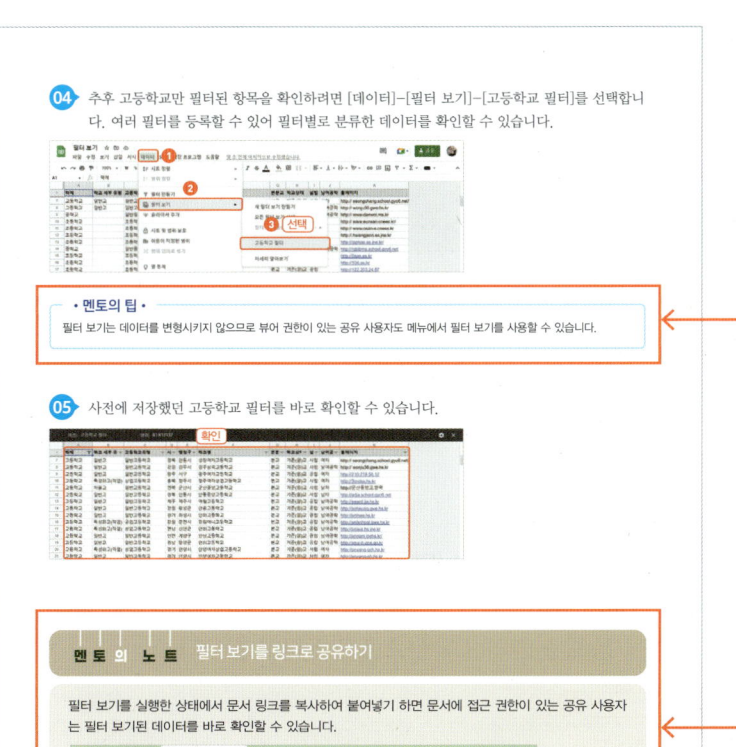

멘토의 팁

따라하기 과정 중에서 추가적으로 알아두면 도움이 되는 기능을 설명하였습니다.

멘토의 노트

해당 섹션에서 추가적인 내용이나 핵심 기능을 그림으로 자세히 설명하였습니다.

예제 파일(소스) 활용 방법

본 도서에 수록된 모든 예제 파일(문서)은 해당 웹사이트에서 제공합니다. 단, 올바른 실습을 위해서 예제 파일(문서)을 반드시 사본으로 만들어 사용해야 합니다. 사본 만들기를 진행한 모든 구글 스프레드시트 예제는 본인 계정의 구글 드라이브에서 확인할 수 있습니다.

01 구글 스프레드시트 예제 웹사이트(https://sites.google.com/view/exsheet)로 접속한 후 실습에 필요한 예제 파일 링크를 클릭합니다.

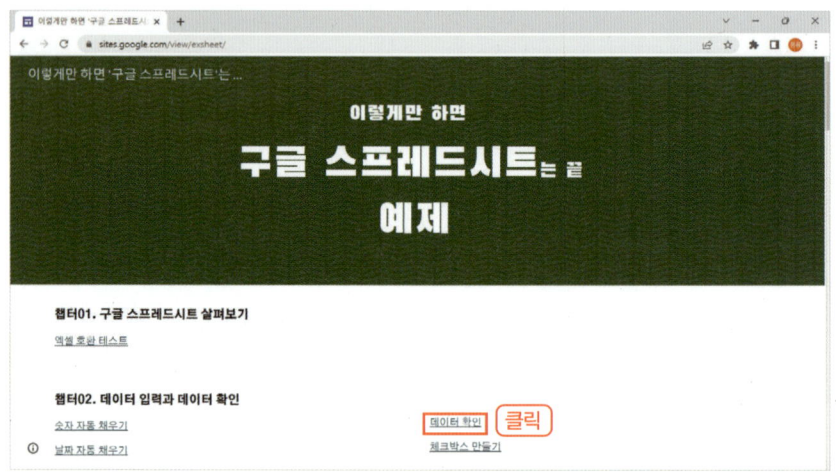

02 새로운 탭에 해당 예제 파일(문서)이 나타나면 메뉴에서 [파일]-[사본 만들기]를 선택합니다. 해당 파일(문서)은 뷰어 권한으로 설정되어 수정되지 않으므로 실습을 진행하려면 사본 생성을 통해 본인의 소유권으로 만들어야 합니다.

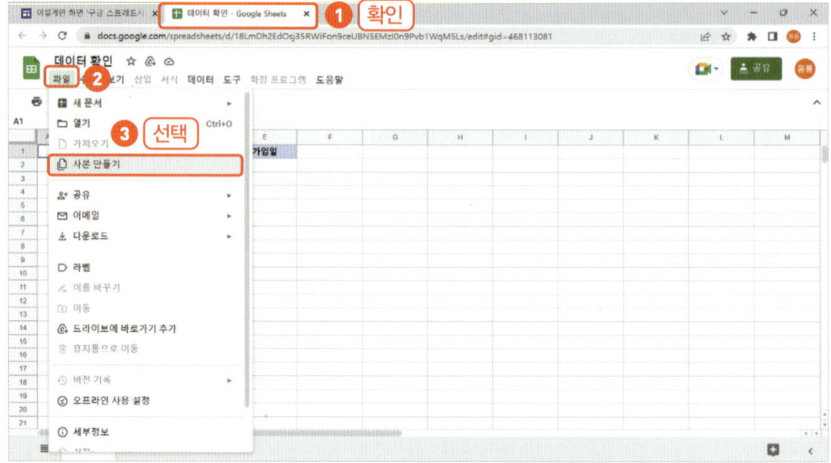

03 [문서 복사] 대화 상자에서 이름을 확인하고, [사본 생성] 버튼을 클릭합니다. 이때, '이름' 입력란에서 문서 이름을 변경하거나 '폴더' 항목에서 폴더의 위치를 변경할 수 있습니다.

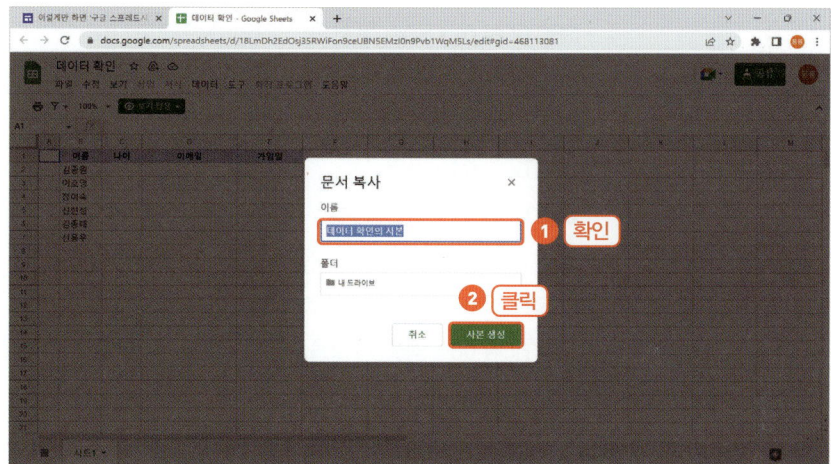

04 새로운 탭에 복사본이 나타나므로 해당 예제 파일(문서)에서 실습을 진행할 수 있습니다. 구글 드라이브로 이동하면 사본 만들기로 만든 문서 목록을 확인할 수 있습니다.

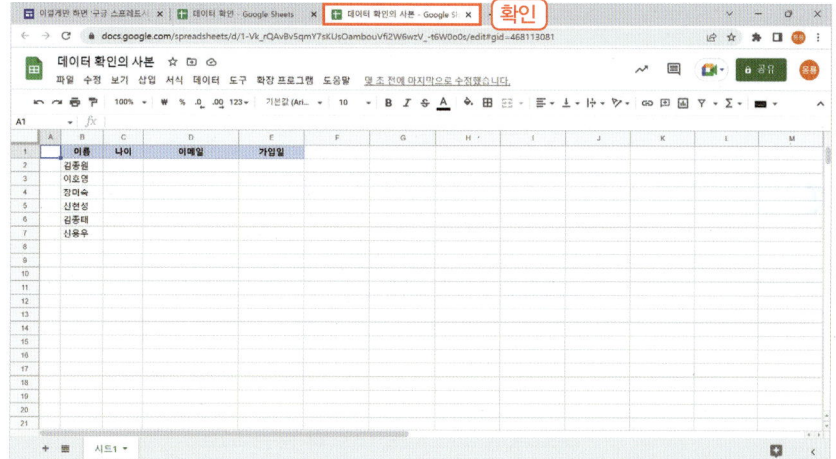

목 차

머리말 　　　　　　　　　　　　　　　　　　　　003
이 책의 구성 　　　　　　　　　　　　　　　　　　004
예제 파일(소스) 활용 방법 　　　　　　　　　　　　006

CHAPTER 01　구글 스프레드시트의 기본 환경

- SECTION 01 • 구글 문서 편집기의 스프레드시트　　　012
- SECTION 02 • 구글 스프레드시트를 써야 하는 이유　　014
- SECTION 03 • 구글 스프레드시트 시작하기　　　　　016
- SECTION 04 • 공유　　　　　　　　　　　　　　　021
- SECTION 05 • 버전 기록　　　　　　　　　　　　　028
- SECTION 06 • 사본 만들기　　　　　　　　　　　　031
- SECTION 07 • 엑셀 파일로 저장 및 편집하기　　　　034
- SECTION 08 • 엑셀 파일을 구글 스프레드시트 문서로 변환　040

CHAPTER 02　데이터 입력과 데이터 확인

- SECTION 01 • 데이터 형식　　　　　　　　　　　　044
- SECTION 02 • 자동 채우기와 자동 완성　　　　　　　048
- SECTION 03 • 데이터 서식　　　　　　　　　　　　055
- SECTION 04 • 데이터 확인　　　　　　　　　　　　060
- SECTION 05 • 체크박스 만들기　　　　　　　　　　065
- SECTION 06 • 드롭다운 만들기　　　　　　　　　　068
- SECTION 07 • 맞춤 수식 만들기　　　　　　　　　　071

CHAPTER 03　셀과 시트 다루기

- SECTION 01 • 셀과 행/열 선택　　　　　　　　　　074
- SECTION 02 • 셀 서식　　　　　　　　　　　　　　078
- SECTION 03 • 조건부 서식　　　　　　　　　　　　083
- SECTION 04 • 시트 관리　　　　　　　　　　　　　086
- SECTION 05 • 시트 보호와 범위 보호　　　　　　　　091

Google Spreadsheet

CHAPTER 04 온라인 소통을 위한 공동 작업

- SECTION 01 · 실시간 채팅 — 096
- SECTION 02 · 댓글로 업무 할당 — 098
- SECTION 03 · 알림 규칙 — 102

CHAPTER 05 수식 입력과 붙여넣기

- SECTION 01 · 수식과 연산자 — 106
- SECTION 02 · 참조 방식 — 108
- SECTION 03 · 셀 범위 이름 지정 — 113
- SECTION 04 · 서식 복사와 붙여넣기 — 115

CHAPTER 06 필터와 피봇 테이블

- SECTION 01 · 데이터 정렬 — 122
- SECTION 02 · 필터 만들기 — 125
- SECTION 03 · 필터 보기 — 130
- SECTION 04 · 피봇 테이블 — 132

CHAPTER 07 차트와 슬라이서

- SECTION 01 · 차트의 종류 — 140
- SECTION 02 · 다양한 차트 작성하기 — 144
- SECTION 03 · 슬라이서 만들기 — 152
- SECTION 04 · 대시보드에서 슬라이서 사용하기 — 155

CHAPTER 08 기본 함수 활용하기

- SECTION 01 · 함수의 이해 — 160
- SECTION 02 · 조건 함수 — 162
- SECTION 03 · 문자열 함수 — 171
- SECTION 04 · 날짜/시간 함수 — 179
- SECTION 05 · 찾기/참조 함수 — 189
- SECTION 06 · 기타 유용한 함수 — 194

목 차

CHAPTER 09 배열을 다루는 함수

- SECTION 01 • 수식에서 배열 사용하기   202
- SECTION 02 • 배열 함수   208
- SECTION 03 • FILTER와 QUERY 함수   215
- SECTION 04 • ARRAYFORMULA 함수   226
- SECTION 05 • 데이터 집계 함수   232

CHAPTER 10 매크로와 부가 기능

- SECTION 01 • 매크로(Macro) 기능   246
- SECTION 02 • 구글 워크스페이스 마켓플레이스   259

부록 업무에 유용한 실전 예제

- SECTION 01 • 행 번호 자동 입력   268
- SECTION 02 • 입력 시간 자동 기록   271
- SECTION 03 • 체크 항목 모아보기   273
- SECTION 04 • 조건부 서식으로 중복 데이터 강조   276
- SECTION 05 • 숫자를 한글로 변환하는 함수   279

찾아보기(Index)   282

구글 스프레드시트의 기본 환경

구글 스프레드시트는 셀에 숫자나 문자를 입력해 수치 계산, 통계, 차트 등의 작업을 효율적으로 할 수 있는 프로그램으로 마이크로소프트사의 엑셀과 유사합니다. 여기에서는 구글 스프레드시트의 기초적인 사용 방법과 기본 환경에 대해 설명하겠습니다.

SECTION 01 구글 문서 편집기의 스프레드시트

구글 스프레드시트는 구글 문서 편집기에 속하는 클라우드 기반의 서비스로 웹 브라우저만 있으면 인터넷에 접속해서 사용할 수 있습니다. 누구나 무료로 사용할 수 있어 부담 없이 시작할 수 있습니다.

구글 스프레드시트는 구글 계정이 있다면 누구나 무료로 사용할 수 있는 서비스로 구글 문서, 구글 스프레드시트, 구글 프레젠테이션, 구글 설문지 등을 제공하는 구글 문서 편집기에 속하는 서비스 중에 하나입니다. 구글 문서 편집기의 공통 환경인 자동 저장, 동시 작업, 버전 기록을 구글 스프레드시트에서도 사용할 수 있어 안정적으로 작업할 수 있습니다. 구글 문서 편집기는 MS Office가 제공하는 각각의 서비스와 대응되고, 구글 문서 편집기에서 작성한 문서는 MS Office와 호환됩니다.

구글 문서 편집기	구글 문서	구글 스프레드시트	구글 프레젠테이션	구글 설문지
아이콘	📄	📊	🟧	≡
바로 가기 URL	doc.new, docs.new, document.new	sheet.new, sheets.new, spreadsheet.new	slide.new, deck.new, presentation.new	form.new, forms.new
대응 MS Office	MS 워드	MS 엑셀	MS 파워포인트	MS 폼즈

구글 문서 편집기에서 만든 모든 문서는 구글 드라이브에 저장됩니다. 구글 드라이브는 어느 기기이든 상관없이 파일을 저장하고 공유할 수 있는 인터넷 저장소입니다. 개인 계정인 경우 Gmail과 구글 포토, 구글 드라이브 용량을 모두 합쳐 15GB의 저장 공간을 무료로 사용할 수 있습니다. 개인 사용자가 용량을 늘릴 수 있는 방법은 구글 One 요금제에 가입하면 되고, 조직에서는 구글 워크스페이스 서비스에 가입하면 고용량의 저장 공간과 함께 업무를 위한 통합적인 환경을 구축할 수 있습니다.

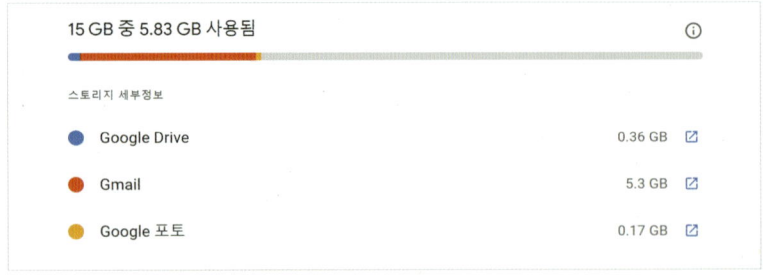

▲ 구글 계정에서 남은 용량을 확인한 화면

구글 스프레드시트는 컴퓨터를 위한 설치형 프로그램이 존재하지 않습니다. 웹 브라우저를 통해 구글 스프레드시트에 접속해서 사용할 수 있습니다. 클라우드 기반으로 작동하기 때문에 기기나 운영 체제 등에 따른 호환성 문제없이 편리하게 사용할 수 있습니다. 구글에서 만든 크롬(Chrome) 웹 브라우저로 구글 스프레드시트를 사용하면 최적의 성능을 발휘합니다. 그 외 웹 브라우저인 엣지, 웨일, 사파리, 파이어 폭스와도 충분히 호환되지만 구형 웹 브라우저가 되어 버린 인터넷 익스플로러에서는 작동하지 않습니다.

모바일 기기의 웹 브라우저에서는 구글 스프레드시트 문서를 뷰어 권한만으로 부여받아 수정할 수는 없습니다. 온전히 작업하기 위해서는 안드로이드 기기는 Play 스토어에서, 애플 기기는 앱 스토어에서 구글 스프레드시트 앱을 설치해야 합니다. 모바일 기기에서는 기기 화면 크기에 따른 제약이 큰 만큼 구글 스프레드시트의 다양한 기능을 사용하기는 어렵습니다.

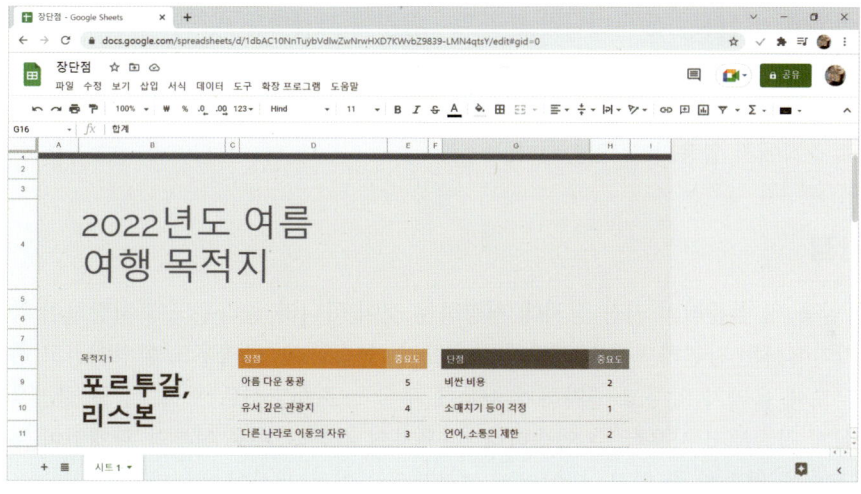

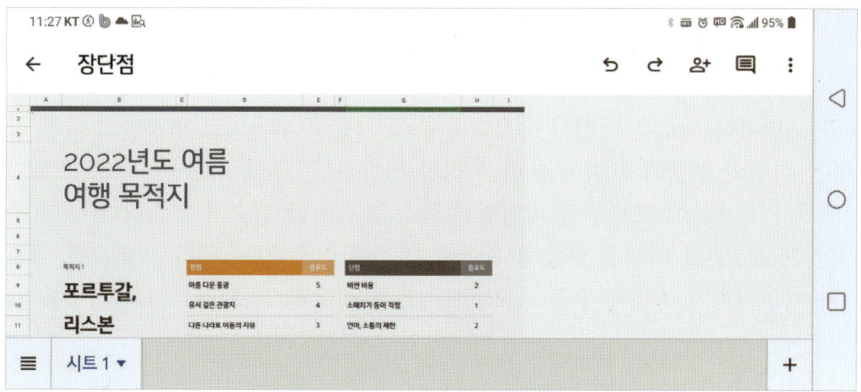

▲ 동일한 구글 스프레드시트 문서를 컴퓨터와 스마트폰에서 확인한 화면

SECTION 02 / 구글 스프레드시트를 써야 하는 이유

구글 스프레드시트를 사용해야 하는 이유를 여섯 가지로 정리했습니다. 클라우드 기반의 서비스를 프로그램 버전 걱정 없이 공동 작업도 하면서 다양한 고급 기능까지 무료로 사용할 수 있는 장점이 있습니다.

:: 프로그램 무료 사용

google.com에 가입만 하면 구글 스프레드시트를 무료로 사용할 수 있습니다. 구글의 요금 체계는 구글 스프레드시트 사용 여부에 과금하는 것이 아니라 클라우드 용량에 과금하는 방식입니다. 15GB라는 넉넉한 구글 드라이브 용량을 기본적으로 사용할 수 있어 용량 걱정 없이 공간을 활용할 수 있습니다. 추후 구글 워크스페이스를 사용하는 조직에 취업한다면 개인 계정에서 사용했던 구글 스프레드시트의 사용 경험을 그대로 조직에서 활용할 수 있습니다.

:: 클라우드 기반 환경

구글 스프레드시트는 파일을 내 컴퓨터의 저장 장치에 저장하는 것이 아니라 클라우드에 저장하여 동일한 계정이라면 어느 기기에서든 간편하면서 안전하게 사용할 수 있습니다. 클라우드 환경이라고 하면 저장한 문서만 클라우드에 올라가 있다고 생각하기 쉬운데 구글 스프레드시트 프로그램도 클라우드에 올라가 있으므로 쉽게 접속해서 사용할 수 있습니다. 사용자의 컴퓨터 사용 여부와 관계없이 누구나 24시간 내내 공유 문서에 접속할 수 있고, 데이터는 실시간으로 자동 갱신이 됩니다.

:: 유일한 버전

설치형 버전의 MS Office는 3년마다 새로운 버전이 출시되면서 새 기능이 추가되고 버전별로 다른 함수를 제공하기 때문에 이전 버전의 엑셀과 호환에 대한 우려가 있습니다. 구글 스프레드시트 프로그램은 단 하나의 버전만 존재하기 때문에 프로그램 버전별 호환성을 걱정할 필요가 없습니다. 새로운 기능은 수시로 추가되지만 프로그램별 버전을 나누어 등급을 매기지 않습니다. 추가 프로그램 설치 없이 수시로 업그레이드가 이루어지기 때문에 구글 스프레드시트를 사용하다 보면 추가된 기능을 때때로 발견하게 될 것입니다.

:: 용이한 공동 작업

엑셀에서 파일을 다른 사람들과 공유하기 위해서는 메일 등으로 전달하게 되는데, 이때 내 컴퓨터에 파일이 그대로 남고 복사본을 만들어서 전달하게 됩니다. 내용은 같지만 각각 다른 문서를 작업하게 됩니다. 이에 반해 구글 스프레드시트는 클라우드에 있는 원본 문서를 다른 사람들과 직접 공유하기 때문에 한 문서에서 실시간으로 공동 작업을 할 수 있습니다. 공동 작업 과정에서 다른 사람이 데이터를 마음대로 바꾸더라도 그 변경 과정이 모두 기록되어 이전 상태로 복원할 수 있습니다. 또한, 엑셀은 다른 사람에게 전달할 때마다 새로운 파일 버전이 생성되어 어떤 파일이 최종 파일인지 알 수가 없는 등 파일 관리가 되지 않는 문제가 있는 것에 반해 구글 스프레드시트는 함께 작업한 문서가 유일하기 때문에 모두가 동시에 같은 결과를 확인할 수 있습니다. 문서의 통제 권한을 문서 소유자가 모두 운용 및 관리하는 형태로 업무를 진행할 수 있습니다.

:: 배열 수식의 적극적인 활용

배열(Array)은 관련된 여러 데이터를 하나로 모아서 관리하기 위해 사용하는 데이터 묶음입니다. 구글 스프레드시트의 함수에서 사용하는 인수와 반환값이 배열인 경우가 많습니다. 특히, 구글 스프레드시트의 중요 함수인 ARRAYFORMULA 함수를 사용하면 배열을 받지 못하는 함수도 배열을 인수로 받을 수 있고 반환도 배열로 만들어 낼 수 있습니다. 실제적으로는 한 셀에서 배열 함수를 사용하는 것만으로도 데이터의 양과 상관없이 행과 열에 데이터를 한꺼번에 채울 수 있어 편리하게 원하는 데이터를 축적하고 가공할 수 있습니다.

:: 구글 앱스 스크립트로 확장

자바스크립트(JavaScript)라는 프로그래밍 언어를 사용하면 구글 문서, 스프레드시트, 프레젠테이션 등 구글이 제공하는 다양한 앱을 상호 연결하여 업무를 자동화할 수 있습니다. 엑셀의 확장 기능인 VBA(Visual Basic For Application)와 비슷한 기능이지만 VBA처럼 몇 개의 프로그램에 국한되지 않고, 구글이 제공하는 13가지의 다양한 앱을 연결해서 사용할 수 있습니다. 구글 스프레드시트는 다른 앱을 위한 데이터베이스 역할을 할 때가 많습니다. 구글의 다양한 앱으로 업무를 위한 고급 서비스 개발을 원하신다면 앱스 스크립트의 사용을 적극적으로 추천합니다.

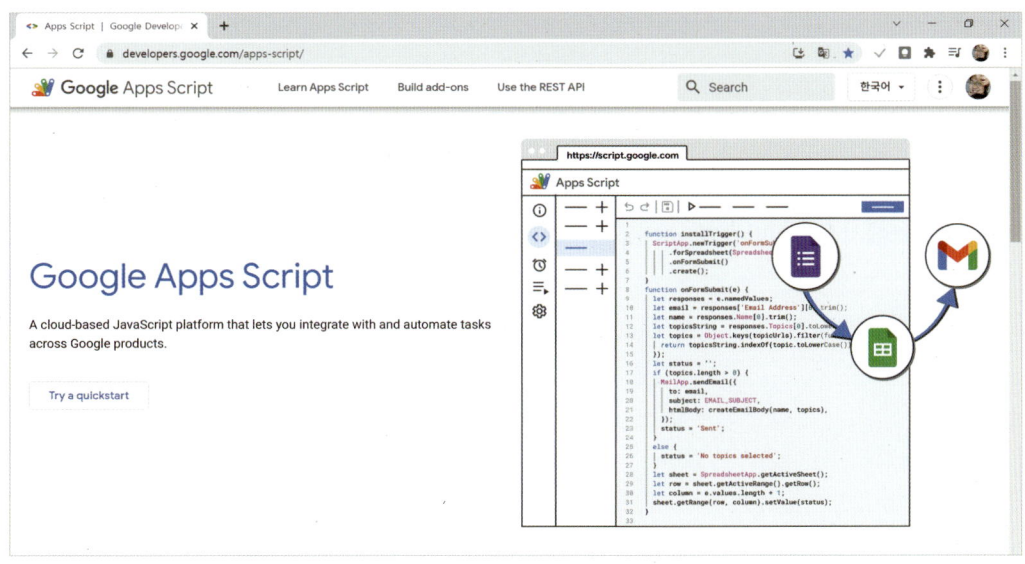

SECTION 03 구글 스프레드시트 시작하기

구글 스프레드시트는 구글 문서 편집기가 제공하는 서비스 중 하나로 구글 계정만 있으면 누구나 쉽게 사용할 수 있습니다. 구글 스프레드시트에서 만든 모든 문서는 구글 드라이브에 저장되며, 클라우드 상태에서 데이터에 접근하고 가공할 수 있습니다.

:: 구글 스프레드시트 실행하기

01 웹 브라우저에서 google.com에 접속한 후 본인 계정으로 로그인한 다음 [Google 앱(:::)]-[드라이브]를 선택합니다.

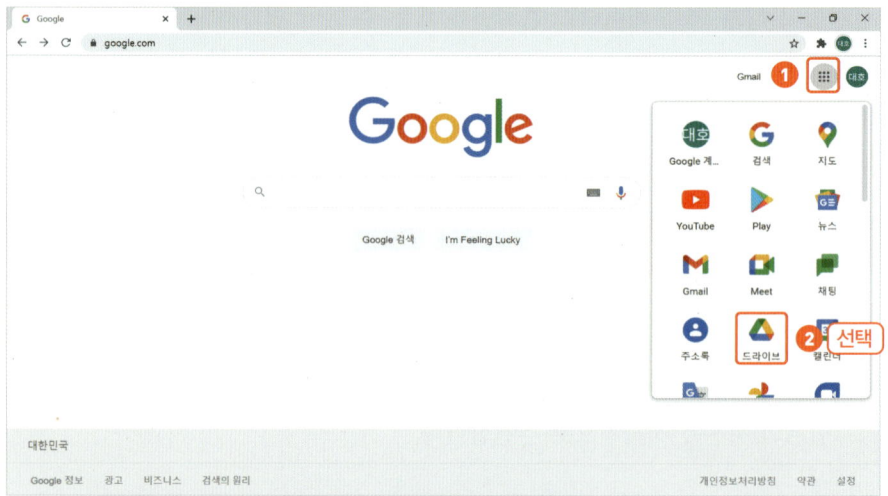

• 멘토의 팁 •
이 책에서 진행하는 모든 실습은 크롬(Chrome) 웹 브라우저에서 실행합니다.

02 구글 드라이브에서 [새로 만들기]-[Google 스프레드시트]를 선택합니다.

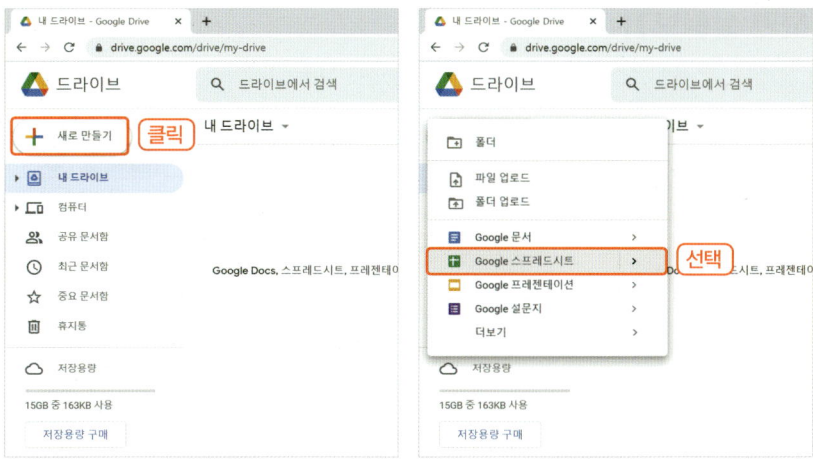

03 웹 브라우저의 새로운 탭에서 구글 스프레드시트가 실행됩니다.

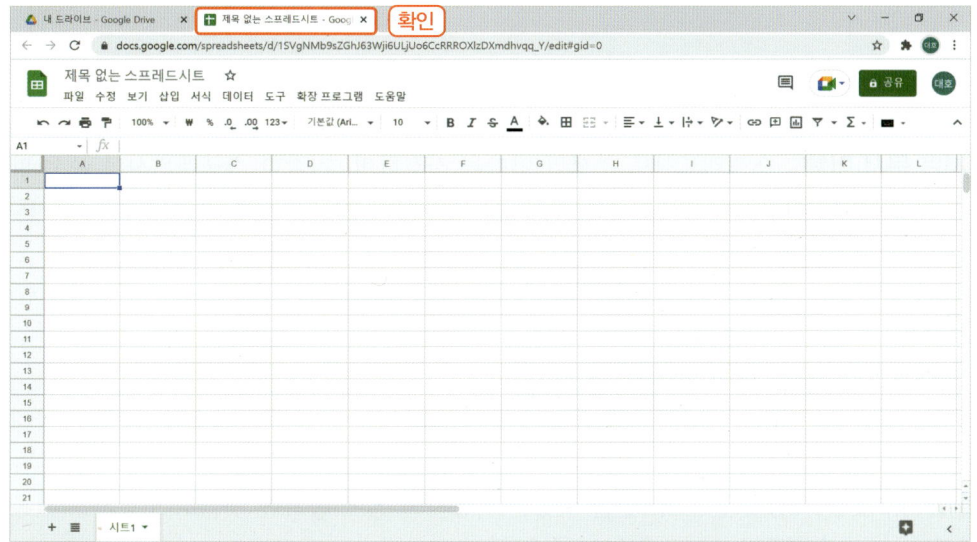

• 멘토의 팁 •

웹 브라우저의 주소 표시줄에 'sheet.new' 또는 'sheets.new', 'spreadsheet.new'를 입력하면 구글 드라이브를 거치지 않고, 바로 구글 스프레드시트를 실행할 수 있습니다.

:: 구글 스프레드시트 화면 살펴보기

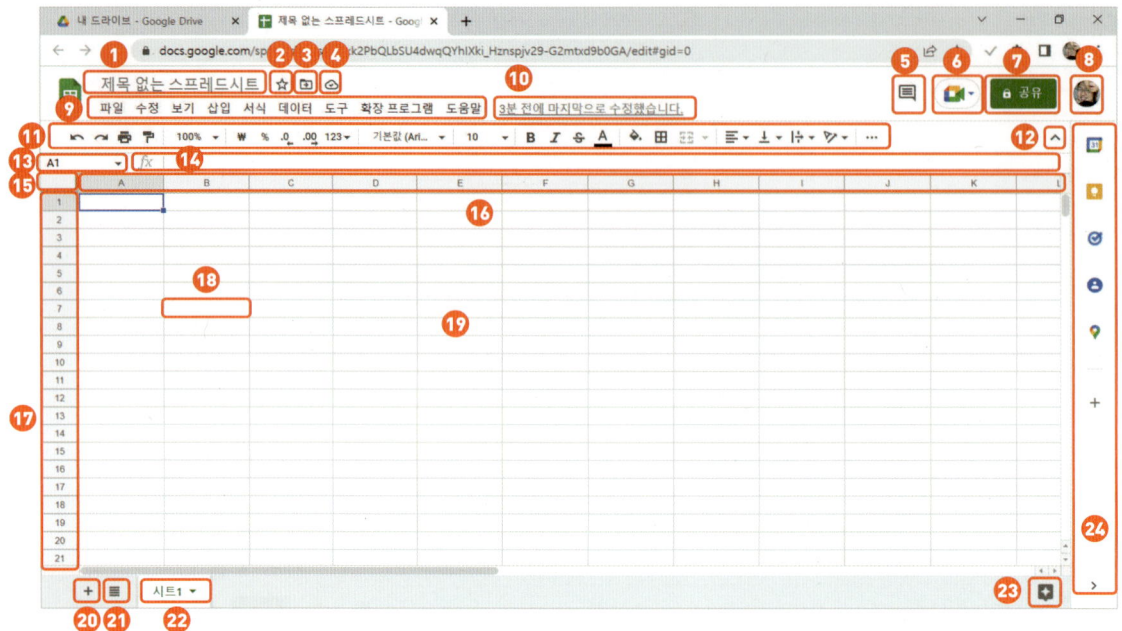

① **스프레드시트 문서 이름** : 스프레드시트 문서의 이름을 지정하며, 저장한 스프레드시트 문서 파일은 구글 드라이브의 목록으로 표시됩니다. 이름을 지정하지 않으면 '제목 없는 스프레드시트'로 기본 설정됩니다.

② **별표** : 별표를 클릭하여 별표가 표시되면 중요 문서로 지정되고, 구글 드라이브의 '중요 문서함'에 추가됩니다.

③ **이동** : 스프레드시트 문서의 저장 위치를 변경합니다.

④ **문서 상태 확인** : 문서가 구글 드라이브에 저장된 상태인지, 오프라인에서 사용할 수 있는 상태인지를 확인합니다.

⑤ **댓글 기록 열기** : 댓글 작성 또는 수정 권한이 있는 사용자와 셀에 등록한 댓글로 소통하고 기록을 확인합니다. 자세한 내용은 101쪽을 참고하세요.

⑥ **회의 시작 또는 참여** : 구글 스프레드시트 문서를 시각 자료로 공유하면서 구글 미트로 화상 회의를 진행합니다.

⑦ **공유** : 문서를 다른 사용자에게 공유합니다. 자세한 내용은 21쪽을 참고하세요.

⑧ **Google 계정** : 현재 사용자의 계정이 표시됩니다.

⑨ **메뉴** : 구글 스프레드시트의 다양한 기능을 사용할 수 있으며, 각각의 메뉴를 선택하면 하위 메뉴가 표시됩니다.

⑩ **버전 기록 열기** : 마지막에 해당 문서를 수정한 사용자가 표시되며, 이를 클릭하면 버전 기록 보기로 이동합니다. 버전 기록 보기에 대한 자세한 내용은 28쪽을 참고하세요.

⑪ **도구 모음** : 자주 사용하는 기능이 아이콘으로 표시되어 빠르게 사용할 수 있습니다.

⑫ **메뉴 숨기기** : 메뉴를 포함한 상단에 정보를 숨겨 화면을 넓게 사용합니다. 단축키로 Ctrl +Shift+F를 눌러 실행할 수 있습니다.
⑬ **이름 상자** : 셀 주소를 입력하면 원하는 셀로 바로 이동하거나 지정한 범위 이름을 설정할 수 있습니다. 자세한 내용은 74쪽을 참고하세요.
⑭ **수식 입력줄** : 선택한 셀의 수식을 확인하거나 입력할 수 있습니다.
⑮ **모든 셀 선택** : 시트의 모든 셀을 선택합니다.
⑯ **열 머리글** : 시트에서 각 열의 위치를 알파벳으로 표시하며, 클릭 시 해당 열 전체가 선택됩니다.
⑰ **행 머리글** : 시트에서 각 행의 위치를 숫자로 표시하며, 클릭 시 해당 행 전체가 선택됩니다.
⑱ **셀** : 데이터 또는 수식을 입력하는 곳으로 데이터의 기본 단위입니다. 셀의 위치는 열 머리글과 행 머리글의 조합으로 셀의 참조 위치를 표시합니다.
⑲ **시트** : 행과 열로 구성된 셀의 모음으로 모든 작업이 이루어지는 영역입니다.
⑳ **시트 추가** : 새로운 시트를 추가합니다.
㉑ **모든 시트** : 시트 목록을 확인하고 선택하면 다른(해당) 시트로 이동합니다.
㉒ **시트 탭** : 사용하고 있는 시트가 활성화되며, 시트 이름을 변경하거나 숨기기, 복사, 이동, 삭제 등을 할 수 있습니다. 자세한 내용은 86쪽을 참고하세요.
㉓ **탐색** : 데이터를 바탕으로 AI가 분석한 서식, 차트, 분석에 관한 제안이 제공됩니다.
㉔ **측면 패널** : 구글 스프레드시트를 사용하면서 구글이 제공하는 다른 앱을 사용하거나 구글 워크스페이스의 부가 기능인 마켓플레이스를 설치할 수 있습니다.

:: 구글 스프레드시트 자동 저장

구글 스프레드시트에서 문서를 수정하면 곧바로 자동 저장됩니다. 컴퓨터나 기기에 갑작스러운 문제가 발생하더라도 작업 중인 문서는 구글 드라이브에 저장되어 있어 언제든지 다시 기존 작업을 이어서 할 수 있습니다.

01 구글 스프레드시트를 실행한 후 셀에 임의의 내용을 입력하고, Enter 키를 누르면 상단에 '저장 중…'이라는 메시지가 표시됩니다.

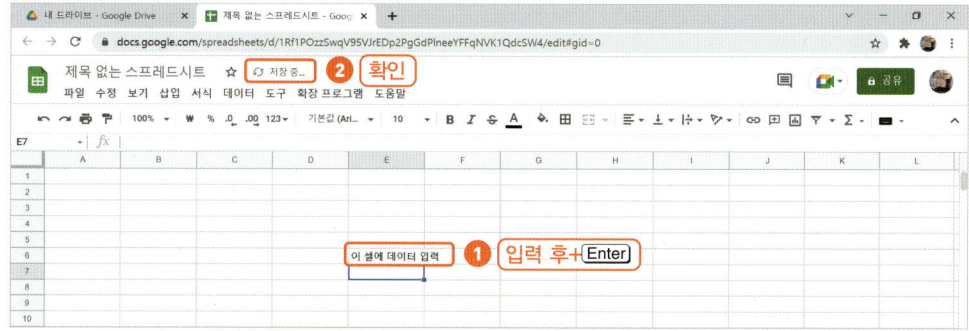

02 몇 초가 지나면 상단 메시지는 '드라이브에 저장됨'으로 변경되고, 해당 내용이 자동으로 저장됩니다.

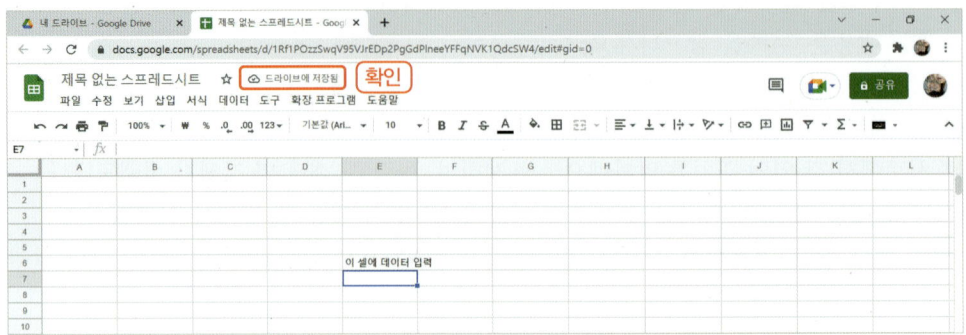

• 멘토의 팁 •

구글 스프레드시트에는 [저장] 버튼이 따로 없어 자동 저장만 가능합니다. 이때, 파일 이름을 지정하려면 메뉴에서 [파일]-[이름 바꾸기]를 선택하고, 문서 이름을 입력합니다.

03 웹 브라우저에서 [내 드라이브] 탭을 클릭하면 자동으로 저장된 문서를 확인할 수 있습니다.

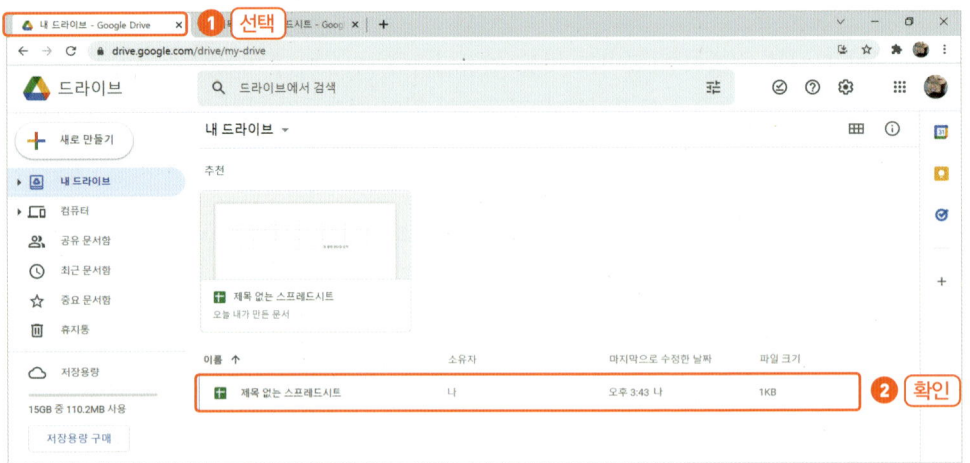

• 멘토의 팁 •

구글 드라이브 폴더에 같은 이름의 문서가 있더라도 그대로 저장되므로 추후 문서를 찾을 때 혼돈에 대비하려면 수시로 파일 이름을 변경하는 것이 좋습니다.

SECTION 04 / 공유

구글 스프레드시트 문서를 다른 사용자에게 공유하면 실시간으로 공동 작업을 할 수 있습니다. 공유 방법은 크게 '사용자 및 그룹과 공유'와 '링크 공유'가 있으며, 공유 권한에 따라 문서의 수정 여부를 설정할 수 있습니다.

:: 사용자 및 그룹과 공유

01 구글 스프레드시트를 실행하여 주어진 내용을 입력한 후 파일 이름을 지정하고, 오른쪽 상단에서 [공유] 버튼을 클릭합니다.

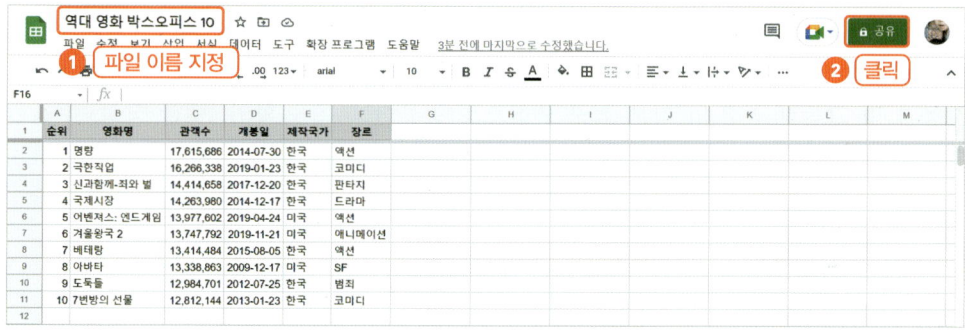

02 '공유' 팝업 창에서 '사용자 및 그룹 추가' 입력란에 공동 작업을 하려는 다른 사용자의 구글 계정을 입력하고, 자동 완성으로 나타나는 계정을 선택합니다.

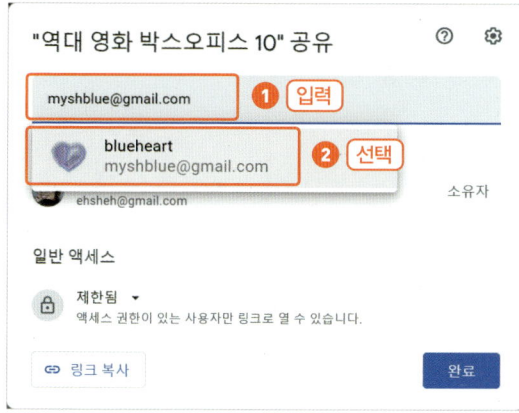

• 멘토의 팁 •

'사용자 및 그룹 추가' 입력란에 존재하지 않는 계정을 입력했을 때는 메일 주소 앞에 없는 계정 아이콘(ⓘ)이 표시되므로 공유 계정 주소를 정확히 확인하고 입력합니다.

03 공유 사용자의 접근 권한을 설정하기 위해서 [편집자]-[편집자]를 선택하고, [보내기] 버튼을 클릭합니다.

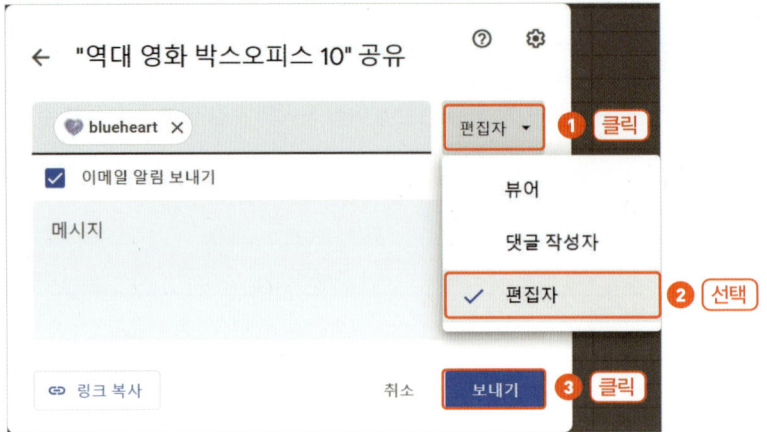

▶ **뷰어** : 공유한 항목을 확인할 수 있으며, 수정하거나 댓글을 작성할 수는 없습니다.
▶ **댓글 작성자** : 공유한 항목을 확인하고, 댓글을 작성할 수 있습니다.
▶ **편집자** : '사용자 및 그룹과 공유'의 기본 접근 권한으로 공유한 항목을 확인, 댓글 작성, 수정할 수 있습니다.

> • 멘토의 팁 •
> "이메일 알림 보내기"의 체크 표시를 해제하면 공유 사용자에게 알림 이메일이 발송되지 않습니다.

04 공유 사용자 화면에서 구글 드라이브의 [공유 문서함]을 선택하면 공유된 문서를 확인할 수 있으며, 공유 문서를 클릭하면 문서 내용을 확인할 수 있습니다.

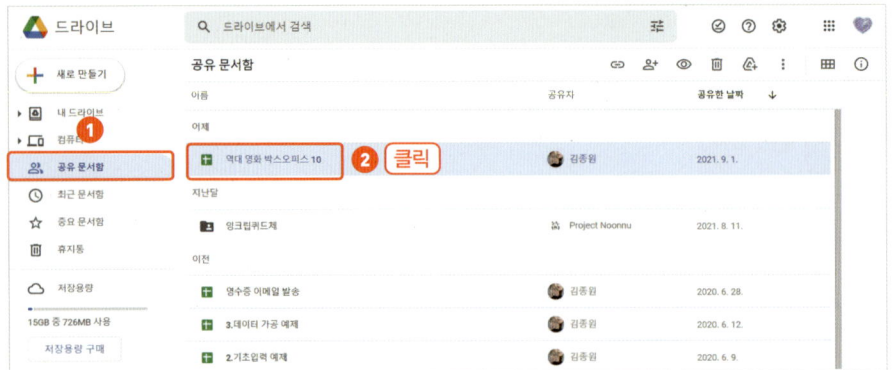

05 여러 공유 사용자가 동시에 같은 문서를 수정할 경우 서로 다른 색의 커서가 나타나며, 오른쪽 상단에는 공유 사용자가 표시됩니다.

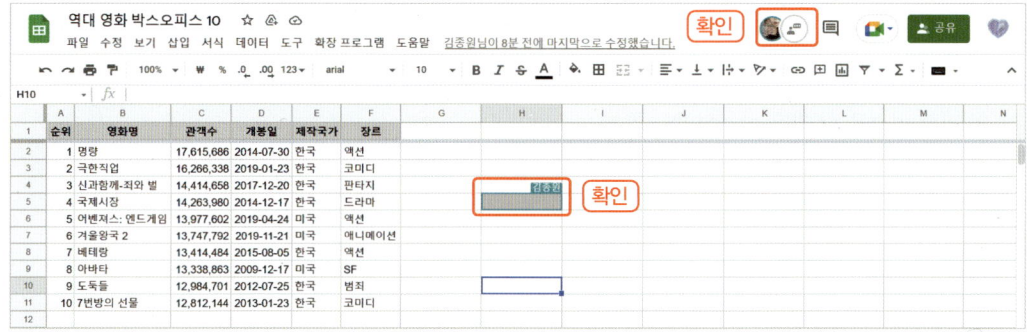

- **멘토의 팁** -
다른 사용자가 데이터를 수정하고 있는 동안에는 해당 셀이 회색으로 표시되고, 다른 사용자의 커서에 마우스를 올리면 사용자 이름이 표시됩니다.

멘토의 노트 — 사용자 및 그룹과 공유의 세부 설정

사용자 및 그룹과 공유를 진행한 문서에서는 접근 권한에 대한 세부 설정을 변경할 수 있습니다.

01 '공유' 팝업 창에서 다른 사용자와 공유 설정(⚙) 아이콘을 클릭합니다.

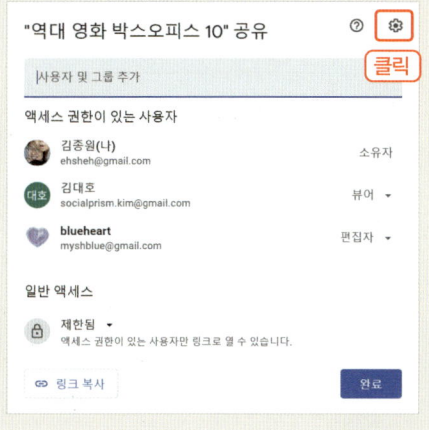

02 '다른 사용자와 공유 설정'에서 편집자 또는 뷰어 및 댓글 작성자 권한에 대해 다음과 같은 설정을 진행할 수 있습니다.

Chapter 01 구글 스프레드시트의 기본 환경 023

- **편집자가 권한을 변경하고 공유할 수 있습니다** : 해당 항목의 체크 표시를 해제하면 편집자 권한이 있는 공유 대상자는 다른 공유 대상자를 추가하거나 공유 권한을 변경할 수 없고, 소유자만 권한을 변경할 수 있습니다. 해당 그림은 '편집자가 권한을 변경하고 공유할 수 있습니다.'가 비활성화된 문서를 편집자 권한이 있는 공유 사용자가 [공유] 버튼을 클릭했을 때 다른 사용자를 추가하지 못하거나 다른 사용자의 권한 변경을 하지 못하는 화면입니다.

- **뷰어 및 댓글 작성자에게 다운로드, 인쇄, 복사 옵션 표시** : 해당 항목의 체크 표시를 해제하면 뷰어 및 댓글 작성자 권한이 있는 공유 대상자는 공유 항목의 다운로드, 인쇄, 복사를 할 수 없습니다. 해당 그림은 '뷰어 및 댓글 작성자에게 다운로드, 인쇄, 복사 옵션 표시'가 비활성화된 문서를 뷰어 권한이 있는 공유 사용자가 메뉴에서 [파일]을 선택했을 때 일부 메뉴가 비활성화된 화면입니다.

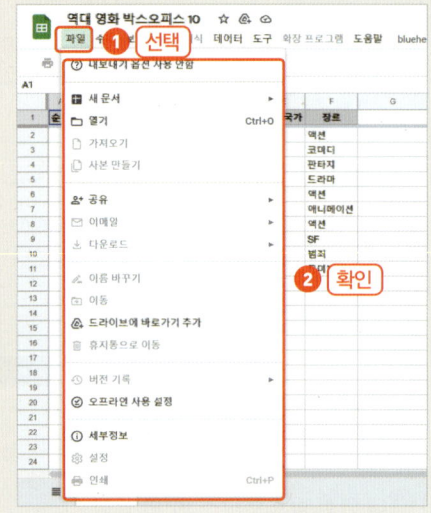

:: 링크 공유

공유 링크를 만들어 문서를 공유하면 링크를 받는 사용자가 문서를 확인하거나 수정할 수 있으므로 불특정 다수에게 신속하게 배포할 때 유용합니다. 보안에 크게 문제가 없는 문서일 경우 링크 공유를 사용합니다.

01 구글 스프레드시트에서 임의의 문서를 불러온 후 오른쪽 상단의 [공유] 버튼을 클릭합니다. 예제 파일을 불러오는 방법은 6쪽을 참고하세요.

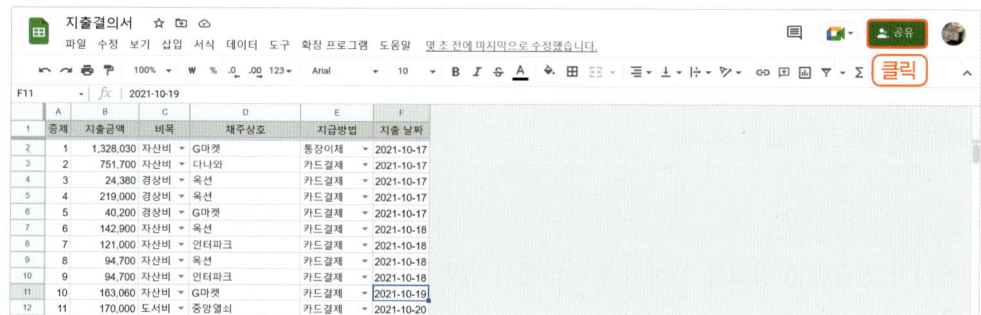

02 '공유' 팝업 창에서 [제한됨]-[링크가 있는 모든 사용자에게 공개]를 선택합니다.

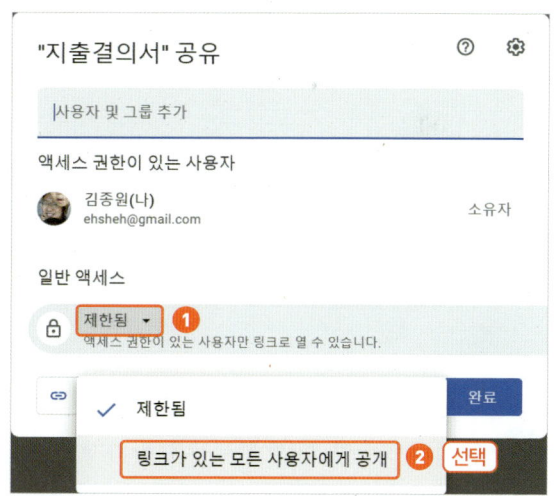

▶ **제한됨** : 사용자 및 그룹과 공유에 등록된 사용자만 공유 링크로 문서에 접근할 수 있고, 그 이외의 사용자가 링크를 공유받으면 문서에 접근할 수 없습니다.

▶ **링크가 있는 모든 사용자에게 공개** : 링크가 있는 모든 사용자가 문서에 접근할 수 있습니다(구글 계정이 없어도 문서에 접근할 수 있음).

03 공유 사용자와 문서를 함께 수정하기 위해서 [뷰어]-[편집자]를 선택한 후 [링크 복사]를 클릭하고, [완료] 버튼을 클릭합니다. 복사한 링크를 다른 사용자에게 메일, 메신저 등으로 전달합니다.

• 멘토의 팁 •
공유 권한에 대한 자세한 내용은 22쪽을 참고하세요.

04 공유 사용자가 전달받은 링크를 자신의 컴퓨터에서 열면 문서를 보고 바로 수정할 수 있습니다.

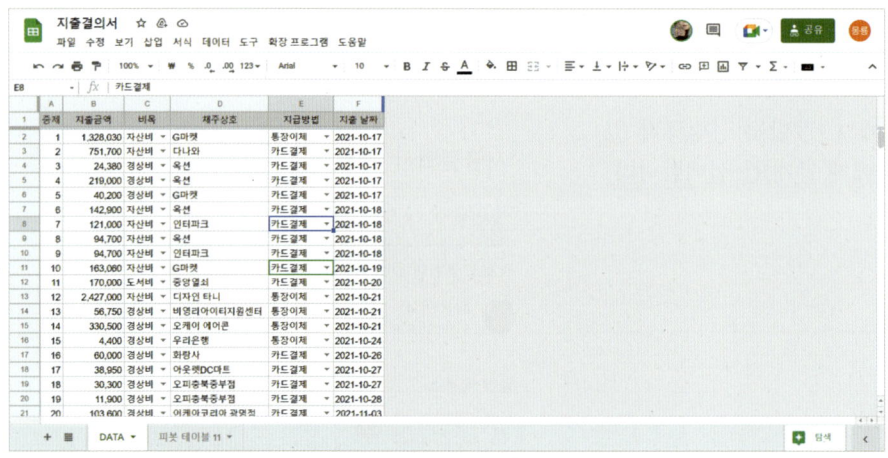

05 문서의 소유자 화면에는 공유 참가자가 익명으로 표시되는데 여러 명의 공유 사용자가 문서를 수정하더라도 모두 익명으로 표시됩니다.

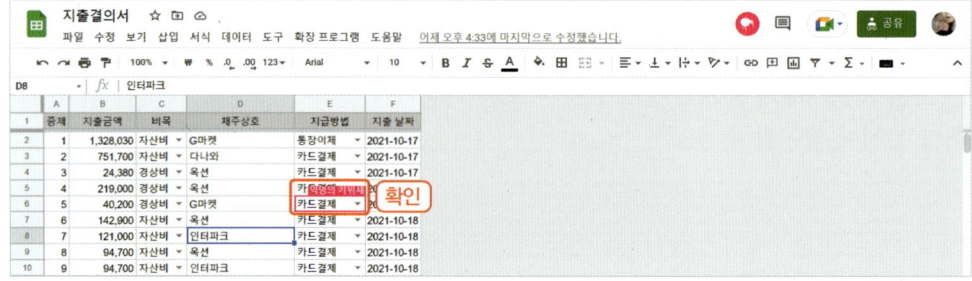

026 구글 스프레드시트

멘토의 노트 — 공유 설정 변경

문서 공유를 설정한 후에 다시 공유 설정을 진행하면 공유 항목의 권한을 변경하거나 공유 사용자 삭제, 소유자 지정을 설정할 수 있습니다.

01 사용자 및 그룹과 공유를 진행한 문서에서 [공유] 버튼을 클릭합니다.

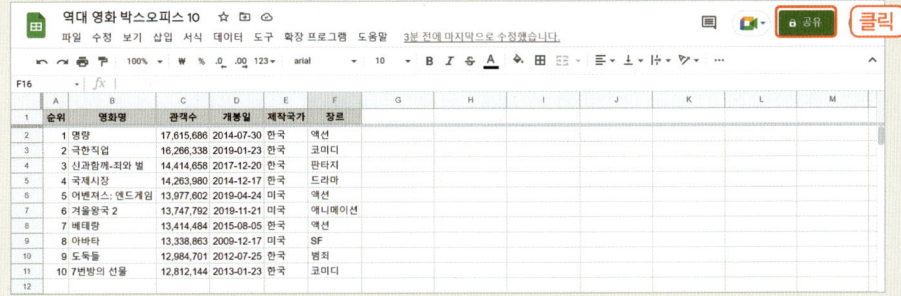

02 공유 사용자별로 권한 설정을 하기 위해 [편집자]를 선택하면 [소유권 이전], [액세스 권한 삭제] 등 세부적으로 권한 변경이 가능합니다.

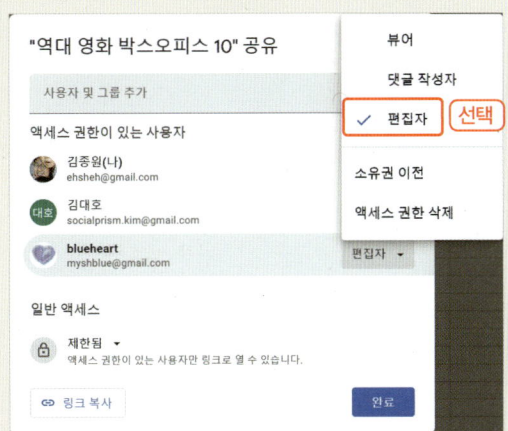

- 뷰어, 댓글 작성자, 편집자에 관한 설명은 22쪽을 참고하세요.
- **소유권 이전** : 문서의 소유자로 변경하여 문서의 모든 권한을 이전합니다. 해당 문서의 소유자만 지정할 수 있습니다.
- **액세스 권한 삭제** : 공유 사용자를 제외하여 더 이상 해당 문서에 접근할 수 없게 합니다. 편집자 권한이 있는 사용자가 설정할 수 있습니다.

SECTION 05 / 버전 기록

구글 스프레드시트는 수정한 모든 내용을 시점별로 기록하여 언제, 누가, 무엇을 수정했는지 확인할 수 있고, 원하는 시점으로 복원할 수 있습니다. 공유 사용자에 의해 데이터가 일부 변경되더라도 문서가 손실될 걱정 없이 작업할 수 있습니다.

01 한 번 이상 수정한 임의의 문서에서 [파일]-[버전 기록]-[버전 기록 보기]를 선택합니다.

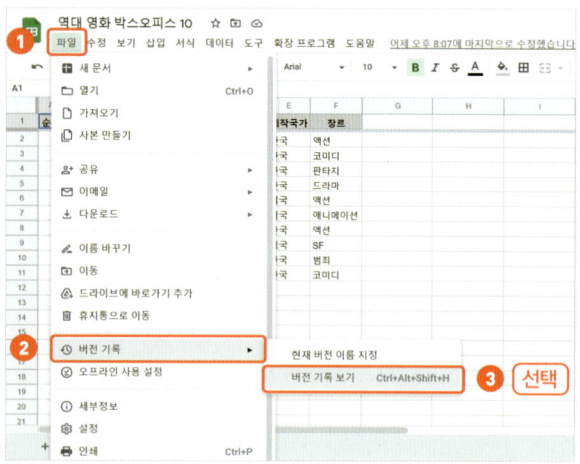

• 멘토의 팁 •

상단의 '(시간)에 마지막으로 수정했습니다.'를 클릭해도 '버전 기록 보기'로 이동합니다.

02 '버전 기록' 사이드 바에 있는 목록에는 언제, 누가, 무엇을 수정했는지를 시간의 역순으로 확인할 수 있습니다. '버전 기록' 목록에서 [▶]를 클릭하면 비슷한 시간대에 수정했던 버전 기록이 펼쳐집니다.

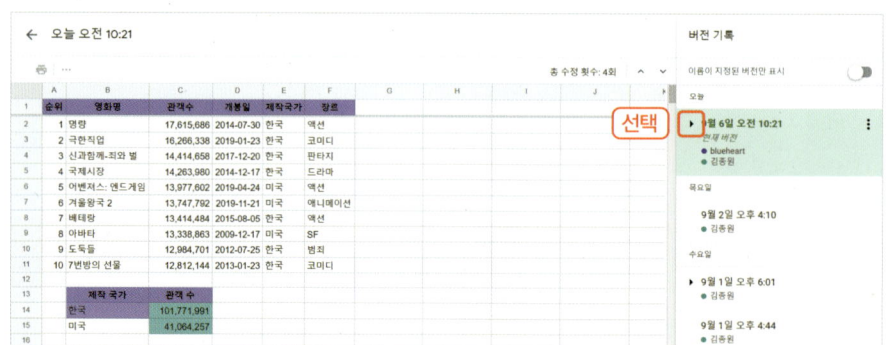

03 확인하고 싶은 일시를 선택하면 해당 시점의 데이터로 변경되는데 변경하고 싶은 시점이 맞으면 [이 버전 복원하기] 버튼을 클릭합니다.

> • 멘토의 팁 •
> 버전 기록 목록에서 추가 작업(⋮)-[버전 이름 지정]을 선택하면 이름을 입력하여 해당 기록을 중요 버전으로 등록할 수 있습니다.

04 버전에 대한 복원 여부를 묻는 팝업 창이 나타나면 [복원] 버튼을 클릭합니다.

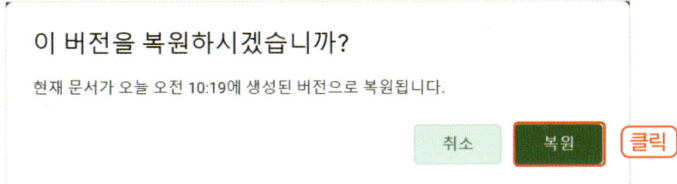

05 선택한 버전의 문서로 변경된 것을 확인한 후 계속해서 문서를 사용할 수 있습니다.

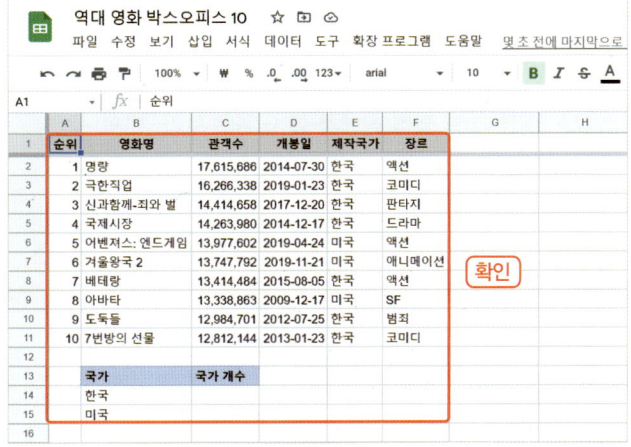

06 복원된 문서에서 다시 [파일]-[버전 기록]-[버전 기록 보기]를 선택하면 해당 문서를 복원한 버전이 추가된 것을 확인할 수 있습니다.

• **멘토의 팁** •
버전 기록 목록에서는 복원하기 이전에 기록한 버전이 삭제되지 않아 언제든지 원하는 시점으로 복원할 수 있습니다.

멘토의 노트 셀별 수정 기록 표시

구글 스프레드시트에서는 각 셀별로 수정된 기록을 확인할 수 있습니다. 복원할 수는 없지만 셀별로 누가, 언제, 무엇을 수정했는지 시간의 역순으로 확인할 수 있습니다. 행/열 추가 및 삭제, 셀 서식 변경, 수식에 의한 변경 등을 실행할 경우는 수정 기록에 표시되지 않을 수도 있습니다.

01 한 번 이상 수정이 이루어진 셀에서 마우스 오른쪽 버튼을 클릭하고, [수정 기록 표시]를 선택합니다.

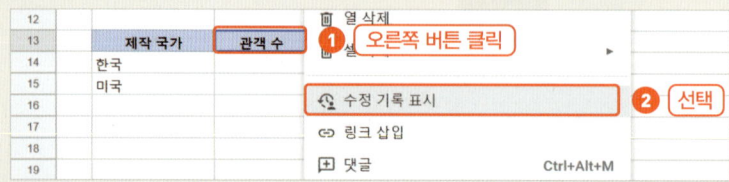

02 '수정 기록' 팝업 창에서 셀 단위로 누가, 언제, 무엇을 수정했는지 확인할 수 있으며, [<]를 클릭하면 이전 수정 기록이 나타납니다.

SECTION 06 / 사본 만들기

사본 만들기는 파일의 복사본을 만드는 기능으로 기존 컴퓨터에서 작업했던 '파일 복사하기'와 같은 개념입니다. 원본 문서에는 영향을 끼치지 않고 복사본을 만든 다음 소유권을 내 것으로 변경해서 작업할 때 활용합니다.

01 다른 사용자가 공유한 구글 스프레드시트 문서를 불러온 상태에서 메뉴에 있는 [파일]-[사본 만들기]를 선택합니다.

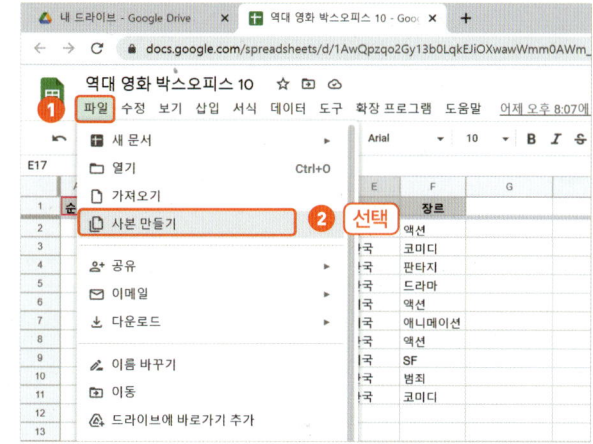

· **멘토의 팁** ·

문서 소유자가 다른 사용자와 공유 설정에서 '뷰어 및 댓글 작성자에게 다운로드, 인쇄, 복사 옵션 표시'를 비활성화하면 공유 사용자는 '사본 만들기'를 사용할 수 없습니다. 자세한 내용은 24쪽을 참고하세요.

02 '문서 복사' 팝업 창에서 [확인] 버튼을 클릭합니다.

▶ **이름** : 파일 이름을 변경하되 이름을 변경하지 않으면 '(파일 이름)의 사본'으로 저장됩니다.
▶ **폴더** : 폴더의 저장 위치를 지정합니다.
▶ **같은 사람과 공유** : 원본에서 공유한 사용자와 동일하게 사본에서도 공유합니다.
▶ **댓글 복사** : 공동 작업을 위해 입력한 댓글도 복사합니다. 댓글에 대한 자세한 내용은 98쪽을 참고하세요.
▶ **해결된 댓글 포함** : 공동 작업을 위해 입력한 댓글에서 '완료된 토론'으로 표시한 댓글도 사본에 포함합니다.

> • 멘토의 팁 •
> 공유 사용자의 접근 권한이 뷰어 또는 댓글 작성자라면 '같은 사람과 공유', ' 댓글 복사', '해결된 댓글 포함' 항목은 나타나지 않습니다.

03 새 탭에 동일한 내용의 사본이 생성됩니다.

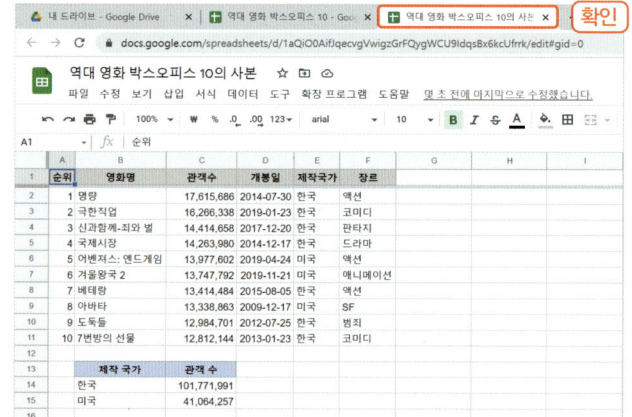

멘토의 노트   사본을 바로 만들 수 있는 공유 링크 만들기

다른 사용자가 한 번의 클릭으로 구글 스프레드시트의 사본을 만들 수 있게 공유 링크를 설정할 수 있습니다. 모든 사용자에게 문서를 공유하기 위해서는 '링크가 있는 모든 사용자'가 사용할 수 있도록 사전에 권한 설정을 해야 합니다.

01 웹 브라우저의 주소 표시줄에서 'edit'를 'copy'로 수정하고, Enter 키를 누릅니다.

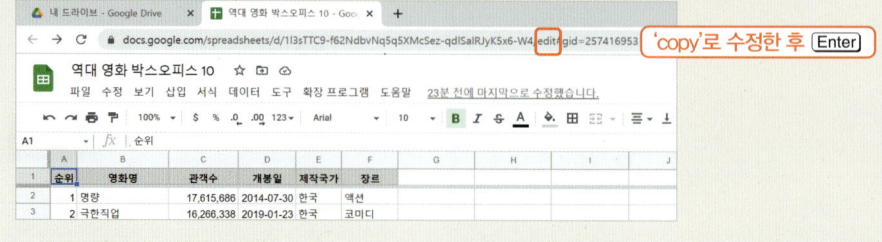

02 주소 표시줄의 링크 주소를 Ctrl+C 키를 눌러 복사한 후 임의의 웹 페이지(예 : Gmail)에서 URL 주소를 붙여넣기 합니다.

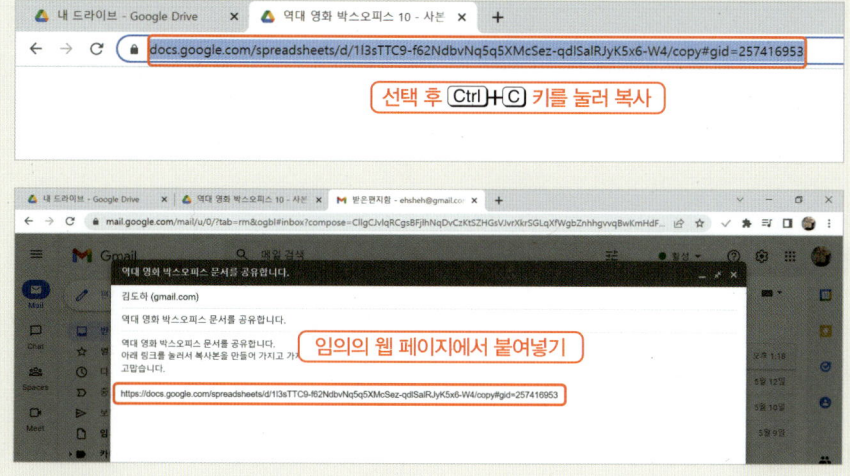

03 공유 사용자가 해당 링크를 클릭하면 나타나는 화면에서 [사본 만들기] 버튼을 클릭합니다.

04 공유된 문서의 사본이 생성됩니다.

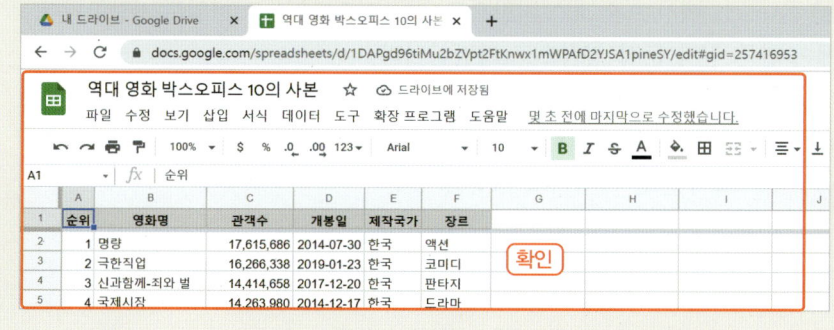

SECTION 07 엑셀 파일로 저장 및 편집하기

구글 스프레드시트에서는 작업 중인 문서를 엑셀(Excel) 파일로 변환해서 저장할 수 있으며, 필요한 경우 MS 엑셀 파일(.xlsx)을 직접 불러와서 자유롭게 편집할 수 있습니다.

:: 엑셀 파일로 저장하기

다른 사용자와 공동 작업을 할 필요는 없지만 파일 결과를 공유해야 할 때 또는 다른 사용자가 구글 스프레드시트를 사용하지 못할 때 엑셀 파일로 저장하여 전달할 수 있습니다.

01 '지출결의서' 예제 파일을 불러온 후 엑셀 파일로 변환하기 위해 메뉴에서 [파일]-[다운로드]-[Microsoft Excel(.xlsx)]을 선택합니다. 예제 파일을 불러오는 방법은 6쪽을 참고하세요.

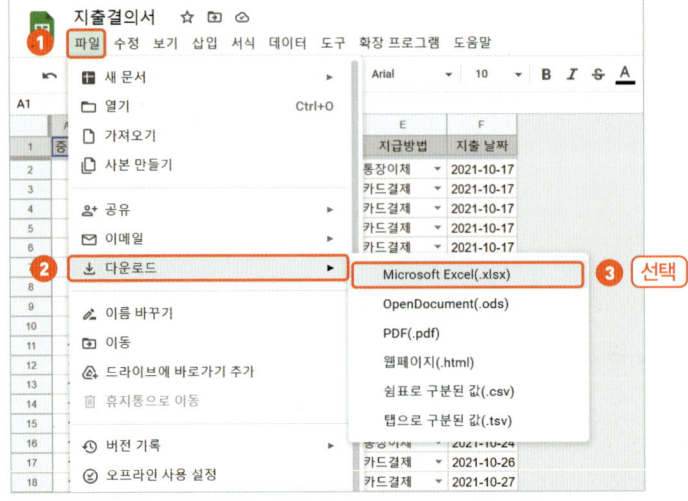

> **Microsoft Excel(.xlsx)** : Microsoft Excel 파일로 저장합니다.
> **OpenDocument(.ods)** : Apache에서 오픈 소스 기반으로 만든 스프레드시트 파일로 저장합니다.
> **PDF(.pdf)** : Adobe에서 만든 전자 문서 형식으로 저장합니다.
> **웹페이지(.html)** : html과 다양한 개체를 압축된 형태로 저장합니다.
> **쉼표로 구분된 값(.csv)** : 쉼표로 구분된 데이터로 저장합니다.
> **탭으로 구분된 값(.tsv)** : 탭으로 구분된 데이터로 저장합니다.

02 화면 왼쪽 하단에 다운로드된 파일이 나타나면 ∧ 단추를 클릭하고, [열기]를 선택합니다.

03 엑셀 프로그램에서 변환된 파일이 나타나면 구글 스프레드시트 문서와 동일한 것을 확인할 수 있습니다.

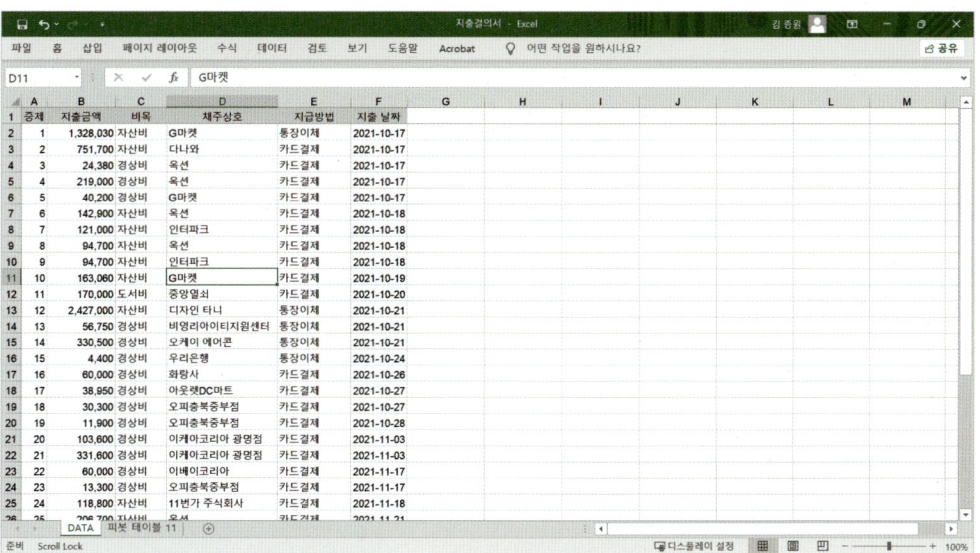

멘토의 노트 — 문서를 바로 다운로드 받을 수 있는 공유 링크 만들기

공유 링크를 활용해 구글 스프레드시트 문서를 .xlsx, .pdf, .csv 등의 파일로 바로 다운로드 받을 수 있도록 공유할 수 있습니다. 모든 사용자에게 문서를 공유하기 위해서는 '링크가 있는 모든 사용자'가 사용할 수 있도록 미리 권한 설정을 해야 합니다. 여기에서는 엑셀 파일로 저장하는 링크를 만들어보겠습니다.

01 주소 표시줄에 있는 URL에서 'edit…'에 있는 문자열을 'export?format=xlsx'로 변경합니다.

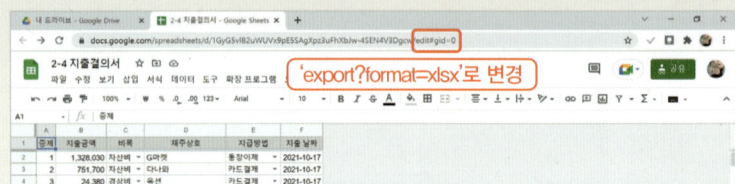

02 주소 표시줄의 링크 주소를 복사하여 임의의 웹 페이지(예 : Gmail)에서 URL 주소를 붙여넣기 합니다.

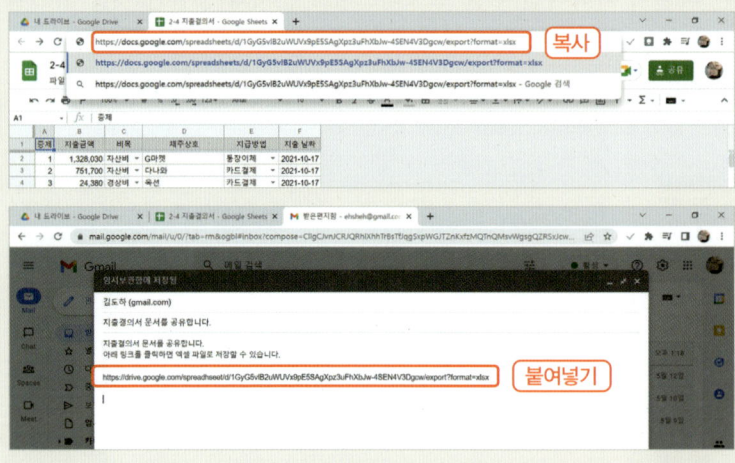

03 공유 사용자가 해당 링크를 클릭하면 엑셀 파일이 다운로드 됩니다.

04 문자열 'export?format=' 뒤에서 주어진 확장자(xlsx, ods, pdf, csv, tsv)를 입력하면 해당 파일을 다운로드 받을 수 있습니다.

:: 엑셀 파일 편집하기

구글 스프레드시트 문서를 편집했을 때와 동일하게 엑셀 문서를 수정하면 자동으로 즉시 저장되고, 버전 기록 등의 기능을 사용할 수 있습니다.

01 구글 드라이브에서 [새로 만들기]-[파일 업로드]를 선택합니다.

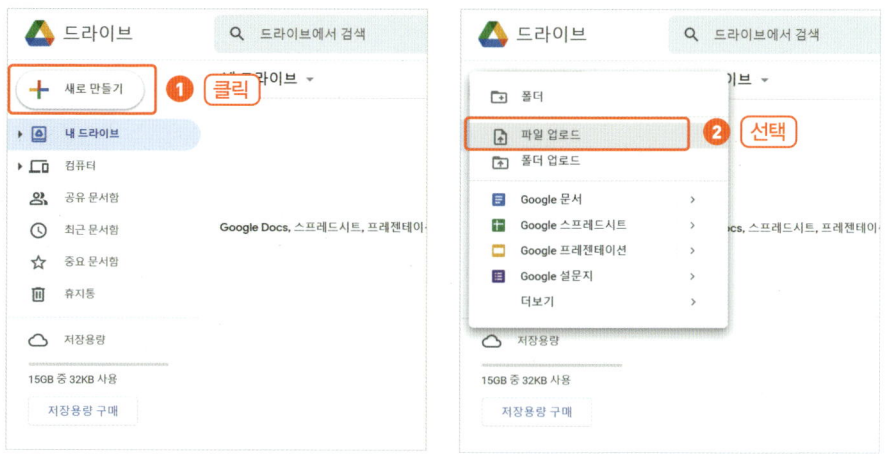

02 [열기] 대화 상자에서 임의의 위치에 있는 엑셀 파일을 선택하고, [열기] 버튼을 클릭합니다.

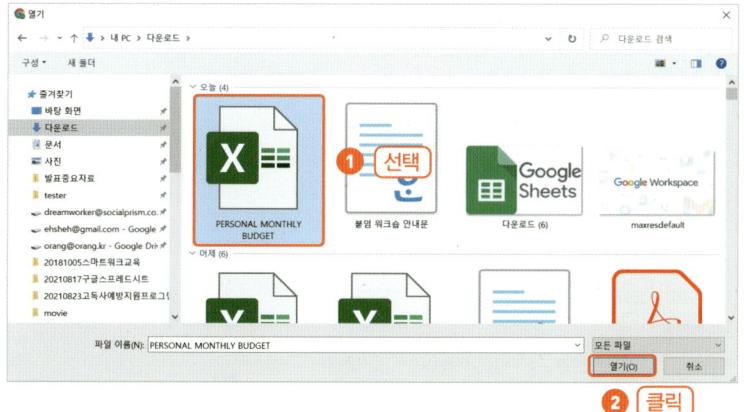

03 업로드한 엑셀 파일을 더블 클릭하여 실행합니다.

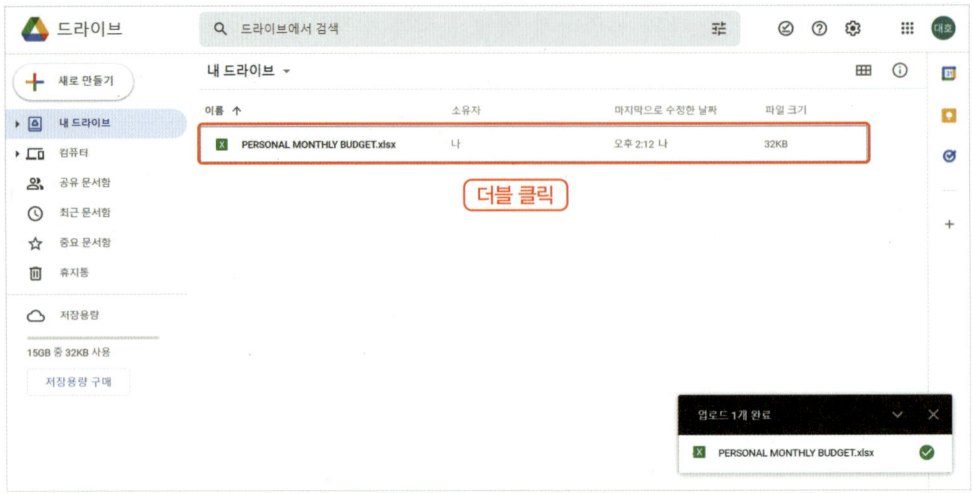

- **멘토의 팁** -
파일 탐색기에서 해당 파일을 구글 드라이브로 드래그하여 업로드할 수도 있습니다.

04 구글 스프레드시트에서 엑셀 파일이 열리면 문서 이름 오른쪽에 Microsoft Excel(.XLSX) 아이콘이 표시됩니다.

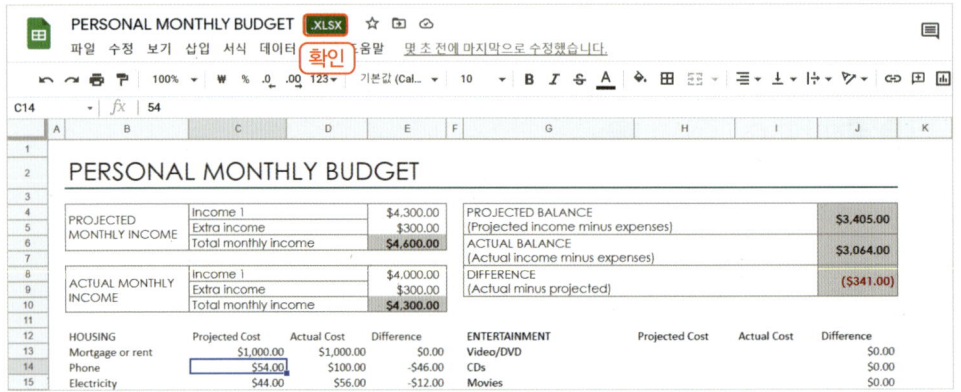

멘 토 의 노 트 구글 스프레드시트에서 엑셀 파일을 사용할 때 기능 제한점

구글 스프레드시트에서 엑셀 파일을 사용하면 구글 스프레드시트가 제공하는 확장 프로그램, 수정 기록 표시를 비롯한 고급 기능을 사용할 수 없습니다. 수정 기록 표시에 관한 자세한 내용은 30쪽을 참고하세요. 특히, 엑셀 파일을 열었을 때는 [확장 프로그램] 메뉴가 사라집니다.

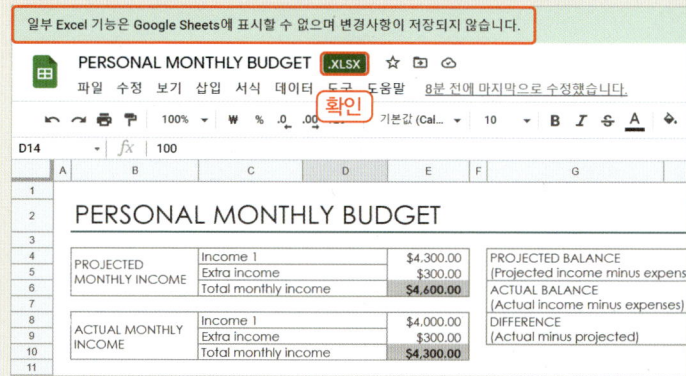

▲ 구글 스프레드시트에서 엑셀 파일을 열었을 때 화면

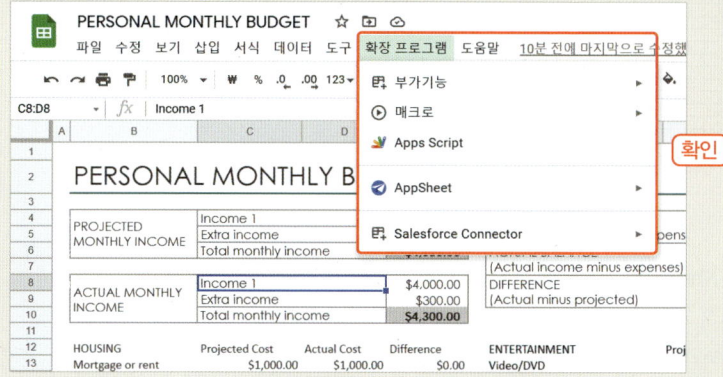

▲ 구글 스프레드시트에서 구글 스프레드시트 파일을 열었을 때 화면

구글 스프레드시트에서 엑셀 파일을 열었을 때 사용할 수 없는 고급 기능

- **설문지 만들기** : 구글 스프레드시트 문서를 데이터베이스로 사용하여 구글 설문지를 제작합니다.
- **시트 보호** : 다른 사용자가 구글 스프레드시트에서 특정 셀의 콘텐츠를 변경하지 못하도록 시트를 보호할 수 있습니다. 자세한 내용은 91쪽을 참고하세요.
- **매크로** : 반복되는 작업을 자동화하여 작업 시간을 절약할 수 있습니다. 자세한 내용은 246쪽을 참고하세요.
- **Apps Script** : 구글 앱스 스크립트 코딩을 통해 구글 스프레드시트뿐만 아니라 구글의 다양한 앱을 제어하여 자동화 서비스를 만들 수 있습니다. 자세한 내용은 257쪽을 참고하세요.
- **AppSheet** : 코딩 없이 앱을 만드는 서비스로 구글 스프레드시트를 데이터베이스로 사용할 수 있습니다.

SECTION 08 엑셀 파일을 구글 스프레드시트 문서로 변환

엑셀 파일을 구글 스프레드시트 문서로 변환하면 구글 스프레드시트의 고급 기능을 사용하여 기존 엑셀 파일의 데이터를 가공할 수 있습니다. 고급 기능에는 수정 기록 표시, 매크로, 시트 보호 등이 있습니다.

01 구글 스프레드시트에서 임의의 엑셀 파일을 불러오기 합니다.

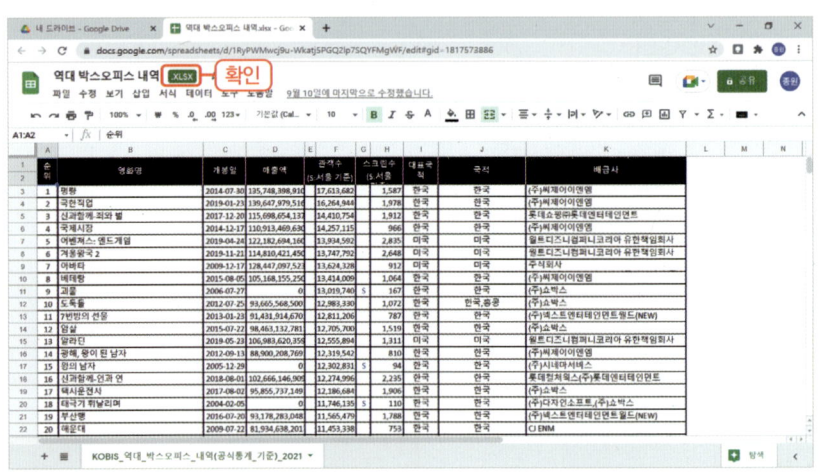

02 메뉴에서 [파일]-[Google Sheets로 저장]을 선택합니다.

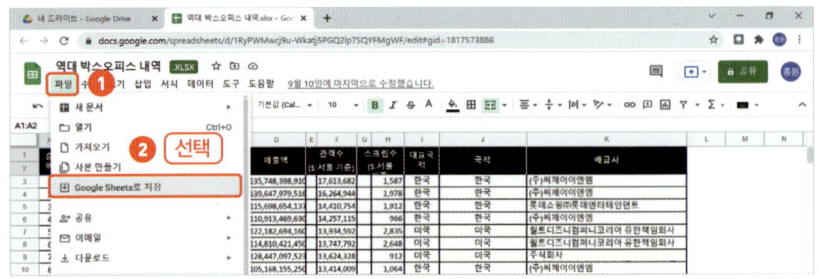

· 멘토의 팁 ·

엑셀 파일을 구글 스프레드시트 문서로 바로 변환해서 사용하려면 구글 스프레드시트의 메뉴에서 [파일]-[가져오기]를 선택합니다. 확장자가 xls, xlsx, xlsm 등의 엑셀 파일뿐만 아니라 csv, txt, tab, ods와 같은 다양한 종류의 문서를 구글 스프레드시트에서 불러올 수 있습니다.

03 구글 스프레드시트로 변환된 문서가 새로운 탭에서 열립니다.

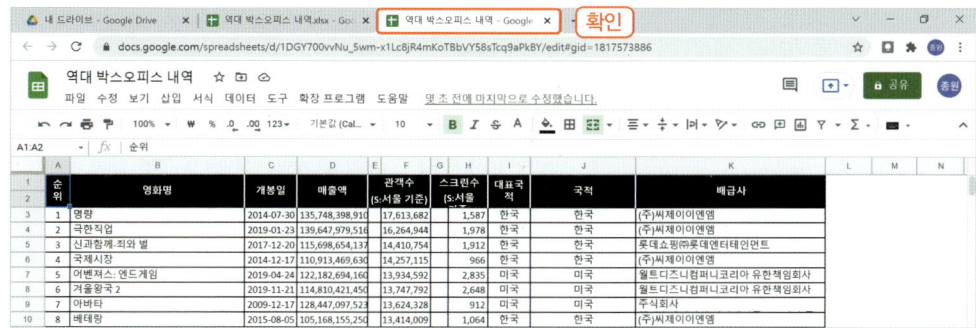

04 내 드라이브 탭으로 이동하면 같은 제목의 구글 스프레드시트 문서가 생성된 것을 확인할 수 있습니다.

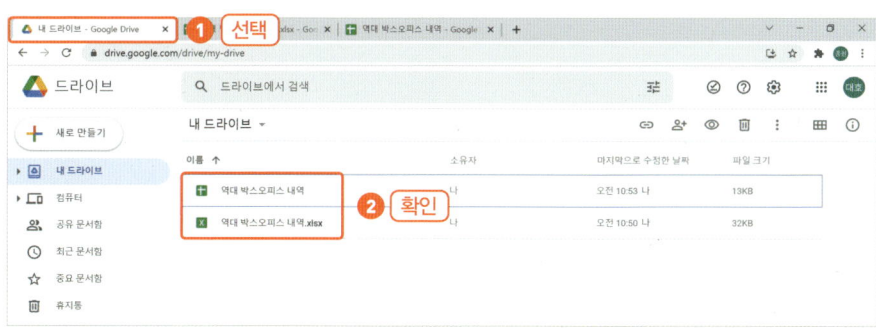

멘토의 노트 — 엑셀에 없는 구글 스프레드시트 함수를 사용했을 때의 호환 문제

대부분의 엑셀 함수와 구글 스프레드시트 함수는 동일하지만 각 프로그램에서 사용할 수 있는 함수가 따로 있습니다. 구글 스프레드시트에만 있는 함수를 사용했을 때 엑셀 파일로 다운로드 받으면 데이터는 정상으로 보이지만 함수는 작동하지 않습니다.

01 '엑셀 호환 테스트' 예제 파일을 불러온 후 [B14] 셀로 커서를 이동한 다음에 수식 입력줄을 확인합니다. UNIQUE 함수를 사용해서 영화 제작국가의 유일한 값을 찾았습니다. UNIQUE 함수의 자세한 설명은 210쪽을 참고하세요.

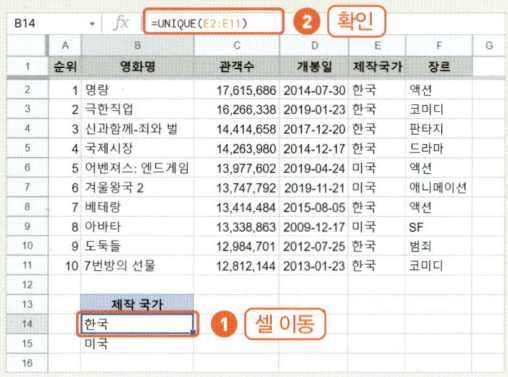

Chapter 01 구글 스프레드시트의 기본 환경　041

02 해당 문서를 엑셀 파일로 저장해서 엑셀에서 불러오기한 후 [B14] 셀로 커서를 이동해 보면 데이터는 그대로인데 함수가 변경된 것을 확인할 수 있습니다. UNIQUE 함수는 엑셀의 모든 버전에서 호환되지 않기 때문에 엑셀에서 데이터를 읽을 수 있도록 대체 함수를 제공한 것입니다. 엑셀에서 데이터를 확인할 수는 있지만 함수는 정상적으로 작동하지 않습니다.

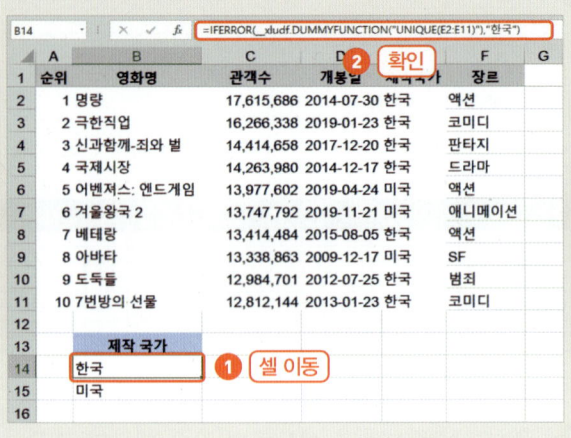

데이터 입력과 데이터 확인

구글 스프레드시트의 셀에서 데이터를 입력할 때 형식에 맞게 입력해야 오류 없이 원하는 결과를 찾을 수 있습니다. 또한, 데이터 확인 기능을 통해 형식에 맞는 데이터만 입력되도록 설정하여 데이터의 신뢰도를 높일 수 있습니다.

SECTION 01 / 데이터 형식

구글 스프레드시트의 데이터 형식은 크게 숫자, 날짜, 시간, 문자로 나눌 수 있는데 수식 입력 시 셀에 나타나는 결과는 네 가지 형식으로 표현됩니다. 각 형식에 따라 자동으로 정렬이 이루어지므로 어떤 형식의 데이터가 입력되었는지 바로 확인할 수 있습니다.

:: 숫자 데이터

숫자 데이터는 구글 스프레드시트에서 주로 사용하는 데이터로 계산, 집계를 통해 다양한 결과값을 만들어 낼 수 있습니다. 숫자 데이터를 입력하면 오른쪽으로 정렬됩니다.

	A	B	C	D	E
1		숫자 형식		문자 형식	
2		① 1000		③ 1234567890123456	
3		② 1.23457E+15		④ 5600	
4					

① 15자리 이하의 숫자를 입력하면 숫자로 자동 인식됩니다.
② 숫자를 15자리까지 자유롭게 입력하되 16자리부터 '0'을 입력하면 지수 형식으로 표현됩니다.
③ 숫자를 15자리 넘게 입력하면 자동으로 문자로 인식되어 왼쪽으로 정렬됩니다.
④ 어퍼스트로피(')를 입력하고 숫자를 입력하면 문자로 인식되어 왼쪽으로 정렬됩니다. 어퍼스트로피(')는 셀에서 보이지 않습니다.

:: 날짜 데이터

구글 스프레드시트에서는 다양한 형식으로 날짜 데이터를 입력할 수 있습니다. 날짜 데이터를 입력하면 날짜를 정수 형태의 일련번호로 처리하여 다양한 방식으로 날짜간 계산을 할 수 있습니다. 날짜 데이터는 오른쪽으로 정렬됩니다.

	A	B	C	D	E
1		입력		수식 입력줄에서 확인할 수 있는 실제 데이터	
2	①	2022-3-4		2022-3-4	
3	②	2022-03-04		2022-03-04	
4	③	22-3-4		22-3-4	
5	④	3-4		2021. 3. 4	
6	⑤	2022-3		2022. 3. 1	
7	⑥	2022/3/4		2022/3/4	
8	⑦	2022. 3. 4		2022. 3. 4	
9	⑧	2022년 3월 4일		2022년 3월 4일	
10					

① 하이픈(-)을 년, 월, 일의 구분 기호로 사용하여 날짜 데이터를 입력할 수 있습니다.
② 한 자리 숫자의 월과 일에 '0'을 입력하여 두 자리로 만들면 날짜 형식을 같은 자릿수로 확인할 수 있어 사용자가 인식하기 편리합니다.

❸ 연도에서 끝의 두 자리를 입력해도 연도 데이터를 인식합니다. 00~29 사이 값을 입력하면 2000~2029년으로, 30~99 사이 값을 입력하면 1930~1999년으로 자동 인식합니다.
❹ 연도를 생략하고 월과 일만 입력하면 올해(현재) 연도가 자동으로 입력됩니다.
❺ 연도와 월만 입력하면 해당 달의 1일로 자동 인식됩니다.
❻ 슬래시(/)를 년, 월, 일의 구분 기호로 사용하여 날짜 데이터를 입력할 수 있습니다.
❼ 마침표(.)와 공백( )을 년, 월, 일의 구분 기호로 사용할 수 있습니다. 해당 데이터를 엑셀에 붙여넣기하면 날짜 데이터로 인식하지 않고, 문자 데이터로 인식합니다.
❽ 년, 월, 일의 표현 기호를 한글로 입력해도 날짜 데이터로 인식합니다.

날짜 데이터를 입력한 후에 해당 셀을 더블 클릭하면 작은 달력이 활성화되어 다른 날짜로 쉽게 변경할 수 있습니다.

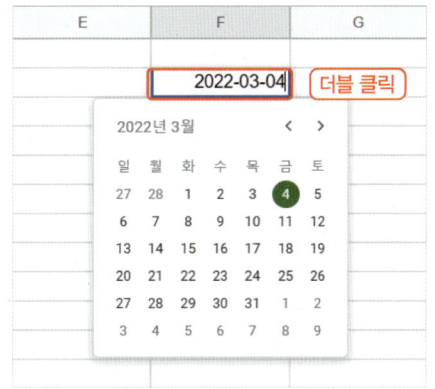

:: 시간 데이터

다양한 형식의 시간 데이터를 입력할 수 있으며, 시간 데이터를 입력하면 소수 형태로 처리하여 여러 가지 방식으로 시간 계산을 할 수 있습니다. 시간 데이터는 오른쪽으로 정렬됩니다.

	A	B	C	D	E
1		입력		수식 입력줄에서 확인할 수 있는 실제 데이터	
2	❶	15:30:10		오후 3:30:10	
3	❷	13:30		오후 1:30:00	
4	❸	9:30 AM		오전 9:30	
5	❹	오후 3:40		오후 3:40:00	
6	❺	오후 5시 13분		오후 5:13	
7	❻	18시 50분		오후 6:50:00	
8					

❶ 콜론(:)을 시, 분, 초의 구분 기호로 사용하여 시간 데이터를 입력할 수 있습니다.
❷ 초를 생략하고 콜론(:)과 함께 시와 분만 입력하여 시간 데이터를 입력할 수 있습니다.
❸ 12시간제 형식으로 시간 데이터를 입력하고, AM 또는 PM을 입력하면 오전, 오후를 구분할 수 있습니다.
❹ 한글로 오전 또는 오후를 입력하고, 12시간제 형식으로 시간 데이터를 입력할 수 있습니다.
❺ 한글로 오전 또는 오후, 시, 분을 입력하여 시간 데이터를 입력할 수 있습니다.
❻ 한글로 시, 분을 입력하여 시간 데이터를 입력할 수 있습니다.

:: 문자 데이터

한글, 한자, 영문, 특수 문자, 이모지 등 숫자로 표현할 수 없는 다양한 문자를 입력할 수 있습니다. 숫자, 날짜 데이터도 문자 형식으로 입력이 가능하며, 여러 줄로 나누어 입력할 수 있습니다. 문자 데이터는 왼쪽으로 정렬됩니다.

	A	B	C
1		문자 형식	
2	①	Google 스프레드시트	
3	②	자동 계산	
4	③	12	
5	④	2022-3-4	
6	⑤	🔑🎒🔔🏅	
7			

① 문자 데이터를 입력하면 자동으로 왼쪽으로 정렬됩니다.
② 셀에서 두 줄 이상을 입력하려면 줄을 바꾸는 지점에서 Alt + Enter 키를 누릅니다.
③ 어퍼스트로피(')를 입력하고 숫자를 입력하면 문자로 인식되어 왼쪽으로 정렬되는데 어퍼스트로피(')는 셀에서 보이지 않습니다. 숫자로만 이루어진 전화번호를 입력할 때 유용합니다(예 : '01012133455).
④ 어퍼스트로피(')를 입력하고 날짜를 입력하면 문자로 인식되어 왼쪽으로 정렬되는데 어퍼스트로피(')는 셀에서 보이지 않습니다.
⑤ 이모지는 문자로 인식합니다. Windows에서 ⊞ + . 키를 누르면 이모지 대화 상자가 표시되므로 원하는 이모지를 선택할 수 있습니다.

멘토의 노트 — 셀 범위를 넘는 수치가 입력되었을 때 자동 조절(엑셀과 비교)

셀 범위보다 긴 자리의 수치가 입력되었을 때 숫자를 표시하는 방식이 엑셀과 다릅니다. 이런 경우 수치가 잘려서 보이지 않는 숫자를 볼 수 있게 셀 길이를 자동으로 조절할 수 있습니다.

01 엑셀에서는 숫자 서식에 따라 지수 형태 또는 #####과 같이 표시되지만 구글 스프레드시트에서는 오른쪽에 위치한 숫자가 가려집니다.

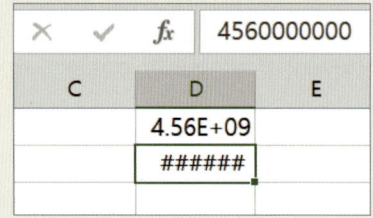
▲ 엑셀 화면

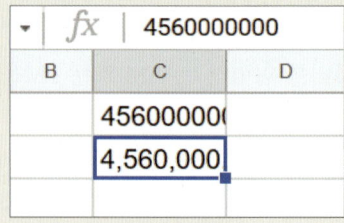
▲ 구글 스프레드시트 화면

02 셀에 있는 전체 숫자를 확인할 때는 셀의 머리글 경계선을 더블 클릭합니다. 자동으로 모든 숫자를 볼 수 있는 범위로 셀 크기가 조정됩니다.

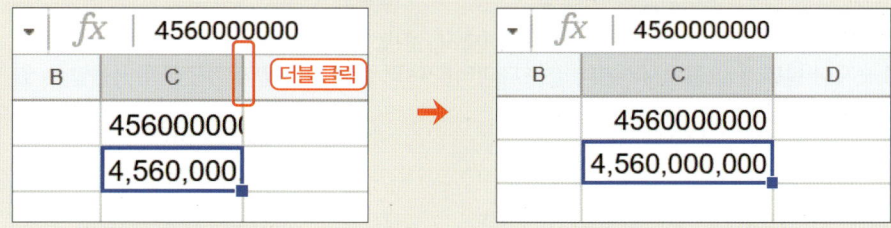

SECTION 02 자동 채우기와 자동 완성

자동 채우기는 일정하게 증가하거나 감소하는 데이터(숫자, 날짜, 시간)를 연속적으로 입력하는 기능입니다. 셀별로 숫자나 날짜 등을 증가시키거나 같은 데이터를 여러 셀에 입력할 때 간편하게 사용할 수 있습니다.

:: 숫자 자동 채우기

채우기 핸들을 이용하면 인접 셀에 같은 숫자를 쉽게 복사하거나 자동 증가, 감소시킬 수 있습니다. Ctrl 키와 드래그의 조합으로 숫자를 증가시키거나 복사할 수 있습니다.

01 '숫자 자동 채우기' 예제 파일을 불러온 후 [B2] 셀을 선택하고 채우기 핸들을 아래쪽으로 드래그하면 셀 값이 드래그한 범위만큼 복사됩니다.

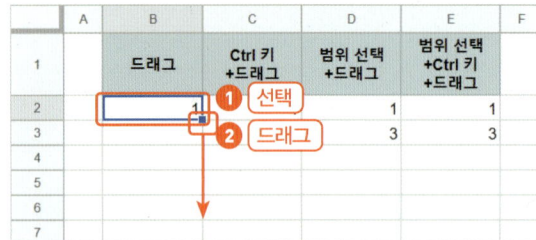

02 [C2] 셀을 선택한 후 Ctrl 키를 누른 채 채우기 핸들을 아래쪽으로 드래그하면 셀 값이 드래그한 범위만큼 증가합니다.

• 멘토의 팁 •
왼쪽 열 또는 오른쪽 열에 데이터가 있을 경우 Ctrl 키를 누른 채 채우기 핸들을 더블 클릭하면 드래그와 같은 효과가 나타납니다.

03 [D2:D3] 범위를 선택한 후 채우기 핸들을 아래쪽으로 드래그하면 선택한 두 숫자의 차이만큼 증가 또는 감소합니다.

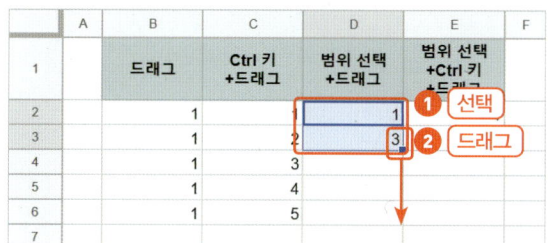

04 [E2:E3] 범위를 선택한 후 Ctrl 키를 누른 채 채우기 핸들을 아래쪽으로 드래그하면 셀 값이 드래그한 범위만큼 복사됩니다.

:: 날짜 자동 채우기

채우기 핸들을 이용하면 인접 셀의 날짜를 복사하거나 설정한 규칙에 맞게 자동 변경할 수 있습니다. Ctrl 키와 드래그의 조합으로 날짜를 쉽게 복사할 수 있습니다.

01 **'날짜 자동 채우기' 예제 파일을** 불러온 후 [B2] 셀을 선택하고 채우기 핸들을 아래쪽으로 드래그하면 셀 값이 드래그한 범위만큼 날짜가 하루씩 증가합니다.

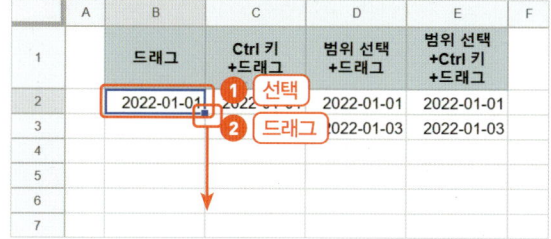

Chapter 02 데이터 입력과 데이터 확인 **049**

02 [C2] 셀을 선택한 후 Ctrl 키를 누른 채 채우기 핸들을 아래쪽으로 드래그하면 셀 값이 드래그한 범위만큼 복사됩니다.

03 [D2:D3] 범위를 선택한 후 채우기 핸들을 아래쪽으로 드래그하면 선택한 두 날짜의 차이만큼 증가 또는 감소합니다.

04 [E2:E3] 범위를 선택한 후 Ctrl 키를 누른 채 채우기 핸들을 아래쪽으로 드래그하면 날짜 데이터가 드래그한 범위만큼 복사됩니다.

> • **멘토의 팁** •
>
> 셀에 '월', '화', '수' 또는 '월요일', '화요일', '수요일' 등이 입력되어 있으면 요일도 자동 채우기가 가능합니다.

:: 문자+숫자 자동 채우기

문자와 숫자가 조합된 데이터를 자동 채우기로 복사하거나 숫자만 증가, 감소시킬 수 있습니다. 숫자가 문자 뒤에 있어서야만 자동 채우기로 숫자를 증가 또는 감소시킬 수 있습니다.

01 '**문자+숫자 자동 채우기' 예제 파일을** 불러온 후 [B2] 셀을 선택하고 채우기 핸들을 아래쪽으로 드래그하면 문자는 복사되고 숫자는 드래그한 범위만큼 증가합니다.

02 [C2] 셀을 선택한 후 Ctrl 키를 누른 채 채우기 핸들을 아래쪽으로 드래그하면 데이터가 드래그한 범위만큼 복사됩니다.

03 [D2:D3] 범위를 선택한 후 채우기 핸들을 아래쪽으로 드래그하면 문자는 복사되고, 숫자는 선택한 두 숫자의 차이만큼 증가 또는 감소합니다.

04 [E2:E3] 범위를 선택한 후 Ctrl 키를 누른 채 채우기 핸들을 아래쪽으로 드래그하면 문자는 복사되고, 숫자는 드래그한 범위만큼 복사됩니다.

멘토의 노트 — 단축키를 이용한 자동 채우기

채우기 핸들과 마우스를 사용하지 않고 단축키로 빠르게 범위를 선택(지정)하고, 자동 채우기로 데이터를 복사할 수 있습니다. 아래쪽과 오른쪽으로 자동 채우기를 하는 단축키는 따로 존재하지만 숫자가 증가 또는 감소 되지는 않습니다.

01 아래쪽으로 자동 채우기를 하기 위해서 [B1] 셀에 데이터를 입력한 후 Shift+↓ 키를 여러 번 눌러 범위를 지정합니다. Ctrl+D 키를 누르면 선택한 범위에 [B1] 셀의 데이터가 복사됩니다.

02 오른쪽으로 자동 채우기를 하기 위해서 [B1] 셀을 선택한 후 Shift+→ 키를 여러 번 눌러 범위를 지정합니다. Ctrl+R 키를 누르면 선택한 범위에 [B1] 셀의 데이터가 복사됩니다.

03 열 방향으로 선택한 범위를 오른쪽으로 자동 채우기 하기 위해서 [B1:B6] 범위에 데이터를 입력하고 범위를 선택한 후 Shift+→ 키를 여러 번 눌러 범위를 지정합니다. Ctrl+R 키를 누르면 선택한 범위에 B 열의 데이터가 복사됩니다.

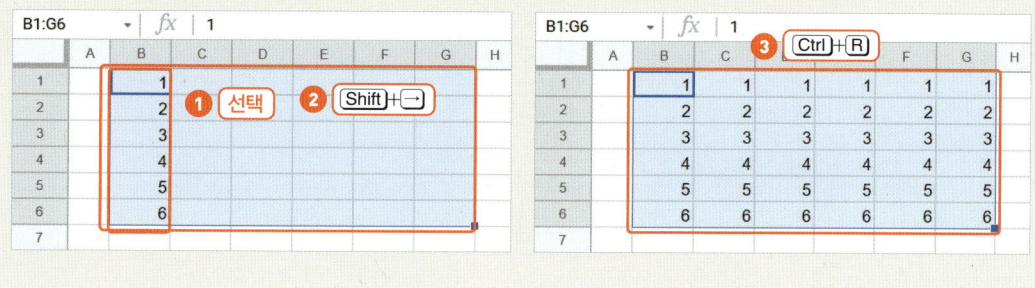

:: 자동 완성

구글 스프레드시트는 특정 상황에서 사용자의 행동을 예측하여 다음에 진행할 작업을 자동으로 제안합니다. 자동 채우기 기능과는 다르게 자동 완성 기능으로 쉽게 결과를 확인할 수 있습니다.

01 **'자동 완성' 예제 파일을** 불러온 후 B 열의 성과 C 열의 이름을 연결하는 수식을 만들기 위해 [D2] 셀에 "=B2&C2"를 입력합니다(수식에서 문자를 연결할 때 & 기호를 사용).

02 '자동 완성 제안사항' 팝업 창이 나타나면서 [D3:D7] 범위에 성과 이름이 결합된 결과가 자동으로 입력됩니다. 자동 완성 실행(✓) 아이콘을 클릭합니다.

> • 멘토의 팁 •
> 상황에 따라 '자동 완성 제안사항' 팝업 창이 나타나지 않을 때가 있는데 그런 경우에는 [D2] 셀을 선택하고, 채우기 핸들을 드래그하면 자동 채우기 기능으로 수식이 적용됩니다.

03 다른 행에 수식이 자동으로 적용되어 성과 이름이 결합되어 입력됩니다.

	A	B	C	D	E	F	G
1		성	이름	성&이름			
2		김	종원	김종원			
3		이	호영	이호영			
4		장	미숙	장미숙	확인		
5		신	현성	신현성			
6		김	종태	김종태			
7		신	용우	신용우			

D3: =B3&C3

> • 멘토의 팁 •
> 메뉴에서 [도구]-[자동 완성]-[자동완성 사용]을 선택하여 체크 표시를 해제하면 자동 완성 기능을 끌 수 있습니다.

SECTION 03 / 데이터 서식

숫자 또는 날짜 서식을 미리 지정하여 데이터를 쉽게 변경하거나 해당 데이터의 의미를 직관적으로 확인할 수 있도록 설정합니다. 데이터의 상황에 따라 데이터 서식을 변경해도 기존 데이터의 내용은 변경되지 않습니다.

:: 서식 지정

숫자와 날짜를 표현하는 방식을 다양하게 설정할 수 있습니다. 숫자에 천 단위 콤마(,)를 넣거나 통화 기호를 삽입할 수 있고, 날짜는 '2022-01-01', '2022년 1월 1일' 등의 형태로 변경할 수 있습니다.

01 '데이터 서식' 예제 파일을 불러오기 합니다. 매출액 항목에 천 단위 콤마(,)를 삽입하기 위해 [C2:C16] 범위를 선택하고, 툴바에서 [서식 더보기(123▼)]-[재무]를 선택합니다.

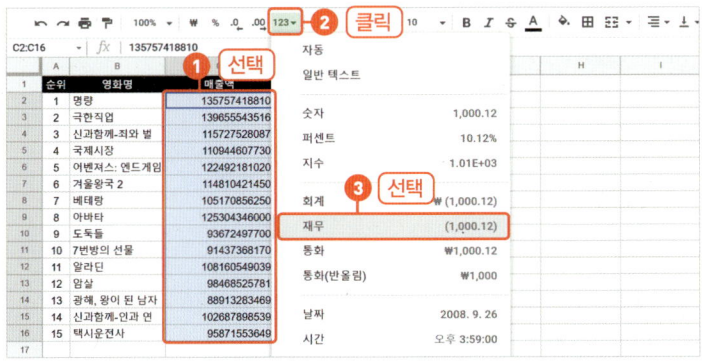

- 멘토의 팁 -

메뉴에서 [서식]-[숫자]-[재무]를 선택해도 됩니다.

02 소수점을 삭제하기 위해 툴바에서 [소수점 이하 자릿수 감소(.0)] 단추를 두 번 클릭합니다.

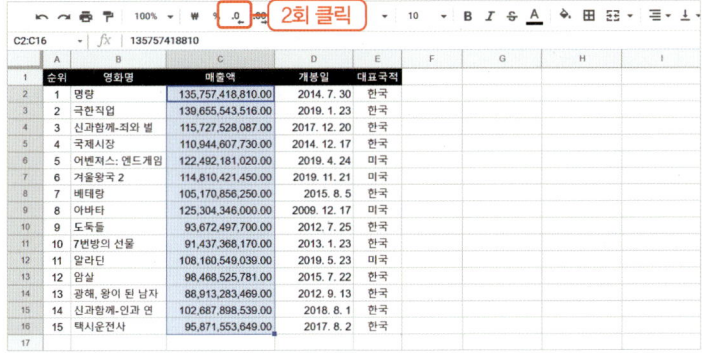

03 개봉일 항목의 날짜 형식을 '2021-07-23'으로 변경하기 위해 [D2:D16] 범위를 선택합니다.

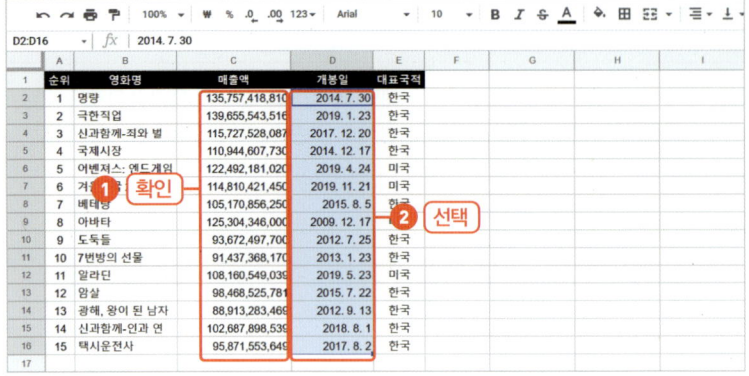

04 툴바에서 [서식 더보기(123▼)]-[맞춤 날짜 및 시간]을 선택합니다.

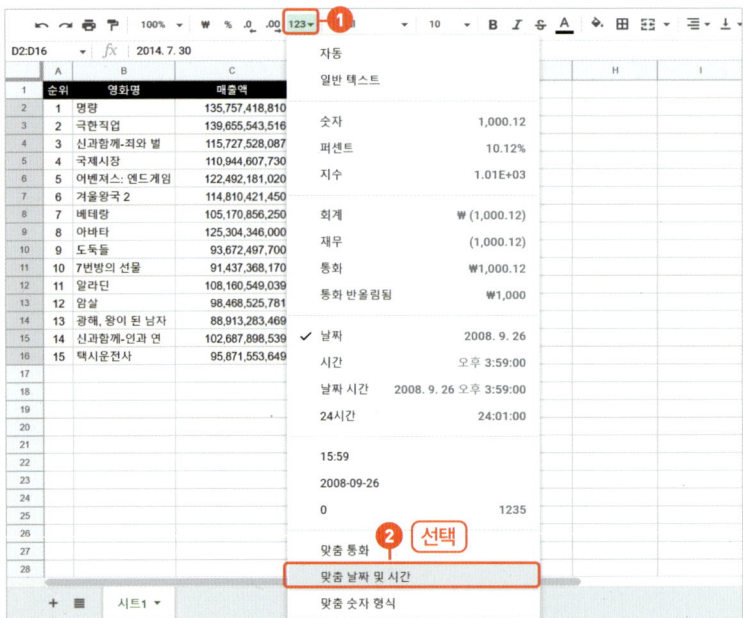

05 [맞춤 날짜 및 시간 형식] 대화 상자에서 연도, 월, 일 사이의 입력란을 각각 클릭하여 마침표(.)와 공백을 하이픈(-)으로 수정하고, [일(5)]을 선택합니다.

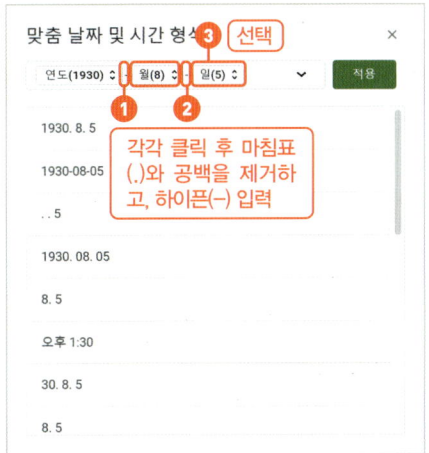

06 '일'이 한 자리 숫자일 때 '0'을 포함한 두 자리 숫자로 고정하기 위해 [앞자리에 0이 있는 일(05)]을 선택합니다. '월'도 동일하게 지정하기 위해 [월(8)]-[앞자리에 0이 있는 월(08)]을 선택하고, [적용] 버튼을 클릭합니다.

07 개봉일 항목의 날짜가 '2021-08-05' 형식으로 변경됩니다.

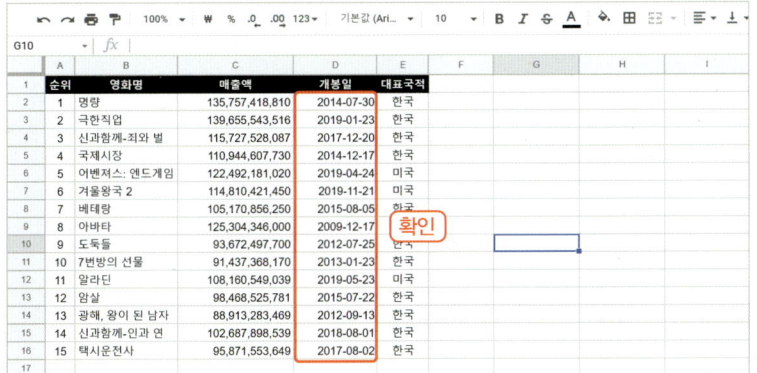

> **• 멘토의 팁 •**
>
> 구글 스프레드시트는 날짜를 표현하는 기본 형식이 '2021. 08. 05'임에 반해 엑셀은 '2021-08-05'입니다. 엑셀과의 호환성을 유지하면서 날짜 자릿수를 쉽게 고정하기 위해 '2021-08-05' 형식을 사용하기를 추천합니다.

:: 맞춤 숫자 형식

맞춤 숫자 형식은 구분 문자를 사용하여 다양한 방식으로 숫자 서식을 지정합니다. 음수만 빨간색으로 변경하거나 천 단위 이하 숫자 절삭, 특정 글자 삽입 등을 지정할 수 있습니다.

01 매출액에서 천 단위 이하 숫자를 숨기고, '천 원'이라는 문자를 입력하기 위해 [C2:C16] 범위를 선택한 후 툴바에서 [서식 더보기(123▼)]-[맞춤 숫자 형식]을 선택합니다.

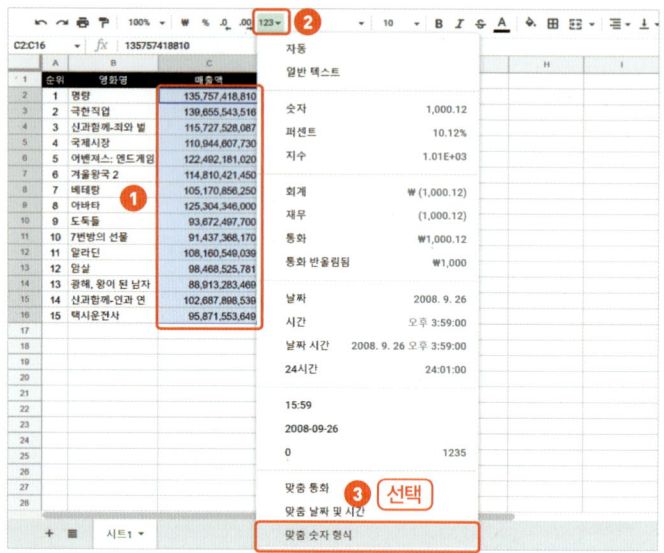

02 [맞춤 숫자 형식] 대화 상자에서 입력란에 #,##0, "천 원"을 입력하고, [적용] 버튼을 클릭합니다.

> • 멘토의 팁 •
>
> 백 만 단위로 절삭하고 싶으면 #,##0,, "백만 원"이라고 입력합니다. 이는 천 단위 구분 문자인 콤마(,)를 두 번 입력하여 백만 단위를 만드는 것입니다.

03 매출액에서 천 단위 이하는 나타나지 않고, '천 원'이라는 문자가 입력되었습니다. [C2] 셀을 선택한 후 수식 입력줄을 살펴보면 데이터는 변동되지 않은 것을 확인할 수 있습니다.

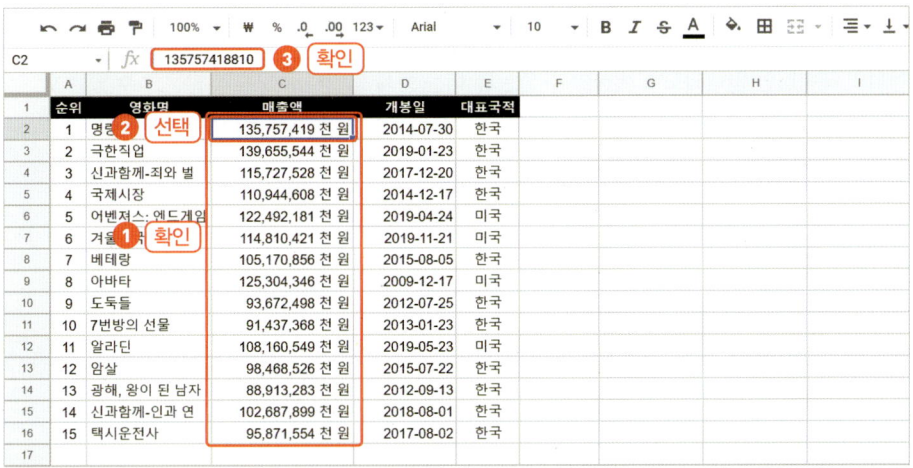

멘토의 노트 — 맞춤 숫자 형식 지정

맞춤 형식을 만드는 경우 형식 지정은 최대 4개 부분(양수, 음수, 0, 숫자가 아닌 값)으로 구성되며, 세미콜론(;)으로 구분해야 합니다(회계 형식도 지원). 맞춤 숫자 형식을 지정할 때 색상을 사용할 수도 있는데 예를 들어 양수와 음수를 구분하는 경우 [Red]와 같이 대괄호 안에 색상을 입력하여 서식의 원하는 부분을 설정할 수 있습니다.

문자	설명
0	숫자의 자릿수로 무의미한 0이 결과에 표시됩니다.
#	숫자의 자릿수로 무의미한 0이 결과에 표시되지 않습니다.
?	숫자의 자릿수로 무의미한 0이 결과에 공백으로 표시됩니다.
$	숫자에 달러 값 형식을 지정합니다.
.(소수점)	숫자에 소수점 형식을 지정합니다.
,(쉼표)	숫자에 천 단위 구분자를 지정합니다.
/	숫자에 분수 형식을 지정합니다.
%	숫자에 백분율 형식을 지정합니다.
E	숫자에 지수 형식을 지정합니다.
"text"	수식에 텍스트를 추가하며, 원하는 텍스트를 따옴표 안에 삽입하면 텍스트가 표시됩니다.
@	셀에 입력한 텍스트를 표시합니다.
*	셀에서 남아있는 공간을 채우기 위해 해당 문자를 반복합니다.
_ (밑줄)	셀에서 다음 문자와 너비가 동일한 공간을 추가합니다.

SECTION 04 / 데이터 확인

셀에 특정한 형식의 데이터만 입력되도록 설정할 수 있는데 이는 형식 불일치로 오류가 발생할 수 있는 상황을 사전에 예방할 수 있습니다. 여기에서는 숫자, 텍스트, 날짜의 데이터 형식을 설정하는 방법에 대해서 알아보겠습니다.

:: 숫자

숫자에 대한 조건을 미리 지정하여 해당 조건에 맞는 숫자 데이터만 입력할 수 있도록 설정할 수 있습니다. 여기에서는 나이 정보를 받기 위해 숫자의 범위를 설정해 보도록 하겠습니다.

01 **'데이터 확인' 예제 파일을** 불러옵니다. [C2:C7] 범위를 선택하고, 마우스 오른쪽 버튼을 클릭한 후 [셀 작업 더보기]-[데이터 확인]을 선택합니다.

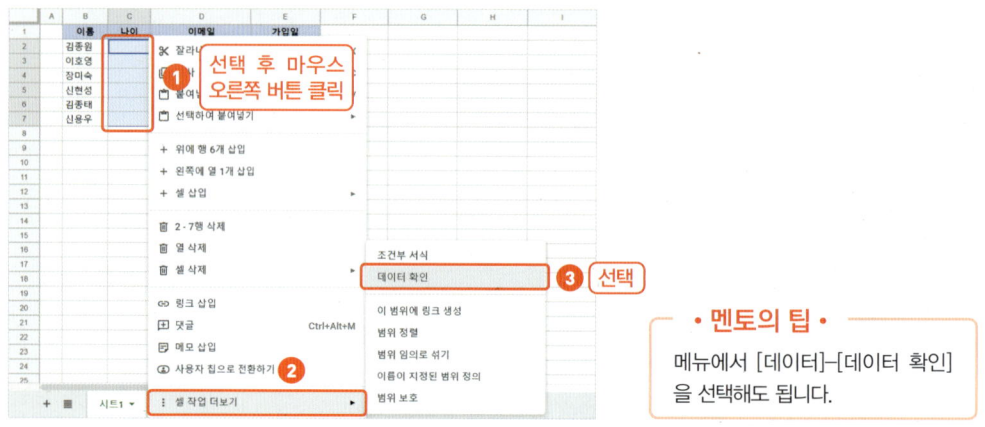

• 멘토의 팁 •
메뉴에서 [데이터]-[데이터 확인]을 선택해도 됩니다.

02 [데이터 확인] 대화 상자에서 '기준'의 목록(▼) 단추를 클릭하고, [숫자]를 선택합니다.

03 기준의 사이 입력란에 "1"과 "120"을 각각 입력하고, [저장] 버튼을 클릭합니다.

▶ **셀 범위** : 데이터의 확인 범위를 지정합니다.
▶ **기준** : 범위에서의 목록, 항목 목록, 숫자, 텍스트, 날짜, 맞춤 수식, 체크박스를 대상으로 데이터 확인을 위한 기준을 선택합니다.
▶ **잘못된 데이터** : '경고 표시'를 선택하면 사용자가 잘못된 데이터를 입력할 때 오류 아이콘이 표시되면서 데이터가 입력됩니다. '입력 거부'를 선택하면 사용자가 잘못된 데이터를 입력할 때 오류 팝업 창이 나타나면서 데이터 입력이 거부됩니다.
▶ **디자인** : '잘못된 데이터' 항목의 '입력 거부'를 선택한 상태에서 '확인 도움말 텍스트 표시'를 체크(선택)하면 오류 발생 시 설정한 오류 메시지가 팝업 창으로 나타납니다.
▶ **확인 삭제** : 데이터 확인을 적용한 범위에 더 이상 데이터 확인이 작동하지 않도록 설정합니다.

04 [C2:C7] 범위에 셀별로 숫자 데이터를 입력합니다. 입력한 데이터가 설정한 데이터 확인 조건에 맞지 않으면 해당 셀에 잘못됨 표시(◥)가 나타납니다.

05 오류가 발생한 셀에 마우스 포인터를 올리면 오류에 관한 도움말을 확인할 수 있습니다.

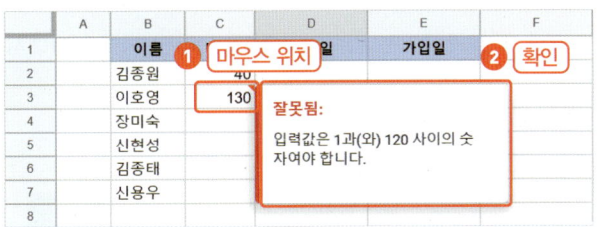

멘토의 노트 — 조건에 맞지 않는 값일 때 입력 거부 설정

조건에 맞지 않는 값이 입력되면 입력이 거부되고, 오류 메시지가 나타나게 설정할 수 있습니다. 반드시 조건에 부합하는 값만 입력할 때 입력 거부를 설정합니다.

01 [데이터 확인] 대화 상자에서 '잘못된 데이터' 항목의 '입력 거부'를 선택합니다. '확인 도움말 텍스트 표시'를 체크(선택)한 후 확인 도움말 입력란에 "1~120까지의 숫자를 입력해주세요."라고 입력하고, [저장] 버튼을 클릭합니다.

02 데이터 확인을 설정한 범위의 [C3] 셀에 조건에 맞지 않는 "130"을 입력합니다.

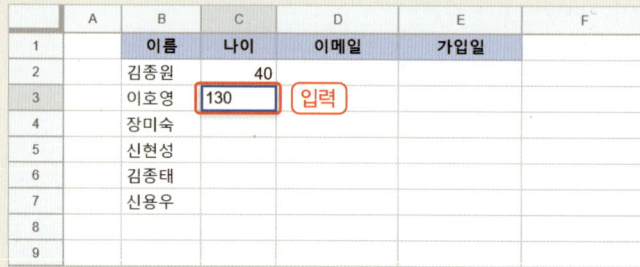

03 그 결과 숫자는 입력되지 않고, 나타난 대화 상자에서 설정한 확인 도움말이 표시됩니다.

:: 텍스트

주어진 조건에 맞는 텍스트만 입력되도록 설정할 수 있습니다. 여기에서는 올바른 이메일 형식대로 이메일이 입력되도록 설정해 보겠습니다.

01 [D2:D7] 범위를 선택하고, 마우스 오른쪽 버튼을 클릭한 후 [셀 작업 더보기]-[데이터 확인]을 선택합니다.

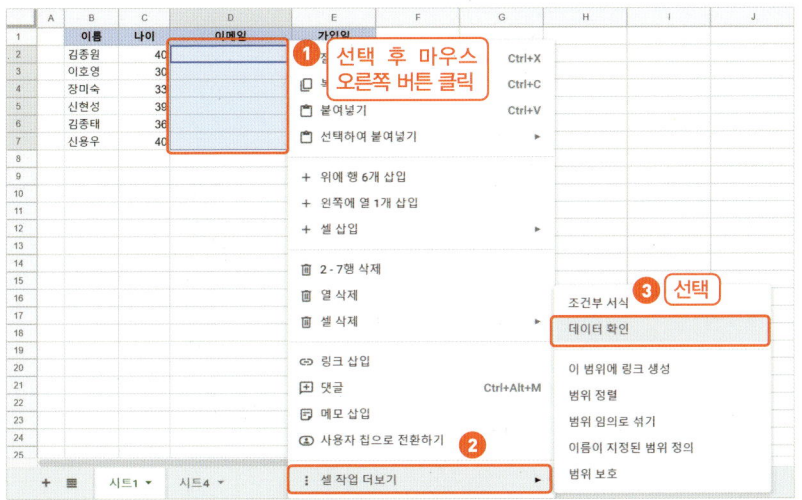

02 [데이터 확인] 대화 상자에서 '기준'의 목록(▼) 단추를 클릭하고, [텍스트]와 [올바른 이메일]을 각각 선택한 후 [저장] 버튼을 클릭합니다.

03 올바른 이메일을 설정한 범위에서 잘못된 이메일을 입력하면 셀에 오류 표시(◣)가 나타나며, 해당 셀에 마우스 포인터를 올리면 오류 메시지를 확인할 수 있습니다.

Chapter 02 데이터 입력과 데이터 확인 **063**

:: 날짜

주어진 조건에 맞는 날짜만 입력되도록 설정할 수 있습니다. 여기에서는 올바른 날짜 형식대로 날짜가 입력되는지 확인해 보겠습니다.

01 [E2:E7] 범위를 선택하고, 마우스 오른쪽 버튼을 클릭한 후 [셀 작업 더보기]-[데이터 확인]을 선택합니다.

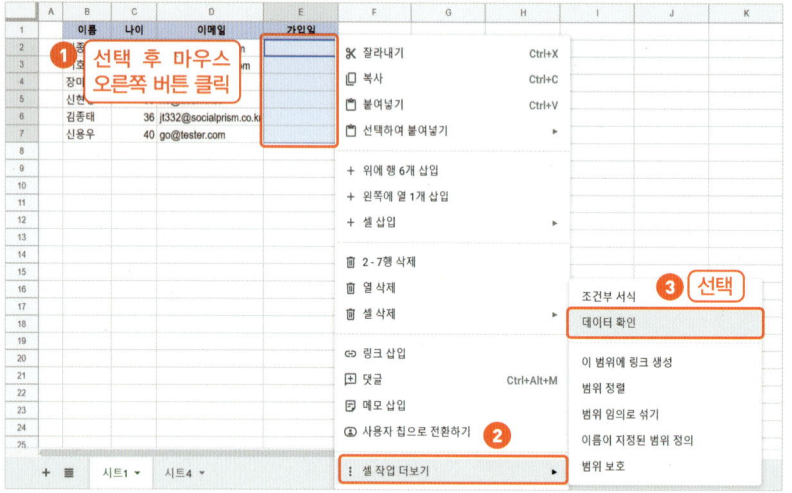

02 [데이터 확인] 대화 상자에서 '기준'의 목록(▼) 단추를 클릭하고, [날짜]와 [올바른 날짜]를 각각 선택한 후 [저장] 버튼을 클릭합니다.

03 올바른 날짜를 설정한 범위에서 잘못된 날짜를 입력하면 셀에 오류 표시(◥)가 나타나며, 해당 셀에 마우스 포인터를 올리면 오류 메시지를 확인할 수 있습니다.

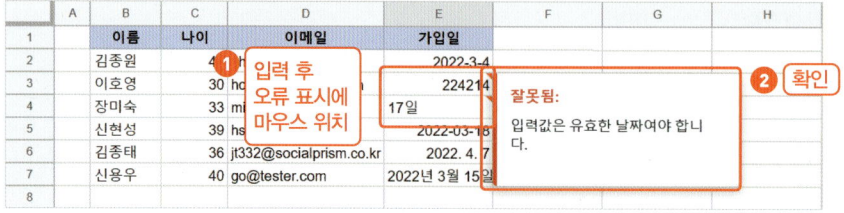

SECTION 05 체크박스 만들기

구글 스프레드시트의 원하는 셀에 체크박스를 추가할 수 있습니다. 체크박스는 선택과 해제의 두 가지 선택지만 표시하는 기능으로 필요한 항목에 대해서 가부나 여부 등을 표시하는 데 주로 사용합니다.

01 '체크박스 만들기' 예제 파일을 불러온 후 [F2:F7] 범위를 선택합니다.

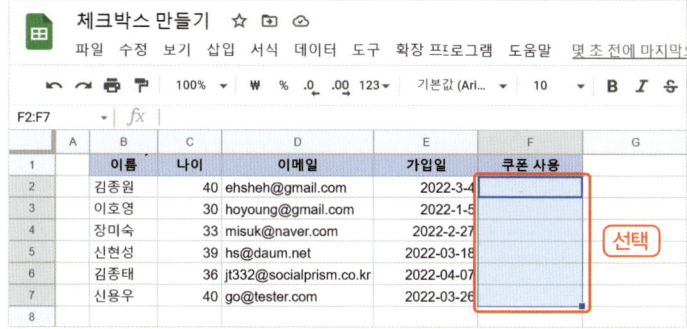

02 메뉴에서 [데이터]-[데이터 확인]을 선택합니다.

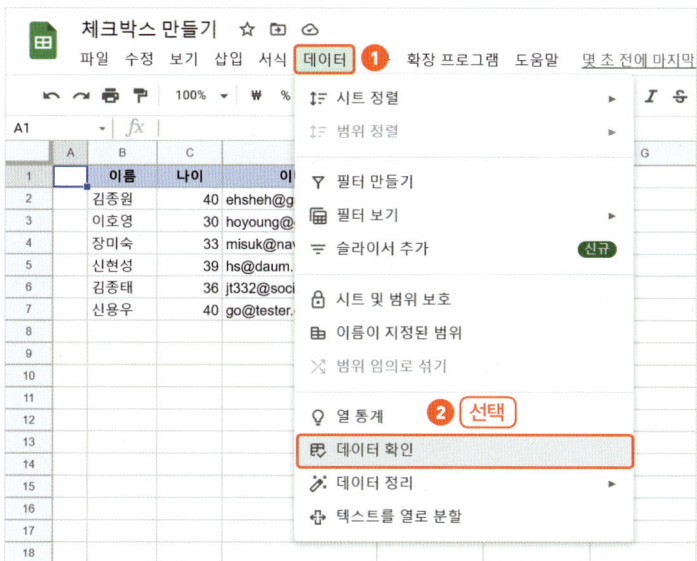

Chapter 02 데이터 입력과 데이터 확인 065

03 [데이터 확인] 대화 상자에서 '기준'의 목록(▼) 단추를 클릭하고, [체크박스]를 선택한 후 [저장] 버튼을 클릭합니다.

• **멘토의 팁** •
메뉴에서 [삽입]-[체크박스]을 선택해도 체크박스를 만들 수 있습니다.

04 해당 범위에 체크박스가 삽입되면 원하는 항목을 마우스로 클릭하거나 SpaceBar 키를 눌러 체크박스를 선택할 수 있습니다.

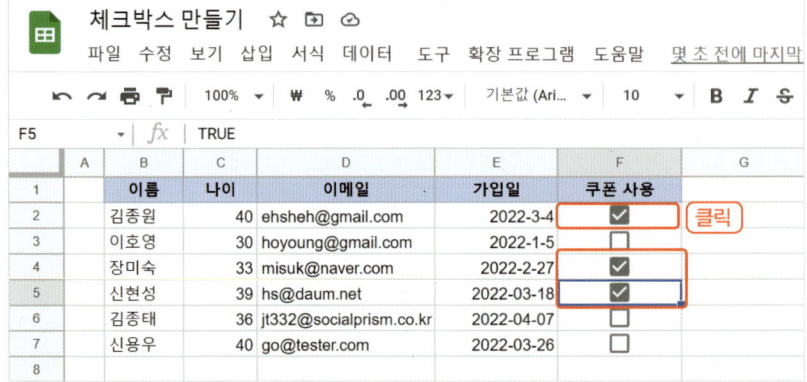

멘토의 노트 — 맞춤 셀 값 사용

체크박스를 선택했을 때 수식 입력줄에 '예'가 표시되고, 선택하지 않았을 때는 '아니오'가 표시되도록 사용자가 체크박스에 입력되는 값을 변경할 수 있습니다.

01 [데이터 확인] 대화 상자에서 '기준'의 목록(▼) 단추를 클릭하고, [체크박스]를 선택합니다. '맞춤 셀 값 사용'을 체크(선택)하고 체크박스가 선택된 경우 입력란에는 "예"를, 체크박스가 선택 해제된 경우 입력란에는 "아니오"를 각각 입력한 후 [저장] 버튼을 클릭합니다.

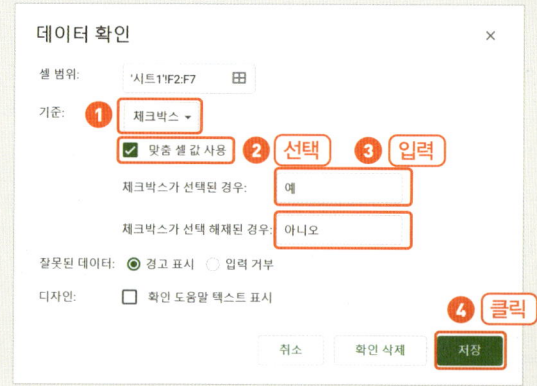

02 원하는 체크박스를 마우스로 클릭하면 수식 입력줄에 '예'가 표시되고, 클릭하지 않은(선택하지 않은) 체크박스에는 '아니오'가 표시됩니다.

SECTION 06 / 드롭다운 만들기

구글 스프레드시트의 원하는 셀에 선택 목록을 제공하는 드롭다운을 추가할 수 있습니다. '항목 목록'을 선택하면 고정형 목록을 만들 수 있고, '범위에서의 목록'을 선택하면 유동형 목록으로 드롭다운을 만들 수 있습니다.

:: 항목 목록

드롭다운의 목록을 사용자가 직접 입력하는 방식으로 목록을 변경할 필요가 없을 때 항목 목록을 선택합니다.

01 **'드롭다운 만들기' 예제 파일을** 불러온 후 [E2:E7] 범위를 선택하고, 마우스 오른쪽 버튼을 클릭한 다음 [셀 작업 더보기]-[데이터 확인]을 선택합니다.

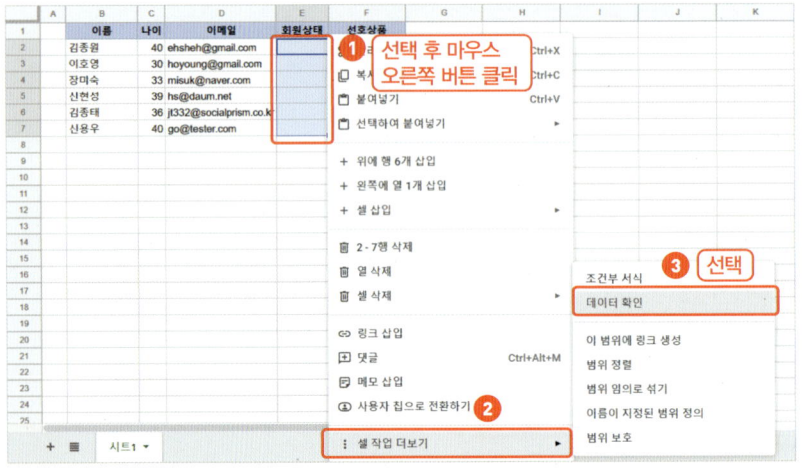

02 [데이터 확인] 대화 상자에서 '기준'의 목록(▼) 단추를 클릭하고, [항목 목록]을 선택한 후 입력란에 "정회원,준회원,비회원,탈퇴"를 입력한 다음 [저장] 버튼을 클릭합니다.

03 해당 범위에 목록 단추가 삽입되면 원하는 셀([E3])에서 목록(▼) 단추를 클릭하고, 드롭다운 목록에서 [정회원]을 선택합니다.

04 해당 셀에 선택한 데이터가 삽입됩니다.

• 멘토의 팁 •

[E7] 셀을 선택한 후 채우기 핸들을 원하는 방향으로 드래그하면 다른 셀에도 드롭다운 목록이 복사됩니다.

:: 범위에서의 목록

외부의 다른 범위를 지정하여 참조하는 방식으로 드롭다운의 선택 목록을 생성합니다. 외부 범위에서 목록이 변경되면 자동으로 드롭다운의 선택 목록도 변경됩니다.

01 [F2:F7] 범위를 선택한 후 마우스 오른쪽 버튼을 클릭하고, [셀 작업 더보기]-[데이터 확인]을 선택합니다.

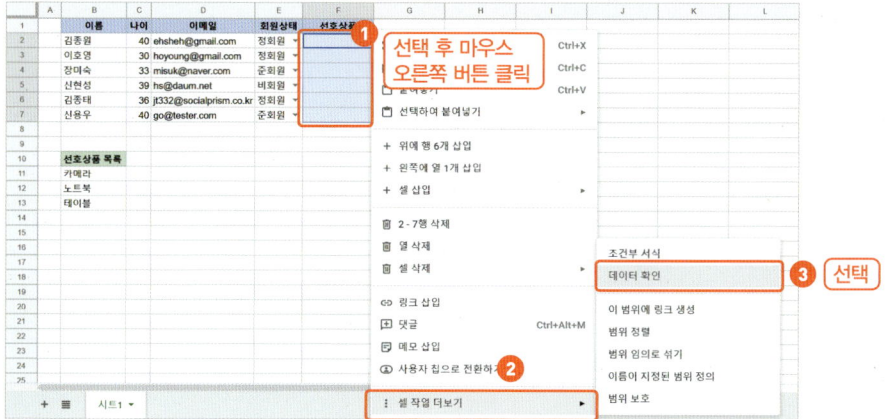

Chapter 02 데이터 입력과 데이터 확인 069

02 [데이터 확인] 대화 상자에서 '기준'의 목록(▼) 단추를 클릭하고, [범위에서의 목록]을 선택한 후 입력란에 [B11:B20] 범위를 입력(지정)한 다음 [저장] 버튼을 클릭합니다. 선호상품 목록이 추가되면 바로 반영되도록 범위를 [B20] 셀까지 지정합니다.

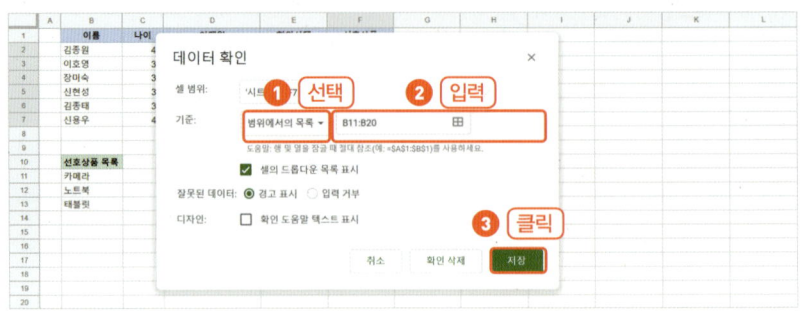

03 원하는 셀([F3])에서 목록(▼) 단추를 클릭하면 드롭다운 목록에 '선호상품 목록'이 나타나는데 이 중에서 [카메라]를 선택합니다.

04 '선호상품 목록'을 추가하기 위해서 [B14] 셀에 "게임기"를 입력한 후 [F4] 셀에서 목록(▼) 단추를 클릭하면 추가된 항목을 확인할 수 있습니다.

SECTION 07 맞춤 수식 만들기

수식 결과가 참이면 데이터가 입력되고, 거짓이면 오류가 발생하여 데이터가 입력되지 않는 맞춤 수식을 적용할 수 있습니다. 특히, 맞춤 수식에 함수를 사용하면 원하는 맞춤 수식을 다양하게 구현할 수 있습니다.

01 **'맞춤 수식 만들기' 예제 파일을** 불러온 후 [F2:F7] 범위를 선택하고, 마우스 오른쪽 버튼을 클릭한 다음 [셀 작업 더보기]-[데이터 확인]을 선택합니다.

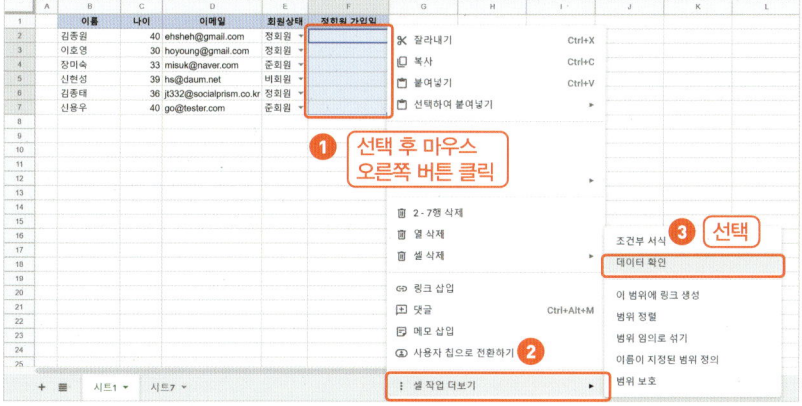

02 [데이터 확인] 대화 상자에서 '기준'의 목록(▼) 단추를 클릭하고, [맞춤 수식]을 선택한 후 입력란에 =$E2="정회원"을 입력합니다. 잘못된 데이터에서 '입력 거부'를 클릭하고, '확인 도움말 텍스트 표시'를 체크(선택)한 후 입력란에 "회원상태가 '정회원'일 때만 가입일을 입력할 수 있습니다."를 입력한 다음 [저장] 버튼을 클릭합니다.

03 [F4] 셀에 데이터를 입력하면 다음과 같은 대화 상자가 표시됩니다. 데이터를 입력하는 셀이 '정회원'이 아닌 경우 입력되지 않도록 설정한 결과입니다.

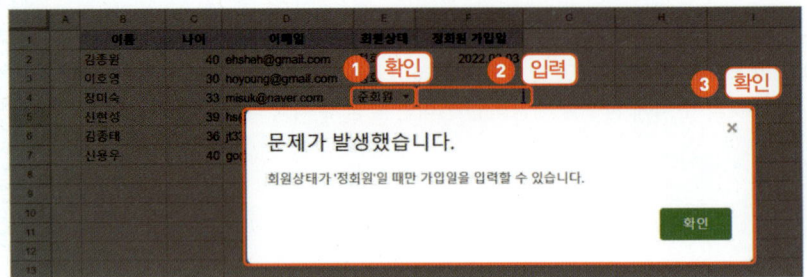

멘토의 노트   두 가지 중 하나의 조건이 맞는 경우 맞춤 수식으로 표현하기

정회원이거나 준회원인 경우 가입일을 입력할 수 있게 하려면 맞춤 수식에 =OR($E2="정회원",$E2="준회원")을 입력합니다. OR 함수는 입력된 인수가 하나라도 참이면 TRUE를 반환하므로 $E2="정회원"과 $E2="준회원"을 입력하면 두 가지 중 정회원이거나 준회원인 경우 입력할 수 있습니다.

셀과 시트 다루기

셀과 시트의 특성을 이해하고 사용해야 구글 스프레드시트 문서를 제대로 관리 및 활용할 수 있습니다. 셀에서는 데이터 서식을 사용할 수 있고, 시트에서는 다양한 협업과 데이터 관리 기능을 사용할 수 있습니다.

SECTION 01 / 셀과 행/열 선택

셀은 데이터를 입력하는 최소 단위로 셀의 가로 집합은 행이고, 셀의 세로 집합은 열입니다. 모든 셀, 행, 열은 주소로 접근할 수 있으며, 마우스와 단축키를 혼합해서 사용하면 각 범위를 효율적으로 선택할 수 있습니다.

:: 셀 또는 범위 선택

하나의 데이터를 선택할 때는 해당 셀을 클릭하고, 여러 데이터를 선택할 때는 마우스로 드래그하여 범위(영역)를 선택합니다.

모든 셀은 주소로 표현되는데 열의 위치를 표현하는 알파벳(A, B, C, …)과 행의 위치를 표현하는 숫자(1, 2, 3, …)의 조합으로 셀 주소(예 : A1)를 표시합니다. 셀을 이동하면 이름 상자에 해당 셀의 주소가 표시됩니다.

여러 셀을 한꺼번에 선택하여 범위로 지정할 수 있습니다. 연속된 셀 범위를 선택하려면 첫 번째 셀을 클릭한 후 마지막 셀까지 마우스로 드래그하거나 첫 번째 셀을 클릭한 후 마지막 셀을 Shift 키를 누른 상태로 클릭합니다. 떨어진 셀 범위를 선택하려면 첫 번째 셀을 클릭한 후 Ctrl 키를 누른 상태에서 마우스를 클릭하거나 드래그합니다.

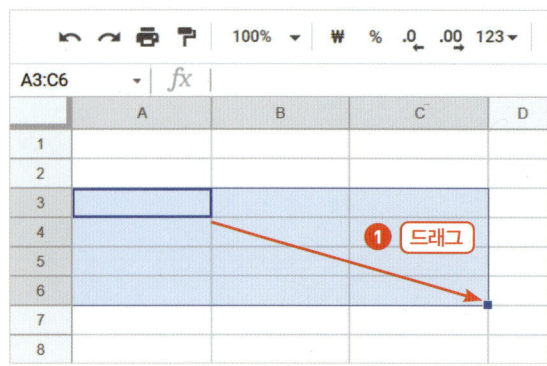
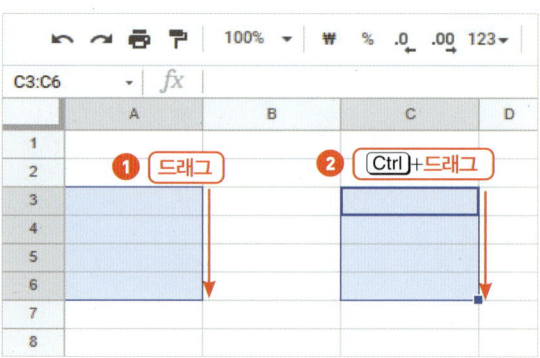

멘토의 노트 — 모든 셀의 범위 선택

행 머리글과 열 머리글의 교차 부분에 있는 모든 셀 선택( ) 아이콘을 클릭합니다. 단축키로는 Ctrl+A 키 또는 Ctrl+Shift+SpaceBar 키를 누릅니다.

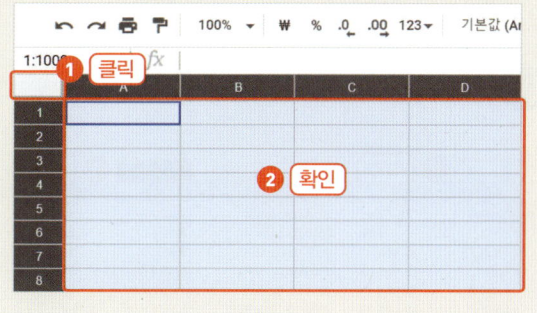

:: 행/열의 전체 범위 선택

데이터 관점에서 보면 가로 행은 한 개체에 대한 종합적인 정보가 모여 있는 데이터이고, 세로 열은 같은 기준으로 정리된 다양한 개체 속성이 모여 있는 데이터입니다.

01 '행/열 선택' 예제 파일을 불러온 후 5행의 머리글을 클릭하면 행 전체가 선택되고, 범위는 열 문자가 제외된 [5:5]로 표시됩니다.

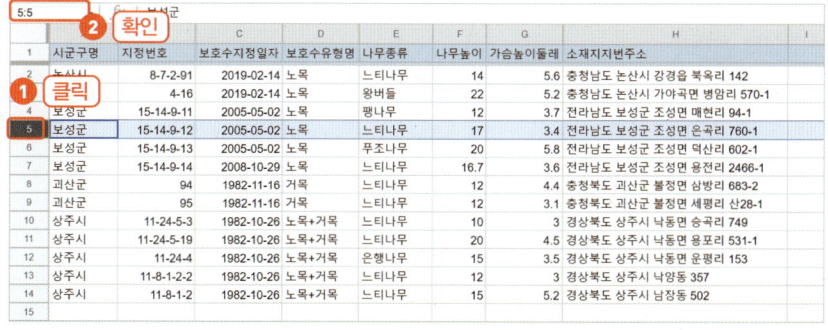

02 이번에는 5행부터 9행까지의 머리글을 드래그하여 선택하면 범위가 [5:9]로 지정됩니다.

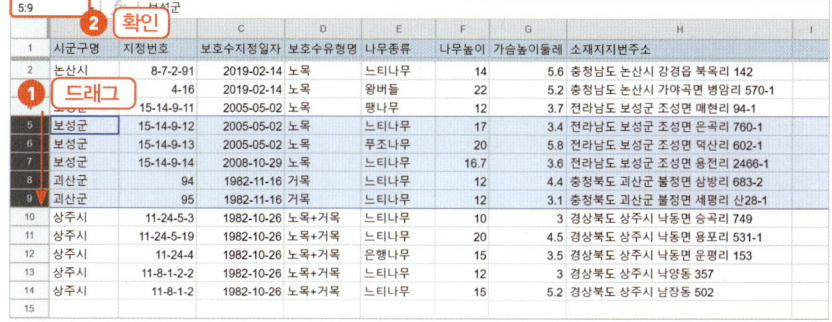

- 멘토의 팁 •

5행의 머리글을 클릭하고, [Shift]+[↓] 키를 여러 번 눌러도 선택할 수 있습니다.

03 E열의 머리글을 클릭하면 열 전체가 선택되고, 범위는 [E:E]로 표시됩니다.

- 멘토의 팁 •

열 범위를 [E:E]로 지정하면 상하로 이어지는 모든 셀을 범위로 지정하게 되는데 [E1] 셀에 있는 머리글을 제외하고, 데이터만 선택하려면 이름 상자에 [E2:E]를 입력합니다.

:: 단축키로 셀 이동과 범위 선택

마우스 외에 단축키를 사용하면 원하는 셀로 빠르게 이동하거나 범위를 선택할 수 있습니다.

01 [A1] 셀을 클릭한 후 [Ctrl]+[↓] 키를 누르면 열 방향으로 셀의 가장 마지막 데이터로 이동합니다. 다시 [Ctrl]+[→] 키를 누르면 행 방향으로 셀의 가장 마지막 데이터로 이동합니다.

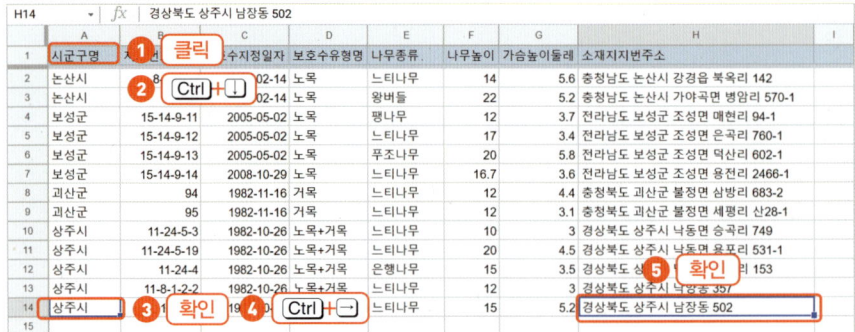

02 [A1] 셀을 클릭한 후 Ctrl+Shift+↓ 키를 누르면 해당 열의 가장 마지막 셀까지 선택됩니다. 중간에 셀이 비어있으면 그 전 셀까지만 선택됩니다.

03 계속해서 Ctrl+Shift+→ 키를 누르면 행 방향으로 가장 마지막 셀까지 선택됩니다.

04 다시 한 번 Ctrl+Shift+→ 키를 누르면 비어있는 셀까지 포함해서 모두 선택됩니다.

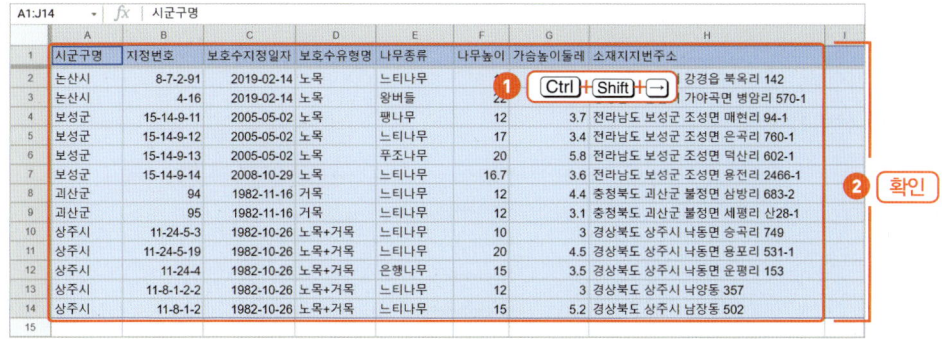

SECTION 02 / 셀 서식

데이터를 원하는 형태로 구성하고, 신속하게 정보를 파악하기 위해서 셀 단위로 다양한 서식을 지정할 수 있습니다. 여기에서는 글꼴 추가, 텍스트 정렬, 텍스트 줄 바꿈, 셀 병합, 행/열 고정 등의 방법에 대해 알아 보겠습니다.

:: 한글 글꼴 추가

구글 스프레드시트에서 기본적으로 사용할 수 있는 한글 글꼴은 굴림, 궁서, 돋움, 맑은 고딕, 바탕뿐 입니다. 구글이 등록한 20여 종의 한글 글꼴을 무료로 추가하여 사용할 수 있습니다.

01 툴바에서 '글꼴'의 목록(▼) 단추를 클릭하고, [글꼴 더보기]를 선택합니다.

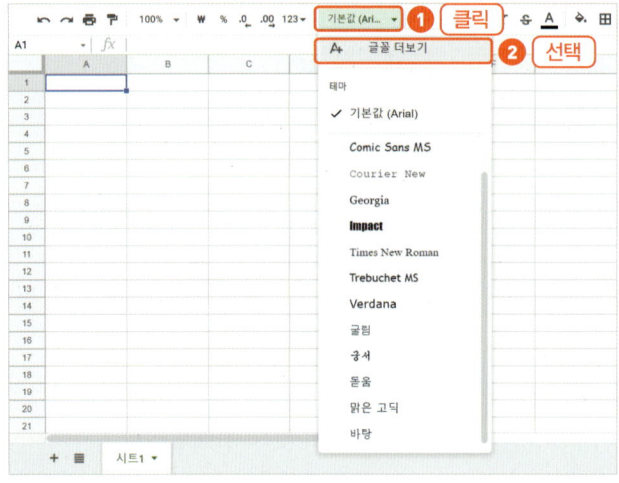

02 [글꼴] 대화 상자에서 [문자: 모든 문자]–[한국어]를 선택합니다.

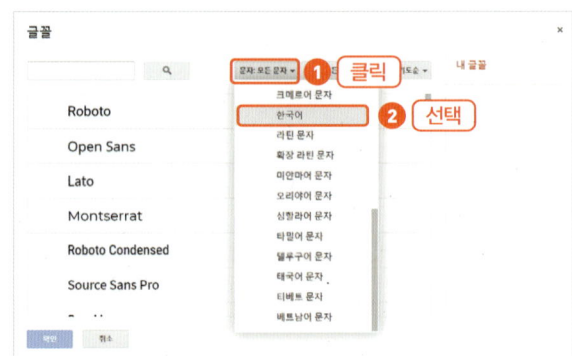

03 한국어의 모든 글꼴을 선택하고, [확인] 버튼을 클릭합니다.

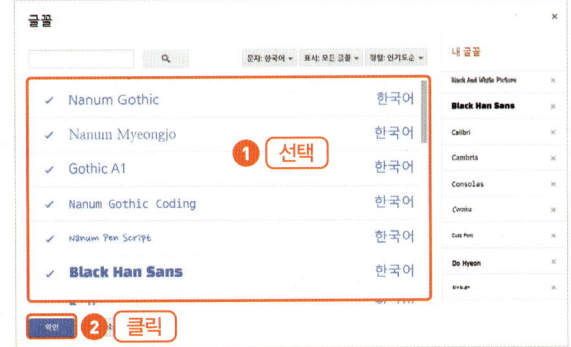

• 멘토의 팁 •
[글꼴] 대화 상자에서 설치하는 한글 글꼴은 상업적으로도 사용할 수 있는 무료 글꼴이므로 누구나 제한 없이 사용할 수 있습니다.

04 툴바에서 '글꼴'의 목록(▼) 단추를 클릭하면 한글 글꼴이 추가된 것을 확인할 수 있습니다.

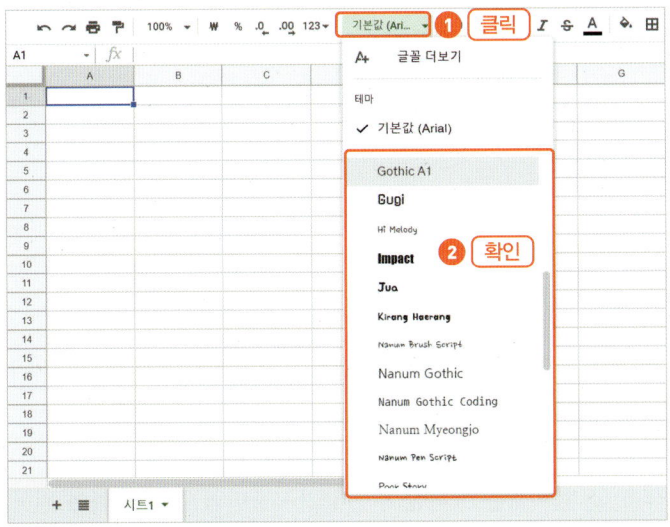

• 멘토의 팁 •
컴퓨터에서 따로 설치한 글꼴은 구글 스프레드시트에서 사용할 수 없습니다.

:: 정렬

숫자, 텍스트, 날짜 등 데이터 종류에 따라 정렬의 기본 설정이 다르지만 이를 원하는 위치로 재정렬할 수 있습니다. 데이터 종류에 대한 자세한 내용은 44쪽을 참고하세요.

데이터가 입력된 상태에서 정렬하려는 셀을 클릭한 후 [서식]-[정렬]을 선택하여 원하는 방향(위치)을 선택합니다. 예를 들어 오른쪽, 아래는 메뉴에서 [오른쪽]과 [아래]를 차례로 선택한 상태입니다.

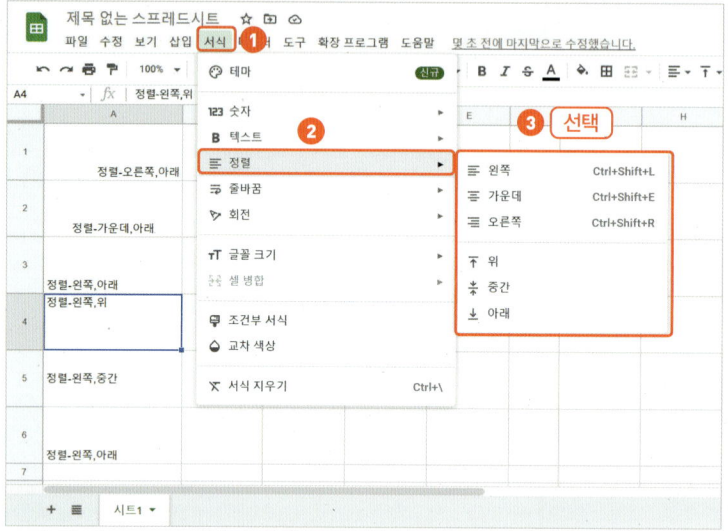

:: 텍스트 줄 바꿈

텍스트의 길이가 셀의 너비보다 길어질 때 텍스트를 셀 범위에서 넘길지, 다음 줄로 내릴지, 셀 범위에서 자를지를 선택합니다.

데이터가 입력된 상태에서 텍스트 줄 바꿈을 하려는 셀을 클릭한 후 [서식]-[줄바꿈]을 선택하여 원하는 기능(메뉴)을 선택합니다.

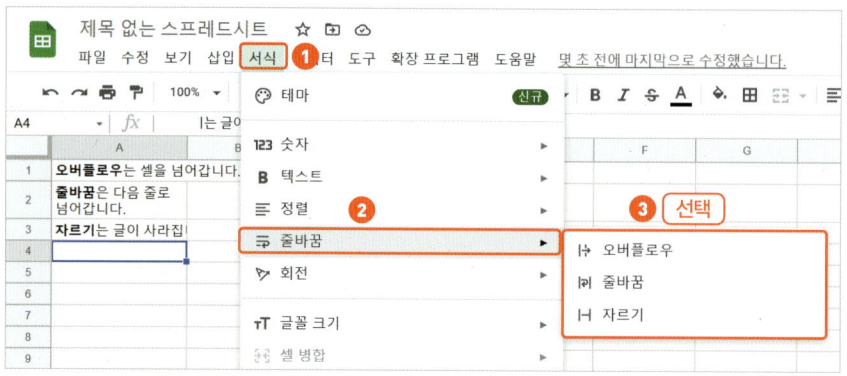

> **오버플로우** : 텍스트가 셀의 가로 범위를 넘어서 표시되지만 인접한 오른쪽 셀에 데이터가 있으면 셀 안에서만 텍스트가 표시되고 나머지는 보이지 않습니다.
> **줄바꿈** : 텍스트가 셀의 가로 범위를 넘어가면 셀 안에서 다음 줄로 내려갑니다.
> **자르기** : 텍스트가 셀의 가로 범위 안에서만 표시되고, 가로 범위를 넘어가면 보이지 않습니다.

:: 셀 병합

셀 병합은 인접하는 여러 셀들을 하나의 셀로 합치는 기능으로 제목을 강조하거나 결과 보고서 제작 등으로 디자인 틀을 만드는 데 사용합니다. 병합한 셀에서는 정렬, 필터 등의 기능을 사용할 수 없습니다.

01 화면에서 [A1] 셀부터 [F1] 셀까지 드래그하여 선택한 후 병합 유형 선택(🔲 ▼) 아이콘의 목록(▼) 단추를 클릭하고, [가로로 병합]을 선택합니다.

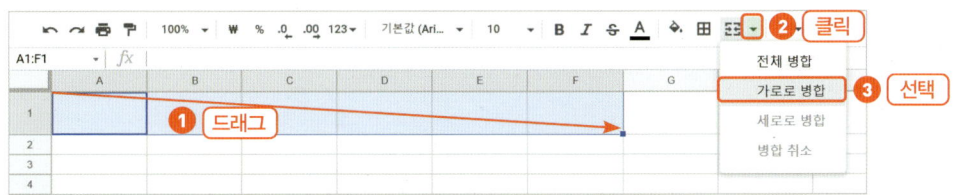

> • 멘토의 팁 •
> 메뉴에서 [서식]-[셀 병합]-[가로로 병합]을 선택해도 됩니다.

02 선택한 여러 셀들이 하나의 셀로 병합됩니다.

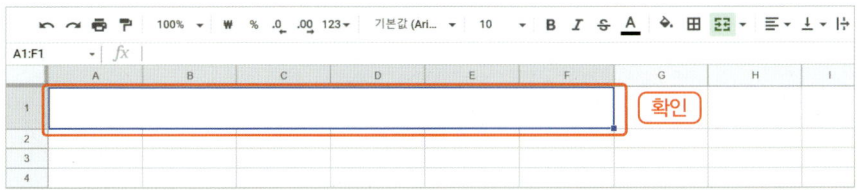

> • 멘토의 팁 •
> 병합 유형 선택(🔲 ▼) 아이콘의 목록(▼) 단추를 클릭하고, [병합 취소]를 선택하면 병합되었던 셀이 취소됩니다.

:: 행/열 고정

중요한 데이터가 있는 행, 열을 고정하여 화면에 항상 보이도록 설정합니다. 데이터의 양이 많아 가로/세로로 스크롤 하더라도 고정된 데이터는 화면에 항상 표시되어 중요 데이터를 쉽게 확인하고 구분할 수 있습니다.

01 '행/열 고정' 예제 파일을 불러온 후 행을 고정하기 위하여 모든 셀 선택 하단의 행 고정 핸들(━━)을 2행까지 드래그하여 고정합니다.

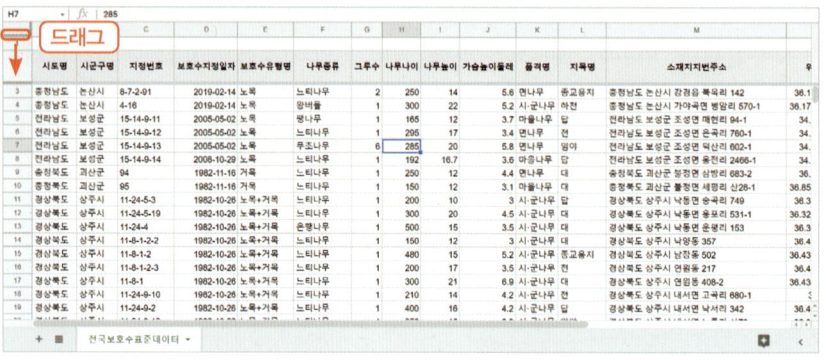

- 멘토의 팁 -
메뉴에서 [보기]-[고정]-[행 2개]를 선택해도 됩니다.

02 이번에는 열을 고정하기 위하여 모든 셀 선택 오른쪽의 열 고정 핸들(┃)을 C열까지 드래그하여 고정합니다.

- 멘토의 팁 -
행 고정을 지정하고 데이터를 인쇄하면 매 페이지마다 상단에 고정된 행이 배치되어 데이터 정보를 쉽게 파악할 수 있습니다.

SECTION 03 조건부 서식

특정 단어 또는 숫자를 포함하는 경우처럼 특정 조건을 충족하면 텍스트 스타일이나 배경 색상이 자동으로 바뀌도록 서식을 지정할 수 있습니다. 사용자가 지정하는 데이터 종류와 범위에 따른 규칙을 지정하면 데이터의 상황을 쉽게 파악할 수 있습니다.

01 '조건부 서식' 예제 파일을 불러온 후 '증감률'이 0보다 크면 파란색 계열, 0보다 작으면 빨간색 계열로 배경 색상을 설정하기 위해 [C2:C11] 범위를 선택하고, 마우스 오른쪽 버튼을 클릭한 다음 [셀 작업 더보기]-[조건부 서식]을 선택합니다.

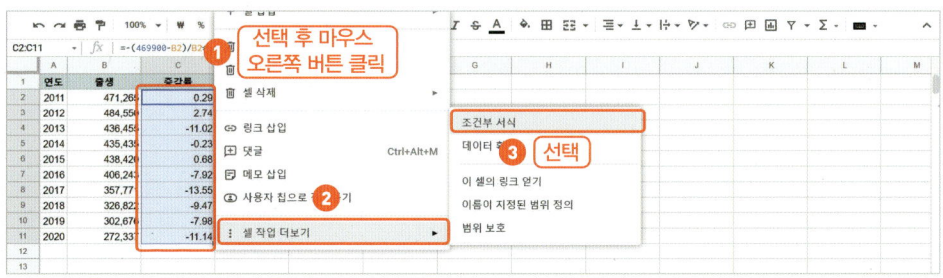

02 '조건부 서식 규칙' 작업 창이 나타나면 형식 규칙의 목록(▼) 단추를 클릭하여 [보다 크거나 같음]을 선택하고, 입력란에 "0"을 입력한 후 서식 지정 스타일의 채우기 색상(🔶) 아이콘을 클릭하여 '하늘색 3(●)'을 지정한 다음 [다른 규칙 추가]를 선택합니다.

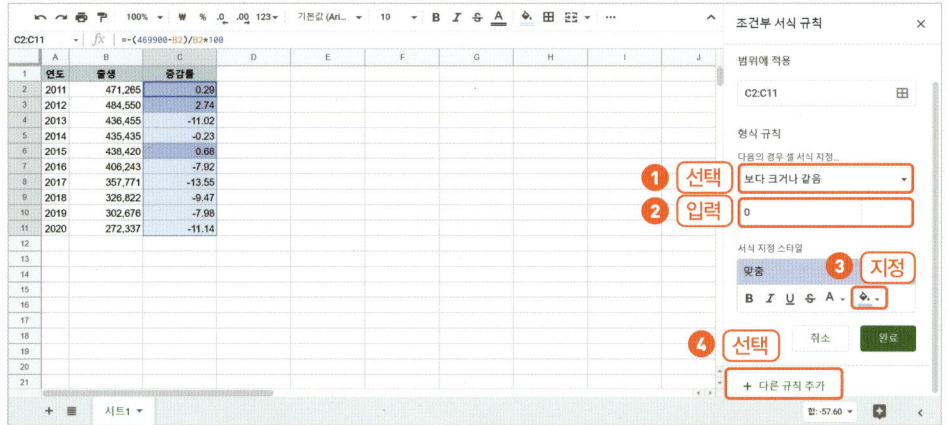

03 형식 규칙의 목록(▼) 단추를 클릭하여 [미만]을 선택하고, 입력란에 "0"을 입력한 후 서식 지정 스타일의 채우기 색상(◆) 아이콘을 클릭하여 '연한 빨간색 3(●)'을 지정한 다음 [완료] 버튼을 클릭합니다.

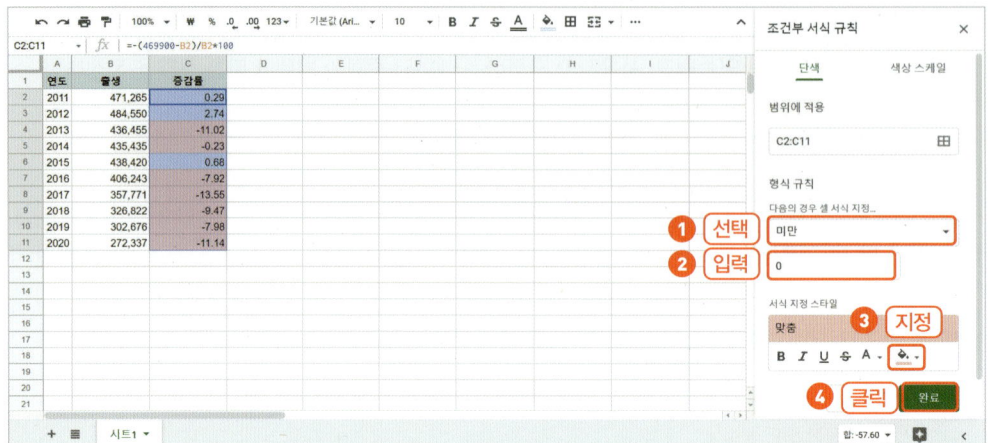

04 '조건부 서식 규칙' 작업 창에 설정한 규칙이 나타나면서 '증감률'에 배경 색상이 적용된 것을 확인할 수 있습니다. '조건부 서식 규칙' 작업 창을 닫습니다.

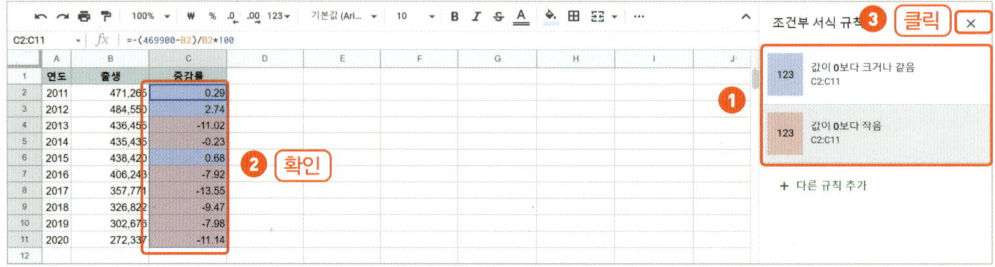

멘토의 노트 — 색상 스케일

형식 규칙에서 최소값, 최대값의 색상을 지정하면 값에 따라 채우기 색상이 점진적 단계로 표현되어 데이터의 수치 강도를 한눈에 파악할 수 있습니다.

01 '조건부 서식 규칙' 작업 창의 [색상 스케일] 탭에서 최소 포인트와 최대 포인트의 색상을 각각 지정하면 색상이 변경됩니다.

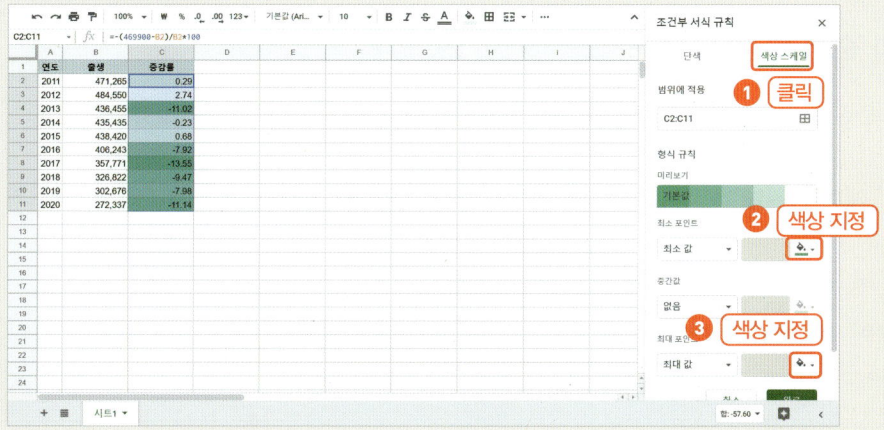

02 형식 규칙의 미리보기에 있는 [기본값]을 클릭하면 다양한 색상 샘플 중 원하는 색조를 선택하여 적용할 수 있습니다.

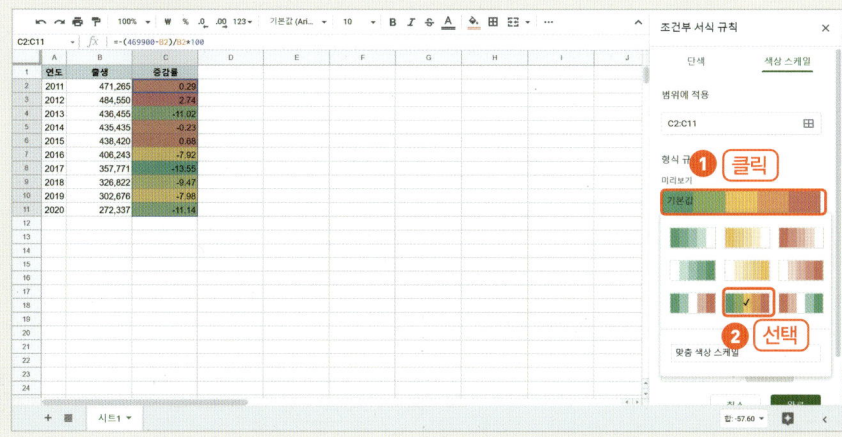

SECTION 04 / 시트 관리

데이터를 효율적으로 관리하기 위해서 시트 단위로 다양한 기능을 제공합니다. 시트를 추가하거나 순서 변경, 이름 변경, 색상 변경, 복사, 삭제, 숨기기 등을 사용할 수 있습니다.

:: 시트 추가와 순서 변경

시트를 용도별로 분리하기 위해 새로운 시트를 추가하거나 시트 순서를 변경할 수 있습니다.

01 '시트 관리' 예제 파일을 불러온 후 왼쪽 하단의 시트 추가(➕) 아이콘을 클릭하면 빈 시트가 추가됩니다.

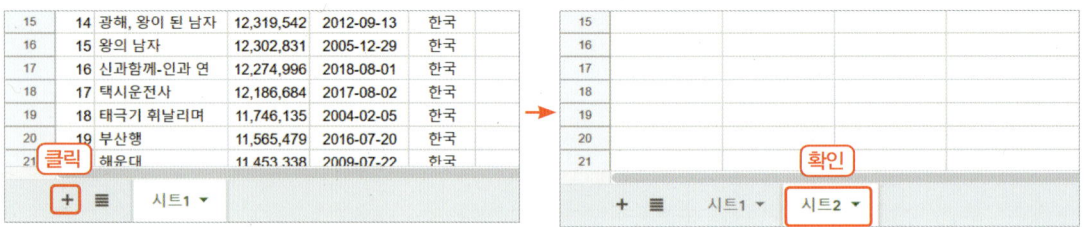

- **멘토의 팁** -
시트를 추가하는 단축키는 Shift + F11 입니다.

02 [시트2] 탭을 왼쪽으로 드래그하면 시트의 순서가 변경됩니다.

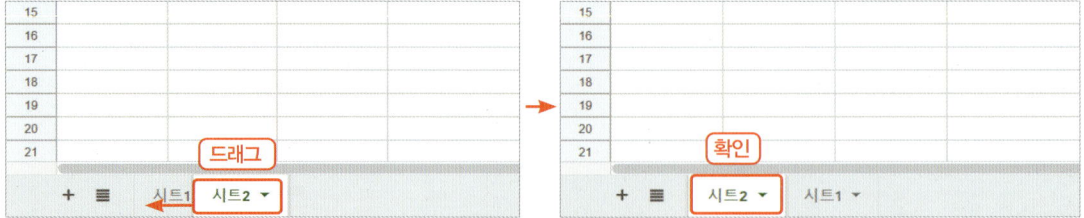

:: 시트 이름 변경과 색상 변경

시트의 이름을 변경하고, 시트별로 원하는 색상을 지정할 수 있습니다.

01 [시트1] 탭을 더블 클릭하고, 새로운 이름으로 "DATA"를 입력합니다.

02 [DATA] 시트 탭에서 목록(▼) 단추를 클릭하고, [색상 변경]-[보라색(●)]을 선택합니다.

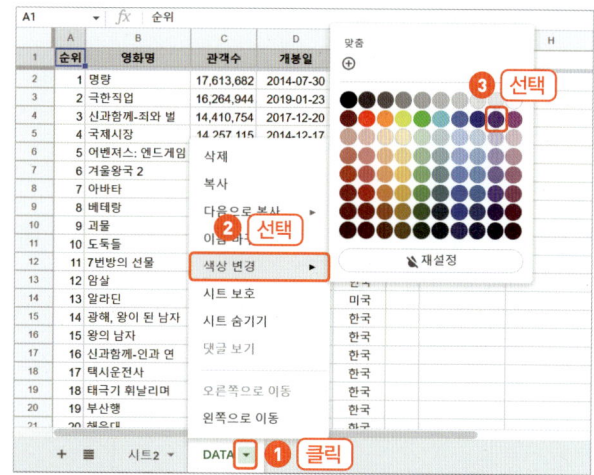

• 멘토의 팁 •
'맞춤'에서 색상 추가(⊕)를 클릭하면 보다 다양한 색을 선택할 수 있습니다.

03 해당 시트 탭 하단에 보라색이 적용됩니다.

:: 시트 복사와 삭제

원하는 시트를 복사하거나 삭제할 수 있습니다.

01 시트를 복사하기 위해 [DATA] 시트 탭의 목록 (▼) 단추를 클릭하고, [복사]를 선택합니다.

• 멘토의 팁 •
시트 메뉴를 표시하는 단축키는 Alt + Shift + S 입니다.

02 [DATA(원본 이름)의 사본] 탭이 추가되면서 데이터가 복사됩니다.

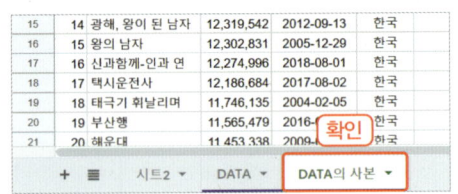

03 시트를 삭제하려면 [DATA의 사본] 시트 탭의 목록(▼) 단추를 클릭하고, [삭제]를 선택합니다.

04 해당 시트가 삭제됩니다.

:: 시트 숨기기와 표시하기

시트를 삭제하지 않고 시트 탭 목록에서 보이지 않게 숨겼다가 필요할 때 다시 확인(표시)할 수 있습니다.

01 시트를 숨기기 위해 [DATA] 시트 탭의 목록(▼) 단추를 클릭하고, [시트 숨기기]를 선택합니다.

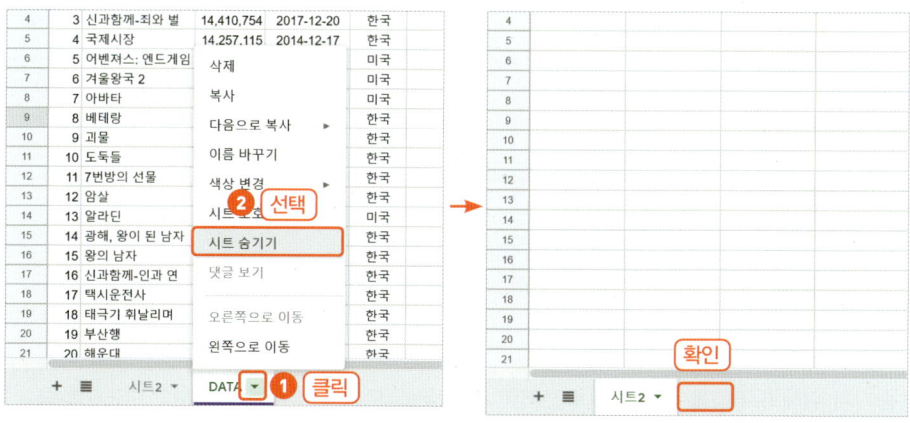

02 숨긴 시트를 다시 표시하려면 메뉴에서 [보기]-[숨겨진 시트(#개)]-[DATA 표시]를 선택하면 숨겨졌던 시트가 다시 나타납니다.

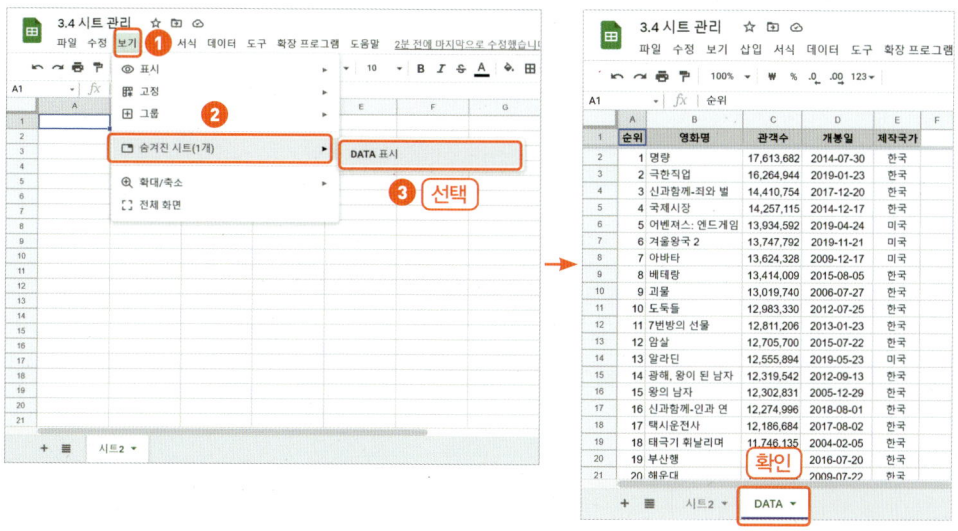

멘토의 노트 — 행/열 추가와 숨기기

데이터가 입력된 행이나 열 사이에 빈 행/열을 추가할 수 있습니다. 또한, 일부 행이나 열을 선택하여 숨기기를 할 수 있으며, 언제든지 숨겨진 행/열을 다시 나타나게 할 수 있습니다.

01 '행/열 추가와 숨기기' 예제 파일을 불러온 후 행을 추가하기 위해서 5, 6행을 드래그하여 선택한 다음 마우스 오른쪽 버튼을 클릭하고, [아래에 행 2개 삽입]을 선택합니다.

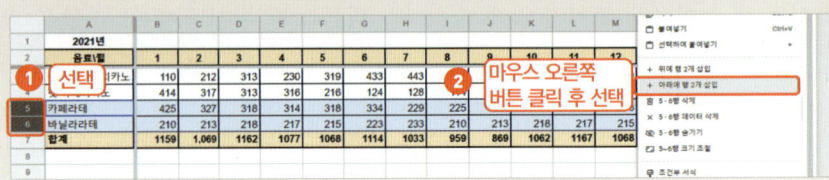

02 6행 아래에 2개의 새로운 빈 행이 추가되었습니다.

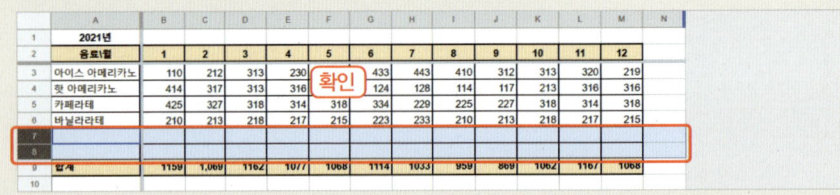

03 원하는 행을 숨기기 위해 5, 6행을 드래그하여 선택한 후 마우스 오른쪽 버튼을 클릭하고, [5-6행 숨기기]를 선택합니다.

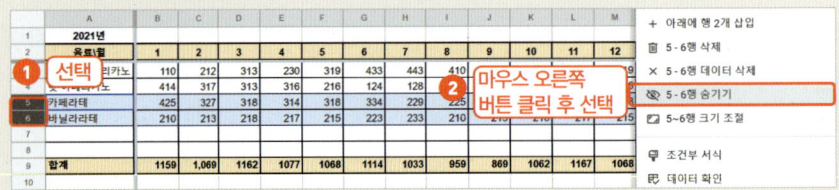

04 선택한 행이 숨겨져 보이지 않습니다. 행 번호 왼쪽에 있는 행 숨기기 해제 아이콘(◆)을 클릭하면 숨겨졌던 행이 다시 나타납니다.

SECTION 05 / 시트 보호와 범위 보호

시트 또는 범위를 지정해서 다른 사용자가 데이터를 변경하지 못하도록 보호할 수 있습니다. 사본 만들기 등으로 보호 기능을 해제할 수 있기 때문에 보안을 위한 기능으로는 적절하지 않습니다. 문서를 신뢰할 수 있는 사용자에게만 한정하여 신중하게 공유해야 합니다.

:: 시트 보호

기본적으로 시트 전체를 보호하는 기능으로 일부 범위를 다른 사용자가 수정할 수 있도록 설정할 수 있습니다.

01 **'시트 보호' 예제 파일을** 불러온 후 다른 사용자가 '구매 확인'의 체크 박스만 수정할 수 있고, 다른 데이터는 수정하지 못하도록 설정하기 위해 [시트1] 탭의 목록(▼) 단추를 클릭하고, [시트 보호]를 선택합니다.

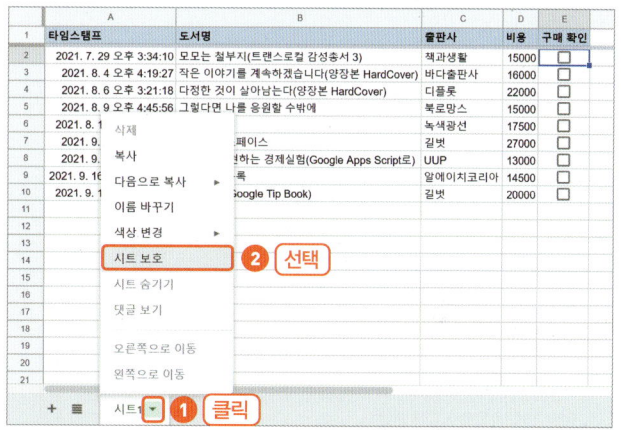

• 멘토의 팁 •
시트 보호는 메뉴에서 [데이터]-[시트 및 범위 보호]를 선택해도 됩니다.

02 '보호된 시트 및 범위' 작업 창의 [시트] 탭에서 다른 사용자가 일부 셀을 수정할 수 있도록 '일부 셀 제외'를 선택한 후 입력란에 "E2:E"를 입력하고, [권한 설정] 버튼을 클릭합니다.

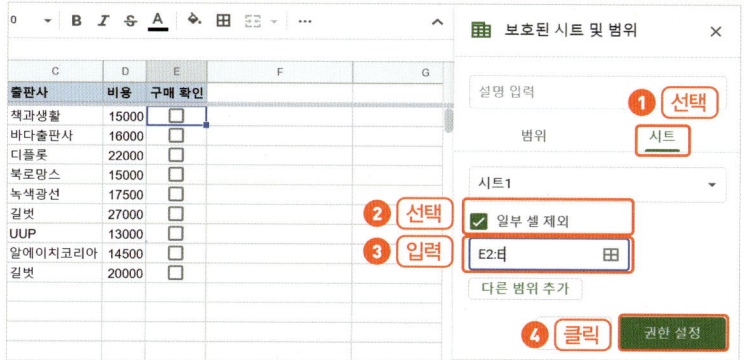

• 멘토의 팁 •
[다른 범위 추가]를 클릭하면 다른 범위도 추가하여 시트 보호에서 제외할 수 있습니다.

03 [범위 수정 권한] 대화 상자에서 '이 범위를 수정할 수 있는 사용자 제한'이 선택된 상태에서 목록(▼) 단추를 클릭하여 [나만]을 선택한 후 [완료] 버튼을 클릭합니다.

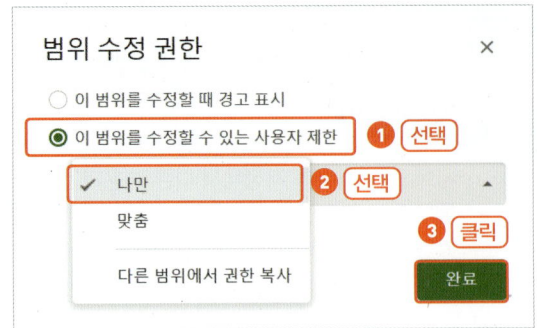

▶ **이 범위를 수정할 때 경고 표시** : 수정 보호 설정한 사용자 이외의 다른 사용자가 시트 설정과 데이터를 수정하면 오류 대화 상자가 나타나지만 수정은 가능합니다.

▶ **이 범위를 수정할 수 있는 사용자 제한** : 수정 권한을 부여받지 못한 사용자는 시트 설정과 데이터를 수정할 수 없습니다.

04 공유 사용자가 해당 문서에 접속하면 시트가 보호되어 있다는 표시로 [시트1] 탭에 자물쇠(🔒) 표시가 나타납니다. '일부 셀 제외'로 설정한 범위는 수정할 수 있습니다.

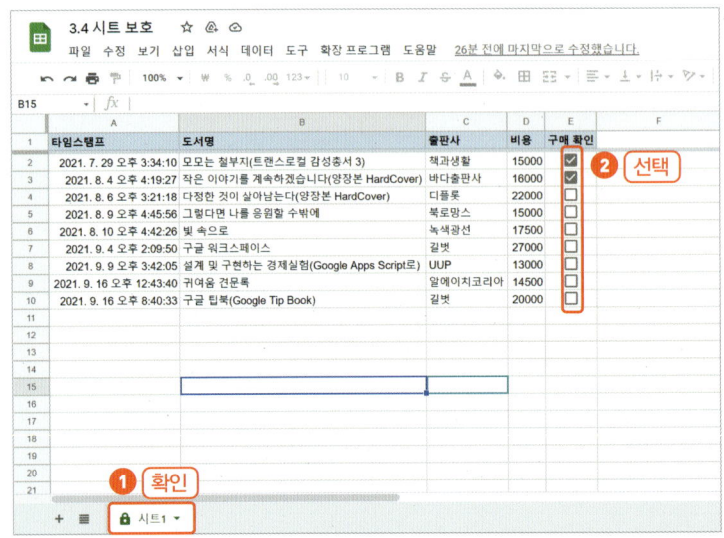

05 다른 셀을 수정하면 다음과 같은 오류 대화 상자가 나타나고 수정은 되지 않습니다.

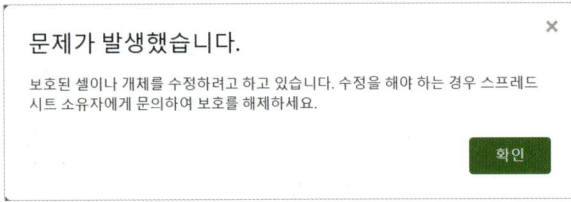

:: 범위 보호

시트 보호와 반대로 지정한 범위만 수정할 수 없도록 하여 시트 설정과 데이터를 보호합니다.

01 **'범위 보호' 예제 파일을** 불러온 후 1행의 머리열을 수정할 수 없도록 하기 위해 [A1:F1] 범위를 선택한 후 [시트1] 탭의 목록(▼) 단추를 클릭하고, [시트 보호]를 선택합니다.

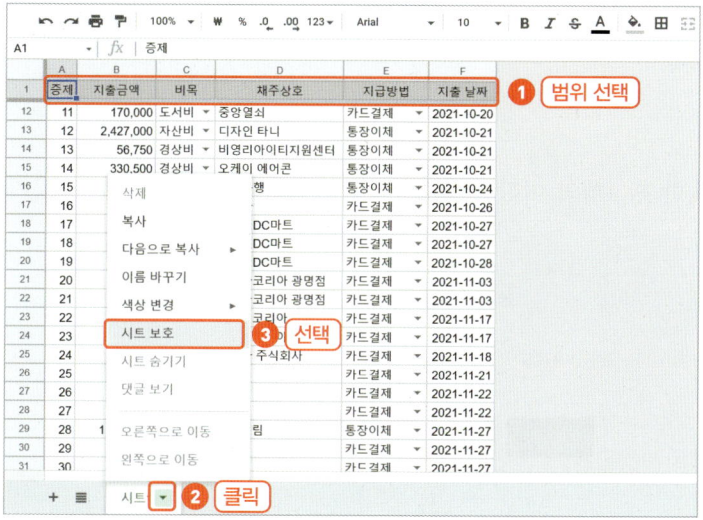

02 '보호된 시트 및 범위' 작업 창에서 [범위] 탭을 선택한 후 입력란에 '시트1'!A1:F1을 입력하고, [권한 설정] 버튼을 클릭합니다.

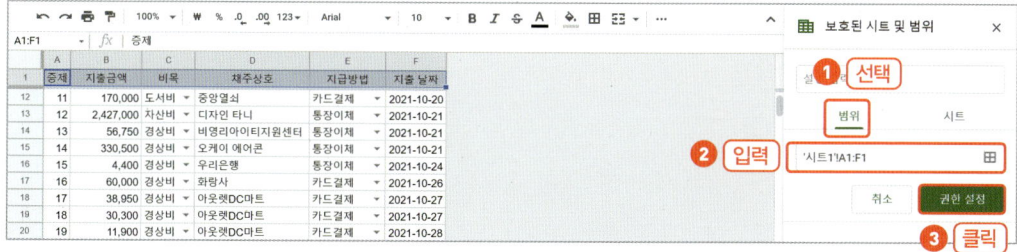

03 [범위 수정 권한] 대화 상자에서 '이 범위를 수정할 수 있는 사용자 제한'이 선택된 상태에서 목록(▼) 단추를 클릭하여 [나만]을 선택한 후 [완료] 버튼을 클릭합니다.

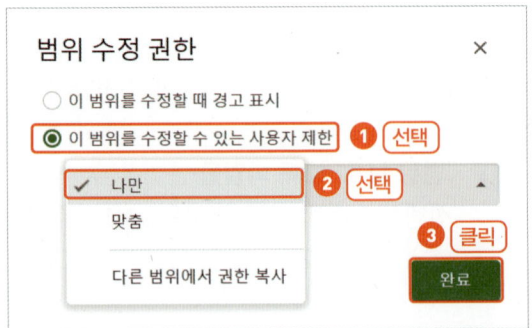

04 공유 사용자가 해당 문서에 접속한 후 1행의 머리열을 수정하면 다음과 같은 오류 대화 상자가 나타나고 수정은 되지 않습니다.

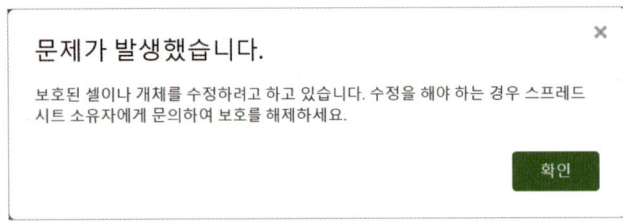

온라인 소통을 위한 공동 작업

구글 스프레드시트 문서를 공유하여 실시간으로 공동 작업을 할 때 공유 사용자와의 효율적인 의사소통을 위해 문서 내에서 실시간 채팅을 하거나, 셀별로 댓글을 달아 업무를 할당하거나, 알림 규칙을 통해 변경사항을 메일로 받아볼 수 있습니다.

SECTION 01 실시간 채팅

계정 공유로 초대된 공유 사용자와 구글 스프레드시트 문서를 동시에 접속하고 있다면 실시간 채팅을 하면서 작업에 대해 논의할 수 있습니다. 채팅은 작업 중인 문서에 영향을 주지 않으며, 채팅 후 문서를 닫으면 채팅 내용은 삭제됩니다.

01 사용자 및 그룹과 공유로 임의의 문서를 공유합니다. 사용자 및 그룹과 공유에 관한 내용은 21쪽을 참고하세요. 공유 사용자가 문서에 접속했을 때 나타나는 채팅 표시(💬) 아이콘을 클릭하면 오른쪽에 채팅 작업 창이 표시됩니다.

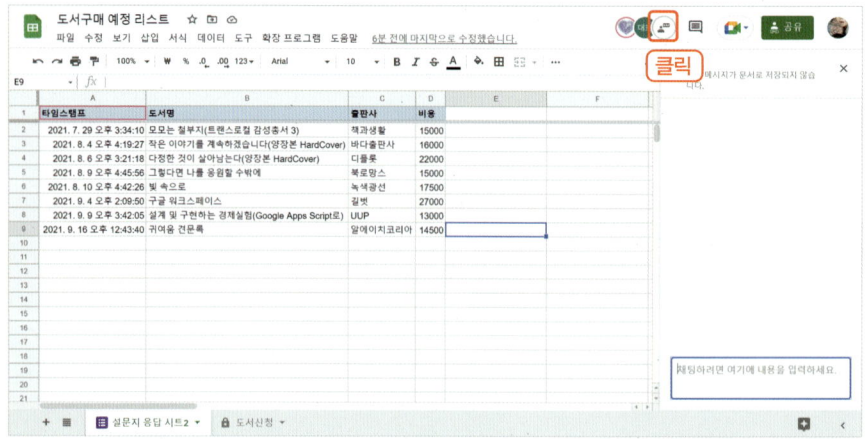

02 채팅 입력란에 내용을 입력하고, Enter 키를 누르면 현재 접속되어 있는 모든 공유 사용자에게 채팅 내용이 전달됩니다.

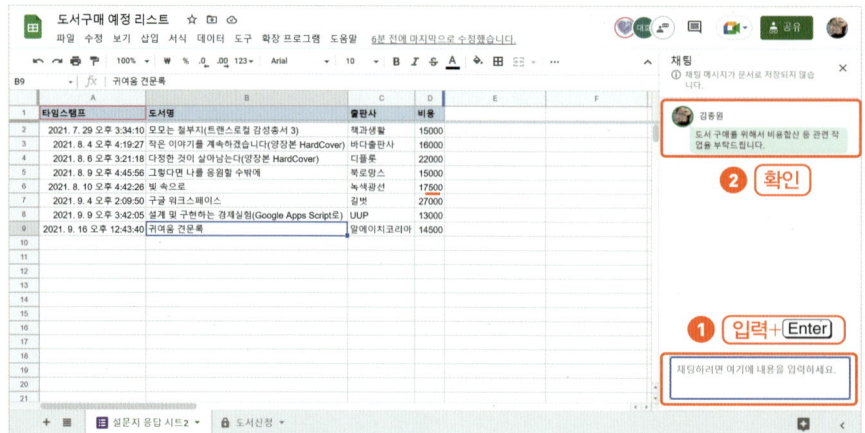

• 멘토의 팁 •

사용자 및 그룹과 공유에서 접근 권한이 '뷰어' 이상이면 채팅이 가능합니다.

03 다른 공유 사용자의 채팅 표시( ) 아이콘에 빨간색 점이 표시되면 채팅 메시지를 읽지 않은 것을 의미합니다.

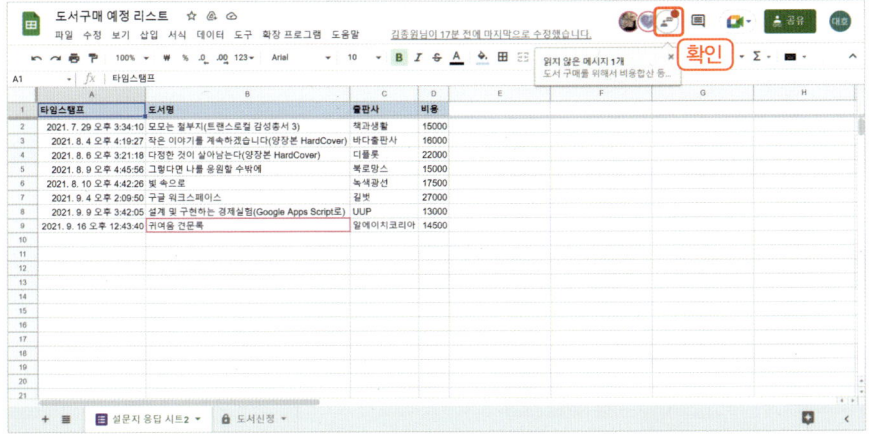

04 채팅 표시( ) 아이콘을 클릭하면 빨간 점이 사라지면서 채팅 작업 창이 열립니다. 채팅 입력란에 메시지를 작성합니다.

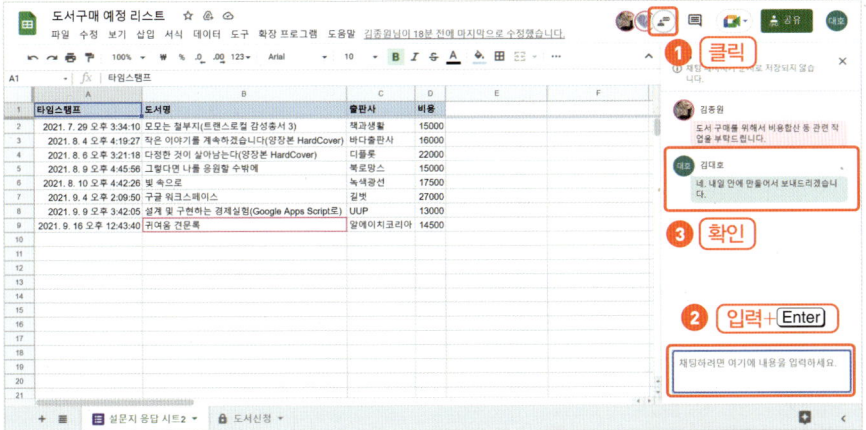

Chapter 04 온라인 소통을 위한 공동 작업 **097**

SECTION 02 : 댓글로 업무 할당

댓글을 사용하면 공유 사용자와 공동 작업을 하면서 셀별로 추가 작업 지시, 수정 의뢰 등을 요청할 수 있습니다. 채팅에서는 사용자가 구글 스프레드시트 문서를 닫으면 채팅 기록이 사라지는 반면에서 댓글은 지속적으로 남겨집니다.

01 **'댓글로 업무 할당' 예제 파일을** 불러온 후 [E6] 셀에서 마우스 오른쪽 버튼을 클릭하고, [댓글]을 선택합니다.

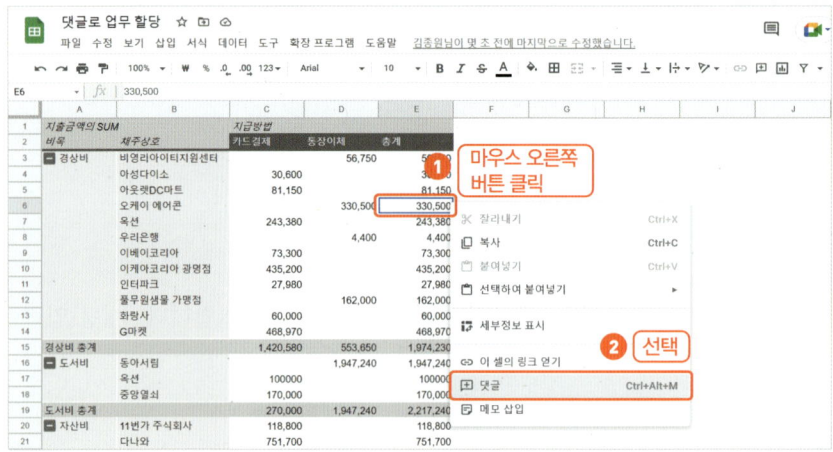

02 댓글 팝업 창의 댓글 입력란에 업무 할당 대상을 언급하기 위해서 '@'과 함께 구글 계정을 입력한 후 댓글 내용을 작성하고, '(계정)에게 할당'을 선택한 다음 [할당] 버튼을 클릭합니다.

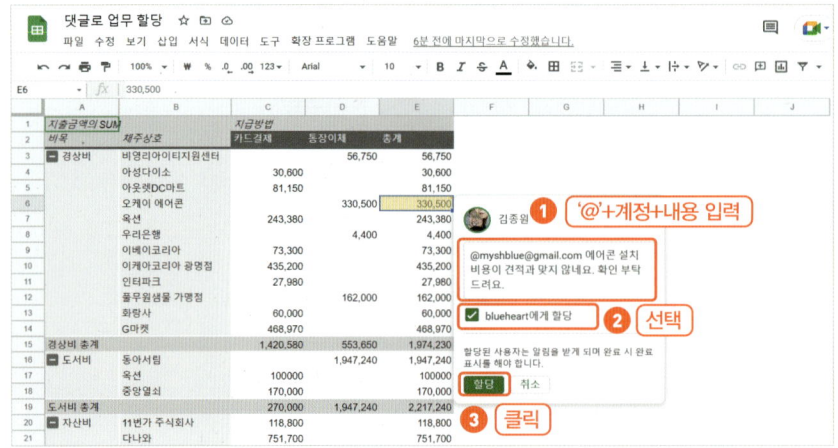

• 멘토의 팁 •

계정을 언급할 때 '@' 또는 '+'를 입력한 후 구글 계정을 입력합니다. '(계정)에게 할당'을 선택하지 않으면 특정 사용자에게 할당되지 않고, 공유 사용자 전체와 댓글로 의견을 주고받을 수 있습니다.

03 만약 언급한 사용자에게 댓글 권한이 없으면 '수신자에게 파일 액세스 권한을 부여해야 함'이라는 팝업 창이 나타납니다. [댓글] 버튼을 클릭하면 언급한 사용자에게 해당 문서가 공유되고 댓글을 입력할 수 있는 권한이 생깁니다.

▶ **(#)명과 공유** : [댓글]을 선택하면 공유받은 사람은 본문 수정은 하지 못하고 댓글만 작성할 수 있고, [수정]을 선택하면 본문까지 수정할 수 있습니다.

▶ **링크 공유 사용** : 문서의 접근 권한이 '링크가 있는 모든 사용자'로 변경되어 링크가 있는 모든 사용자가 댓글을 작성할 수 있습니다.

04 해당 셀에 댓글 표시(🔖)가 나타나며, 여기에 마우스를 올리면 댓글 내용을 볼 수 있습니다. 시트 탭에는 해결되지 않은 댓글 개수가 표시됩니다.

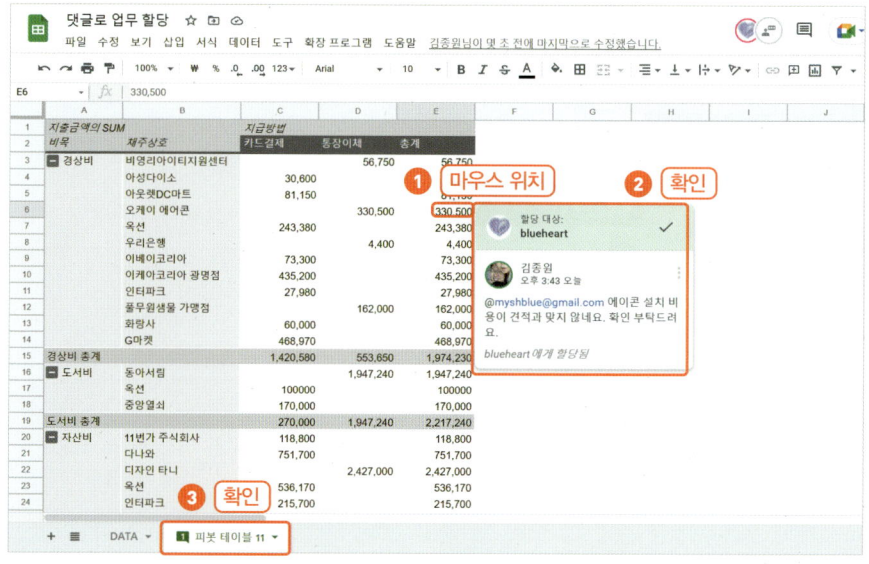

05 업무 할당을 받은 사용자가 구글 드라이브의 공유 문서함에서 공유된 문서를 확인하고, 선택할 수 있습니다. 공유 문서에는 해결되지 않은 댓글 개수가 표시됩니다.

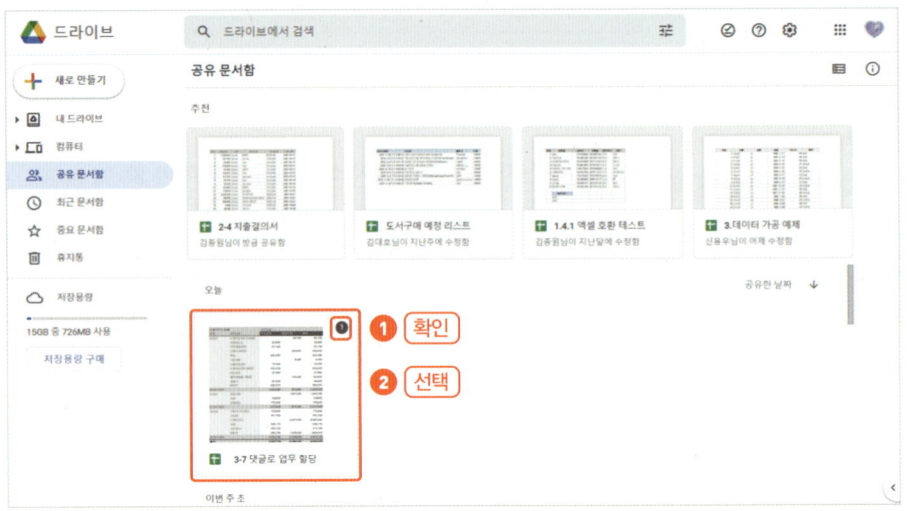

- **멘토의 팁** -
업무 할당에 관한 내용은 이메일에서도 확인할 수 있습니다.

06 댓글 표시( )가 있는 셀에 마우스를 올리면 나타나는 댓글 팝업 창에서 댓글을 확인한 후 답변 댓글을 입력하고, [답글] 버튼을 클릭합니다.

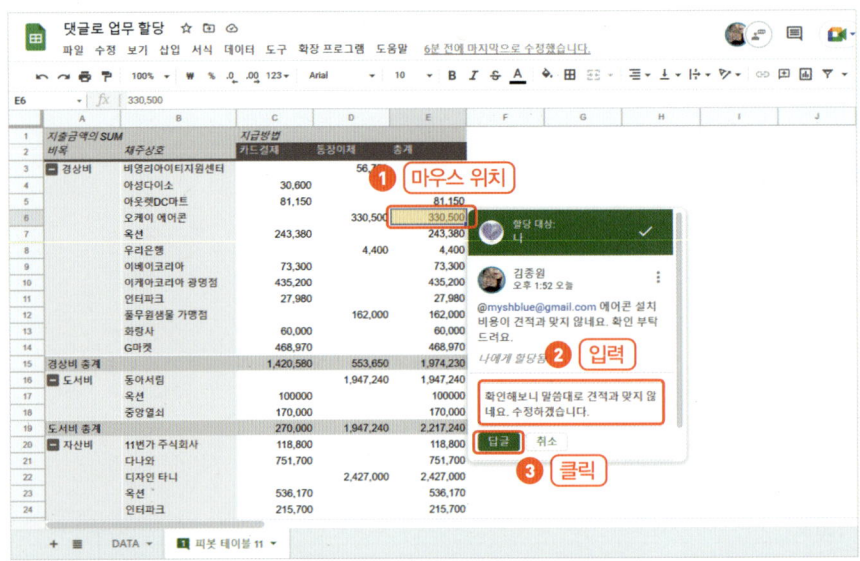

- **멘토의 팁** -
답변 댓글을 입력할 때 다른 사용자를 언급하면 다른 사용자에게 업무가 재할당됩니다.

07 모든 작업 처리가 완료되면 댓글 팝업 창을 숨기기 위해 완료로 표시 및 토론 숨기기(✓) 아이콘을 클릭합니다.

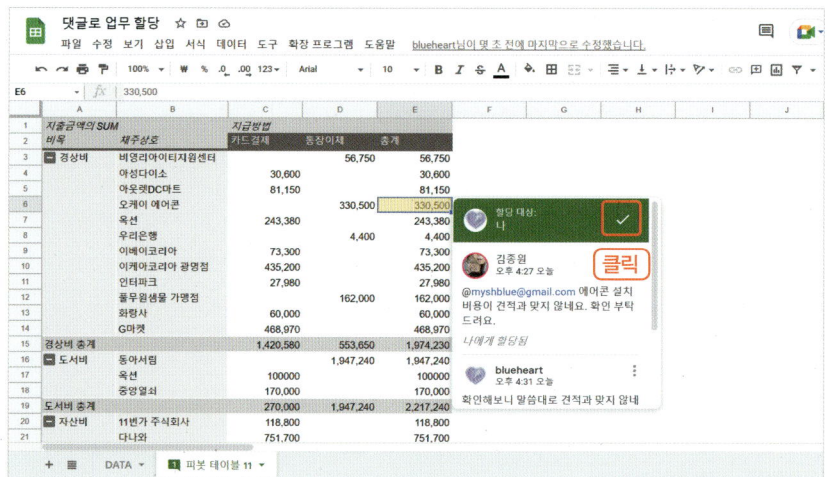

08 화면 상단에서 댓글 기록 열기(🗨) 아이콘을 클릭하면 처리된 댓글과 함께 모든 댓글을 확인하고, 댓글을 추가로 작성할 수 있습니다.

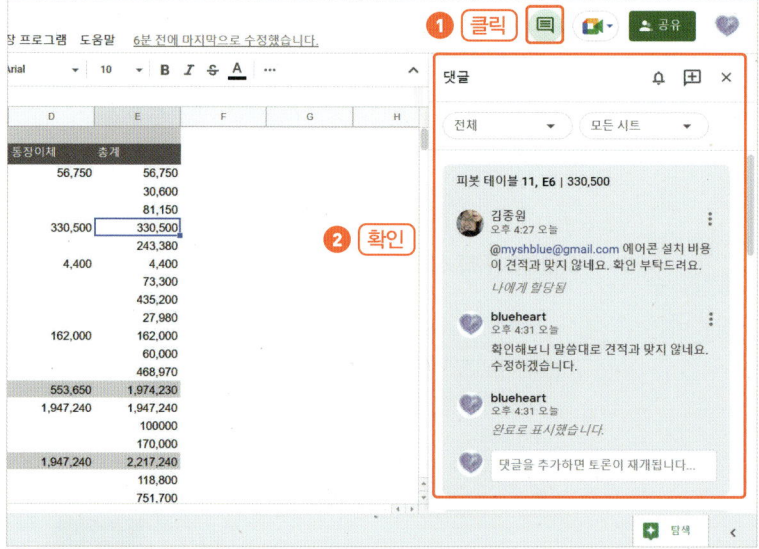

▶ **이 문서에 대한 이메일 알림 설정을 변경합니다(🔔)** : 본인이 받을 알림 범위를 '전체', '내가 포함된 항목만', '사용 안함' 중에서 선택할 수 있습니다.

▶ **댓글 추가(⊞)** : 선택한 셀에 댓글을 추가할 수 있습니다.

SECTION 03 알림 규칙

공유 사용자가 구글 스프레드시트 문서를 수정했을 때 바로 이메일로 알림을 받아 누가, 언제, 무엇을 수정했는지 확인할 수 있습니다. 특히, 구글 설문지에서 상대방에게 응답이 왔을 때 바로 확인하는 용도로 사용할 수 있습니다.

01 임의의 문서에서 [도구]-[알림 규칙]을 선택합니다.

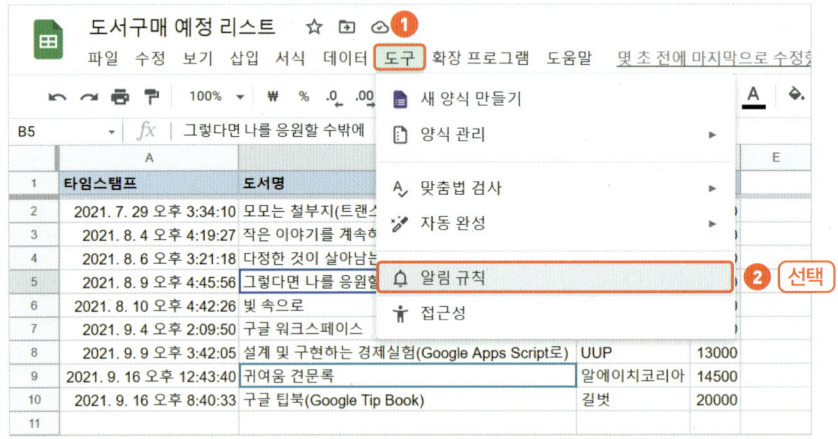

02 [알림 규칙 설정] 대화 상자에서 '변경사항이 있을 경우'와 '이메일 - 수시로'를 각각 선택하고, [저장] 버튼을 클릭합니다.

≫ **변경사항이 있을 경우** : 누군가 해당 문서를 변경하면 알림이 설정됩니다.
≫ **사용자가 설문지를 제출한 경우** : 누군가 설문지를 작성하면 알림이 설정됩니다.
≫ **이메일 - 하루에 한 번** : 변경사항이 있는 날 하루의 변경사항을 요약본으로 정리하여 전송합니다.
≫ **이메일 - 수시로** : 변경사항을 즉시 이메일로 전송합니다.

03 '변경사항 발생 시 이메일 보내기' 항목이 등록된 것을 확인하고, [완료] 버튼을 클릭합니다.

• 멘토의 팁 •

다른 알림 규칙을 추가하고 싶으면 '알림 규칙 추가'를 클릭합니다.

04 누군가 구글 스프레드시트 문서를 수정하면 즉시 알림 이메일이 전송됩니다. 변경사항을 확인하기 위해 메일을 열고 '(문서 이름)의 변경사항 보기'에서 '여기를 클릭하세요'를 클릭합니다.

05 문서가 열리면 변경된 내용이 강조된 배경 색상으로 표시된 것을 확인할 수 있습니다.

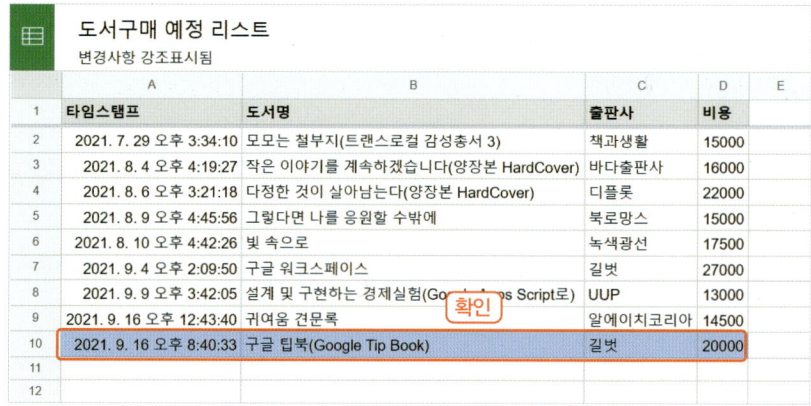

멘토의 노트 — 메모 삽입

입력한 데이터에는 영향을 끼치지 않으면서 필요한 셀별로 부가적인 설명을 기록해야 할 경우 메모를 사용합니다.

01 메모를 남기고 싶은 셀에서 마우스 오른쪽 버튼을 클릭하고, [메모 삽입]을 선택합니다.

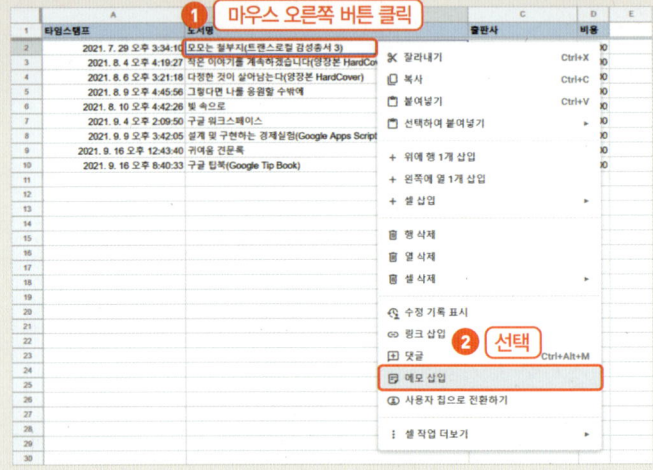

02 메모 입력 창이 나타나면 필요한 내용을 입력합니다. 메모가 입력된 셀에는 메모 표시(◣)가 나타나며, 해당 셀에 마우스를 올리면 메모 내용을 확인할 수 있습니다.

수식 입력과 붙여넣기

수식을 활용하면 셀에 입력된 숫자와 문자 데이터를 가공하여 다양한 결과를 만들어 낼 수 있습니다. 이번 장에서는 구글 스프레드시트의 핵심인 수식과 참조에 대해 기초적인 내용을 살펴보고, 복사 및 붙여넣기를 통하여 데이터를 정리하는 방법에 대해 알아보겠습니다.

SECTION 01 / 수식과 연산자

구글 스프레드시트를 사용하는 가장 큰 이유는 셀을 이용하여 다량의 계산을 쉽게 할 수 있기 때문입니다. 이렇게 계산을 가능하게 하는 기능이 수식인데 여기에서는 수식의 기본적인 구조와 연산자의 종류에 대해 알아보겠습니다.

:: 수식의 이해

수식은 데이터를 계산하거나 가공하기 위해 문자, 숫자, 기호 등을 사용해서 수학적 관계를 나타냅니다. 수식으로 인식하려면 셀에 등호(=)를 시작으로 계산 과정을 입력하는데 수식 입력줄에는 수식이, 셀에는 수식의 결과값이 표시됩니다. 이렇게 수식은 상수, 연산자, 참조, 함수의 조합으로 이루어집니다.

❶ **상수** : 변경되지 않는 숫자 또는 텍스트를 사용합니다.
❷ **연산자** : 계산을 위한 여러 가지 기호를 사용합니다.
❸ **참조** : 셀의 주소를 표시하여 참조한 데이터를 사용합니다. 참조에 대한 자세한 내용은 108쪽을 참고하세요.
❹ **함수** : 정해진 수식에 의해 연산이 되도록 작성된 계산식입니다. 함수에 대한 자세한 내용은 160쪽을 참고하세요.

> • 멘토의 팁 •
> 수식을 의미하는 등호(=) 대신에 더하기(+)를 입력하면 자동으로 등호(=)로 변환됩니다.

:: 연산자의 종류

산술 연산자는 숫자를 계산하기 위한 연산자입니다.

연산자	기능	예	결과
+	더하기	=2+3	5
-	빼기	=3-2	1
*	곱하기	=3*4	12
/	나누기	=6/2	3
^	지수(거듭제곱)	=3^4	81
%	백분율	=10%	0.1

텍스트 연산자는 문자열을 연결해주는 연산자입니다. 하지만 '=4&6'처럼 숫자에 텍스트 연산자를 사용하면 문자로 인식되면서 '46'이라는 결과가 나타납니다.

연산자	기능	예	결과
&	문자열 연결	="홍길동"&"님"	홍길동님

비교 연산자는 두 개의 값을 비교하는 기호로 TRUE 또는 FALSE 값을 반환합니다.

연산자	기능	예	결과
=	같다	=3=4	FALSE
〉	크다	=3〉4	FALSE
〉=	크거나 같다	=3〉=4	FALSE
〈	작다	=3〈4	TRUE
〈=	작거나 같다	=3〈=4	TRUE
〈〉	같지 않다	=3〈 〉3	FALSE

:: 수식 오류 메시지

수식을 계산할 수 없거나 함수식에 문제가 있을 때 오류가 발생하는데 이런 경우는 오류에 따른 메시지를 확인하여 원인을 해결할 수 있습니다.

오류 메시지	원인	예	해결 방법
#DIV/0!	숫자를 0으로 나눌 때	=3/0	0 또는 빈 셀로 숫자를 나누지 않도록 변경
#VALUE!	숫자를 넣어야 할 자리에 문자를 넣는 등 데이터 형식이 맞지 않을 때	="글자"+1	숫자 또는 문자 데이터 형식에 맞게 수식을 작성하거나 함수에 인수 형식을 확인
#REF!	잘못된 셀을 참조할 때(주로 참조된 셀이 삭제되거나 붙여넣기를 할 때)	='(없는 시트 이름)'!A1	참조한 셀이 삭제되었는지, 셀 주소가 변경되었는지를 확인
#NAME?	존재하지 않는 함수명 또는 범위 이름을 사용했을 때	=SUN(1,2)	함수명 또는 범위 이름을 확인
#NUM!	잘못된 숫자 값을 사용했을 때	=SQRT(-1)	수식 또는 인수를 바르게 지정
#N/A	찾기/참조 함수를 사용한 경우 반환 값이 없을 때	=VLOOKUP(A1)	참조 범위 또는 인수를 바르게 지정했는지 확인
#ERROR!	그 이외의 다양한 오류가 발생할 때	=SUM(1,2)명	상황에 맞는 오류를 확인하고 변경

SECTION 02 / 참조 방식

참조는 셀 주소를 표시하여 그 셀의 값을 사용하므로 참조한 셀의 데이터를 변경하면 수식의 결과가 자동으로 변경됩니다. 수식을 복사할 때 참조할 셀을 고정하느냐, 변경하느냐에 따라 상대 참조, 절대 참조, 혼합 참조로 구분할 수 있습니다.

:: 상대 참조

셀 참조가 포함된 수식을 복사하여 다른 셀에 붙여넣으면 수식의 참조가 변경됩니다. 참조의 기본 설정은 상대 참조입니다.

01 '상대/절대 참조' 예제 파일을 불러온 후 음료별 판매 합계를 구하기 위해서 [D2] 셀을 선택하고, Ctrl+C 키를 눌러 복사합니다.

02 [D3] 셀에서 Ctrl+V 키를 눌러 수식을 붙여넣기 하면 [D2] 셀의 참조 위치가 자동으로 변경된 것을 확인할 수 있습니다. [D3] 셀의 채우기 핸들을 [D5] 셀까지 드래그합니다.

03 [D5] 셀까지 행 위치에 맞게 참조 주소가 자동으로 변경되어 계산됩니다.

:: 절대 참조

수식을 복사할 때 참조한 셀 주소가 변경되지 않도록 고정시키는 방식으로 열 문자와 행 번호에 각각 '$'를 붙여 '$A$1'과 같이 표현합니다.

01 음료별 매출에 대한 퍼센트를 확인하기 위해서 [E2] 셀에 "=D2/$D$6%"를 입력하고, Enter 키를 누릅니다. 해당 수식은 총합계에서 음료가 몇 퍼센트를 차지하는지 확인하는 수식입니다.

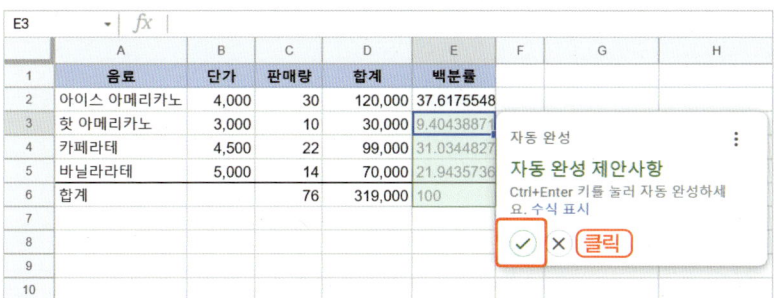

02 '자동 완성 제안사항' 팝업 창이 나타나면 나머지 음료의 백분율을 자동으로 구하기 위해 자동 완성 실행(✓)을 클릭합니다.

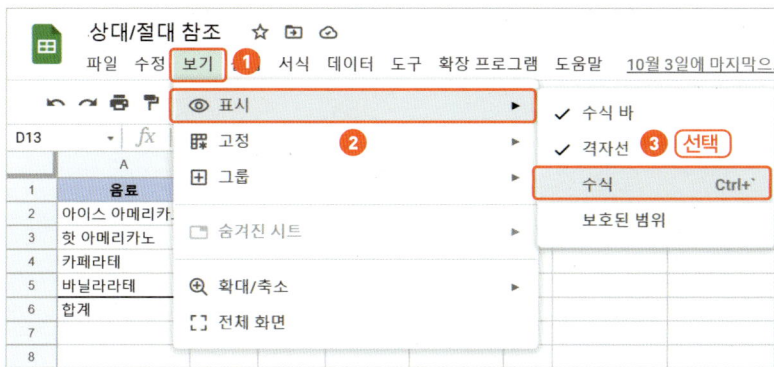

03 셀 별로 입력한 수식을 확인하기 위해서 [보기]-[표시]-[수식]을 선택합니다.

04 백분율 항목에서 음료별 합계는 셀마다 변경되어 상대적 위치를 참조하지만 총합계(D6)는 모든 셀에서 변경되지 않고 적용된 것을 확인할 수 있습니다.

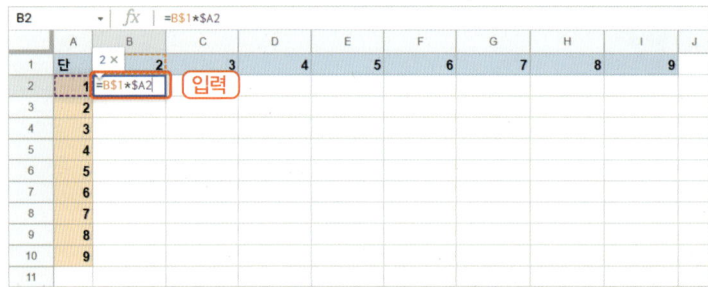

:: 혼합 참조

상대 참조와 절대 참조가 혼합된 방식으로 수식을 복사할 때 행 또는 열만 참조 위치를 고정합니다. 행만 고정하기 위해서는 행 번호 앞에 '$'를 입력(예 : A$1)하고, 열만 고정하기 위해서는 열 문자 앞에 '$'를 입력(예 : $A1)합니다.

01 '혼합 참조' 예제 파일을 불러온 후 구구단을 작성하기 위해 [B2] 셀에 "=B$1*$A2"를 입력합니다. 'B$1'을 입력하여 행을 고정하고, '$A2'를 입력하여 열을 고정합니다.

> • 멘토의 팁 •
>
> 셀 주소를 입력할 때 참조 주소의 변경 셀을 클릭한 후 F4 키를 누르면 참조 주소 형식이 '절대 참조($A$1) → 행 고정 혼합 참조(A$1) → 열 고정 혼합 참조($A1) → 상대 참조(A1)'로 자동적으로 변경됩니다.

02 [B2] 셀에서 채우기 핸들을 [B10] 셀까지 드래그하면 2단이 완성됩니다.

03 [B2:B10] 범위를 선택한 상태에서 채우기 핸들을 [I10] 셀까지 드래그하면 구구단이 완성됩니다.

04 각 셀마다 수식이 어떻게 변경되었는지 확인하기 위해서 Ctrl+` 키를 누릅니다. [B2] 셀에 입력한 'B$1'은 행 위치가 고정되면서 열 위치가 변경된 것을 확인할 수 있고, '$A2'는 행 위치가 변경되면서 열 위치가 고정된 것을 확인할 수 있습니다.

멘토의 노트 다른 시트 참조

다른 시트의 데이터를 참조하기 위해서는 등호(=)와 함께 시트 이름을 입력하고, 느낌표(!)를 입력한 후 복사할 셀 주소를 입력합니다. 예를 들면 [=시트2!A1] 또는 [='시트 번호 2'!B4]와 같이 입력합니다. 시트 이름에 공백이나 알파벳 이외의 기호가 포함되어 있으면 시트 이름을 작은 따옴표로 묶어야 합니다.

01 '혼합 참조' 예제 파일을 불러온 후 왼쪽 하단에서 시트 추가(+) 아이콘을 클릭합니다.

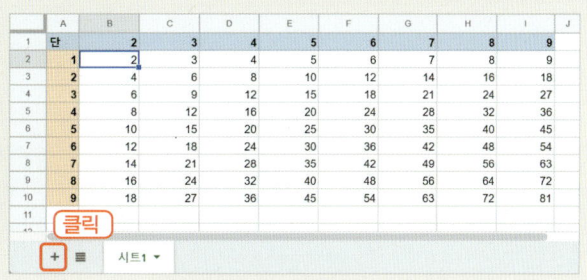

02 추가된 시트의 [A1] 셀에서 "=시트1!A1"을 입력합니다.

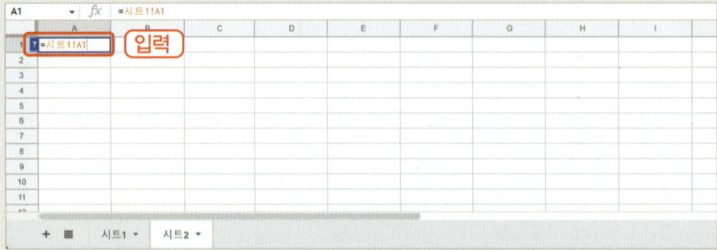

03 시트1에 있는 [A1] 셀의 데이터가 참조된 것을 확인합니다.

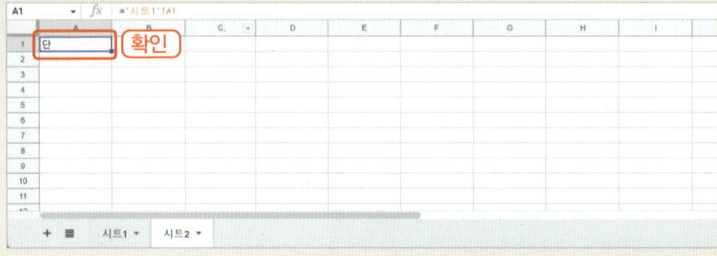

04 [A1] 셀을 선택하고 채우기 핸들을 [A10] 셀까지 드래그한 후 [A10] 셀에서 [I10] 셀까지 드래그하면 시트1의 모든 데이터가 시트2로 참조됩니다.

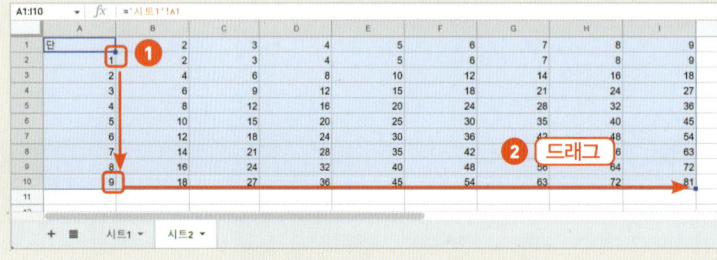

SECTION 03 / 셀 범위 이름 지정

특정 범위를 이름으로 지정하면 범위 내용을 직관적으로 인식하여 수식을 작성할 때 편리합니다. 특히, 참조가 복잡하고 작업 양이 많을 때는 여러 범위를 이름으로 지정하여 수식에 쉽게 적용할 수 있습니다.

:: 특정 범위 이름 지정

01 **'범위 이름 지정' 예제 파일을** 불러온 후 아이스 아메리카노의 1년간 판매량을 범위 이름으로 지정하기 위해 [B2:M2] 범위를 선택하고, 마우스 오른쪽 버튼을 클릭한 후 [셀 작업 더보기]-[이름이 지정된 범위 정의]를 선택합니다.

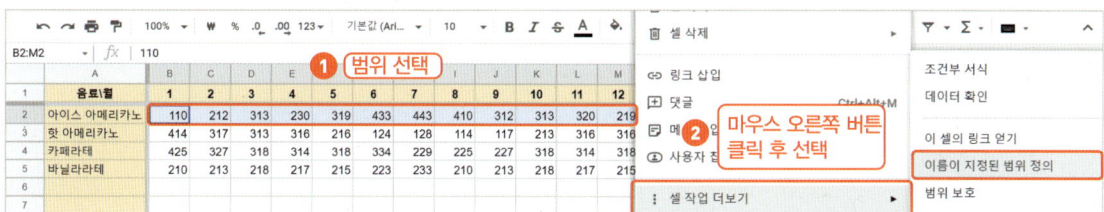

• 멘토의 팁 •

메뉴에서 [데이터]-[이름이 지정된 범위]를 선택해도 됩니다.

02 '범위 이름 지정' 작업 창의 입력란에 "아이스아메리카노판매"를 입력하고, [완료] 버튼을 클릭합니다. [N2] 셀에 "=SUM(아이스아메리카노판매)"를 입력하고, Enter 키를 누릅니다.

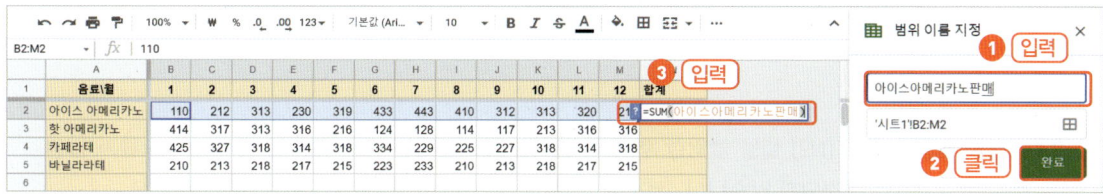

• 멘토의 팁 •

범위 이름 입력 시 규칙
- 문자, 숫자, 밑줄만 사용할 수 있으며 한글은 1~125자, 영문 1~250자까지 가능합니다.
- 숫자 또는 TRUE/FALSE로 시작할 수 없으며, 공백이나 구두점을 포함할 수 없습니다.
- A1 또는 R1C1 구문을 사용할 수 없습니다(예 : 범위에 A1:B2 또는 R1C1:R2C2와 같은 이름을 지정하면 오류 발생).

03 아이스 아메리카노의 1년간 판매 합계를 확인합니다. 같은 방식으로 '범위 이름 지정' 작업 창에서 '범위 추가'를 클릭하면 다른 음료의 1년간 판매량의 범위 이름을 지정할 수 있습니다.

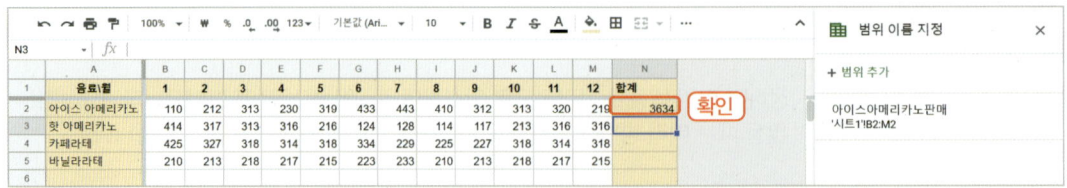

멘토의 노트 — 범위 이름 삭제

01 지정한 범위를 삭제하기 위하여 '범위 이름 지정' 작업 창의 등록한 범위 이름에서 수정(✏️) 아이콘을 클릭한 후 다시 범위 삭제(🗑) 아이콘을 클릭합니다.

02 수식과 참조에 문제가 발생할 수 있다는 메시지를 확인하고, [삭제] 버튼을 클릭합니다.

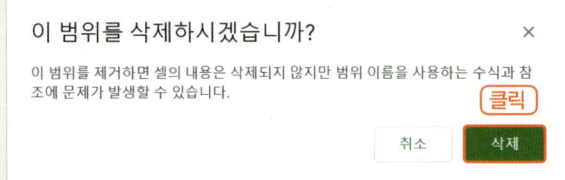

03 범위 이름을 사용한 [N2] 셀을 클릭한 후 수식 입력줄을 확인하면 범위 이름이 삭제되어 오류가 발생하지만 결과값은 변경되지 않습니다. '#REF!' 오류 메시지에 대한 설명은 107쪽을 참고하세요.

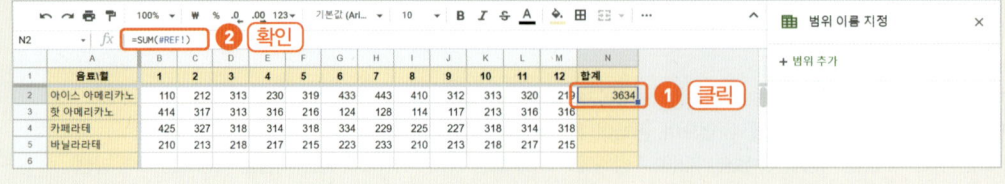

SECTION 04 / 서식 복사와 붙여넣기

셀의 데이터를 복사하면 값뿐만 아니라 서식 등의 정보도 복사되므로 붙여넣기를 할 때 값을 붙여넣을지, 서식을 붙여넣을지 선택할 수 있습니다. 또한, 텍스트에 구분 값을 지정하면 구분 값에 따라 열로 분할하여 붙여넣기를 할 수 있습니다.

:: 서식과 데이터 붙여넣기

클립보드에 복사된 데이터를 붙여넣기하면 '값만 붙여넣기' 또는 '서식만 붙여넣기' 중에서 선택하여 붙여넣기를 할 수 있습니다.

01 '복사 붙여넣기' 예제 파일을 불러온 후 [A2:M7] 범위를 선택하고, Ctrl + C 키를 누릅니다.

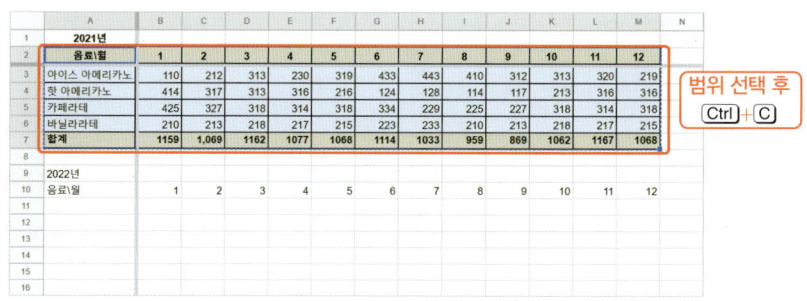

02 [A10] 셀에서 Ctrl + V 키를 누르면 나타나는 서식 붙여넣기(📋 ▼) 아이콘을 클릭하고, [서식만 붙여넣기]를 선택합니다.

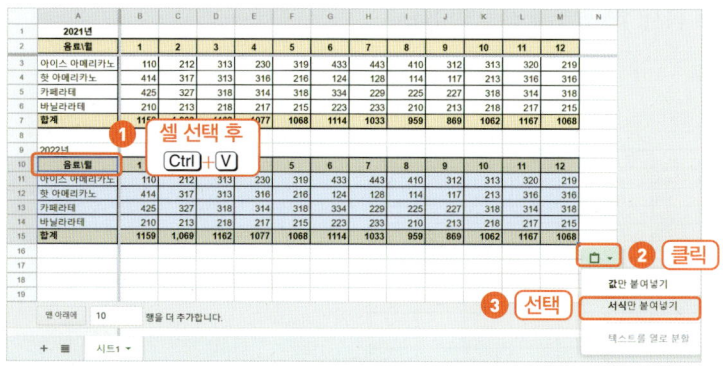

> • 멘토의 팁 •
> '서식만 붙여넣기'의 단축키는 Ctrl + Alt + V 입니다.

03 붙여넣기된 데이터 중 값은 사라지고 서식만 적용됩니다. 음료\월 열을 복사하기 위해서 [A3:A7] 범위를 선택하고, Ctrl+C 키를 누릅니다.

04 [A11] 셀에서 Ctrl+V 키를 누르면 음료\월의 데이터 내용이 붙여집니다.

멘토의 노트 간단한 서식 복사 방법

01 [A1] 셀을 선택하고 툴바에서 서식 복사(🖌) 단추를 클릭합니다.

02 [A9] 셀을 선택하면 서식이 복사되어 바로 적용됩니다.

:: 텍스트를 열로 분할하여 붙여넣기

쉼표, 공백 등으로 구분된 데이터를 여러 열로 나누어 분할 할 수 있습니다. 예를 들어 '성과 이름' 형식으로 입력된 데이터를 공백으로 구분하여 성과 이름 열로 따로 나눌 수 있습니다.

01 '텍스트를 열로 분할' 예제 파일을 불러온 후 생일 데이터를 년, 월, 일로 분할하기 위해 [B3:B8] 범위를 선택하고, Ctrl+C 키를 누릅니다.

02 [F3] 셀에서 Ctrl+V 키를 누르면 나타나는 서식 붙여넣기(📋▼) 아이콘을 클릭하고, [텍스트를 열로 분할]을 선택합니다.

Chapter 05 수식 입력과 붙여넣기 117

03 '구분선' 팝업 창에서 자동 감지의 목록(⬍) 단추를 클릭합니다.

	A	B	C	D	E	F	G	H	I	J
1	이름	생일			이름	생일				
2						년	월	일		
3	성기훈	1974-10-31			성기훈	1974-10-31				
4	조상우	1975-03-02			조상우	1975-03-02				
5	오일남	1944-01-18			오일남	1944-01-18				
6	강새벽	2000-08-08			강새벽	2000-08-08				
7	장덕수	1980-02-27			장덕수	1980-02-27				
8	도정수	1965-06-23			도정수	1965-06-23		클릭		
9						구분선:	자동 감지 ⬍			
10										

04 데이터의 구분이 '-'로 되어 있으므로 [맞춤]을 선택합니다.

	A	B	C	D	E	F	G	H	I	J
1	이름	생일			이름	생일				
2						년	월	일		
3	성기훈	1974-10-31			성기훈	1974-10-31				
4	조상우	1975-03-02			조상우	1975-03-02	자동 감지			
5	오일남	1944-01-18			오일남	1944-01-18	쉼표			
6	강새벽	2000-08-08			강새벽	2000-08-08	세미콜론			
7	장덕수	1980-02-27			장덕수	1980-02-27	마침표			
8	도정수	1965-06-23			도정수	1965-06-23	공백			
9						구분선:				
10										
11										
12										
13						선택	맞춤			
14										

05 구분선의 사용자 설정 분리자 입력란에 "-"을 입력하면 [F3:H8] 범위에 년, 월, 일이 분할되어 입력됩니다.

	A	B	C	D	E	F	G	H	I	J
1	이름	생일			이름	생일				
2						년	월	일		
3	성기훈	1974-10-31			성기훈	1974	10	31		
4	조상우	1975-03-02			조상우	1975	3	2		
5	오일남	1944-01-18			오일남	1944	1	18		
6	강새벽	2000-08-08			강새벽	2000	8	8		
7	장덕수	1980-02-27			장덕수	1980	2	27		
8	도정수	1965-06-23			도정수	1965	6	입력		
9						구분선:	맞춤 ⬍	-		
10										

멘토의 노트 — 선택하여 붙여넣기

메뉴에서 [수정]-[선택하여 붙여넣기]를 선택하면 다양한 붙여넣기 옵션을 선택할 수 있습니다.

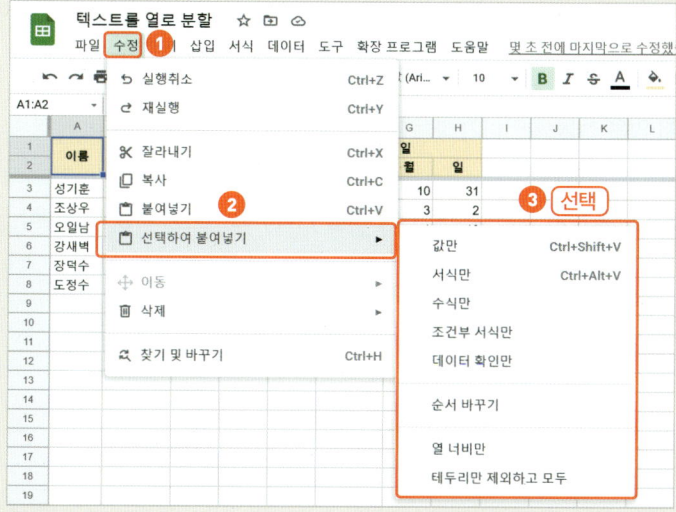

- **값만** : 셀 범위의 결과값만 붙여넣습니다.
- **서식만** : 셀 범위의 서식만 붙여넣습니다(기존 데이터 또는 수식은 변경되지 않음).
- **수식만** : 셀 범위에 포함된 수식만 붙여넣되 계산의 결과값은 붙여넣지 않습니다.
- **조건부 서식만** : 셀 범위의 조건부 서식 규칙만 붙여넣습니다. 조건부 서식에 대한 자세한 내용은 83쪽을 참고하세요.
- **데이터 확인만** : 셀 범위의 데이터 확인 규칙을 붙여넣되 기존 서식, 수식 또는 텍스트는 변경되지 않습니다. 데이터 확인에 대한 자세한 내용은 60쪽을 참고하세요.
- **순서 바꾸기** : 복사된 셀 범위의 행/열을 전환하여 값을 붙여넣습니다.
- **열 너비만** : 선택한 열의 너비(크기)를 원본과 동일하게 조정하여 붙여넣습니다.
- **테두리를 제외하고 모두** : 셀 범위의 테두리를 제외하고, 모든 요소를 붙여넣습니다.

멘토의 노트 — 닫힌 범위 참조와 열린 범위 참조

셀을 참조하듯 범위도 참조할 수 있는데 범위 참조는 닫힌 범위 참조와 열린 범위 참조로 나눌 수 있습니다. 닫힌 범위 참조는 범위의 시작과 끝을 특정 행이나 열로 지정(예 : A1:B6, A1:C100)하고, 열린 범위 참조는 범위의 시작과 끝을 특정 행이나 열로 지정(예 : A:B, A2:C D1:2)하지 않습니다. 열린 범위 참조의 장점은 수식을 만든 후 새로운 데이터가 입력되면 새로운 데이터를 반영하여 참조합니다. 단점은 참조 범위의 모든 셀을 검토하여 비어 있지 않은 셀을 확인하기 때문에 계산 속도가 느려질 수 있습니다.

01 '구매도서목록' 예제 파일을 불러온 후 [F2] 셀에 =SUM(D2:D6)을 입력하고, Enter 키를 누릅니다.

02 SUM 함수의 인수로 닫힌 범위 참조(D2:D6)를 지정했기 때문에 추가 데이터를 입력하더라도 참조 범위 밖의 데이터가 존재하여 합계(F2)에는 영향이 없습니다.

03 SUM 함수의 인수를 열린 범위 참조(D2:D)로 변경하면 추가로 입력하는 모든 데이터를 참조하게 됩니다.

필터와 피봇 테이블

필터를 사용하면 조건에 맞는 데이터를 추출하여 원하는 내용만 확인할 수 있고, 피봇 테이블을 사용하면 간편하게 데이터를 요약하여 통계표를 작성할 수 있습니다. 필터와 피봇 테이블을 이용하면 복잡한 함수를 사용하지 않아도 다양한 방법으로 데이터를 추출하고, 통계를 만들 수 있어 데이터를 관리하는 데 유용합니다.

SECTION 01 / 데이터 정렬

정렬은 숫자나 텍스트를 오름차순 또는 내림차순으로 재배열하는 기능입니다. 특정 열을 선택하여 그 열을 기준으로 전체 데이터를 정렬하거나 여러 열에 우선순위를 정해서 주어진 기준으로 데이터를 정리할 수 있습니다.

:: 선택 열 기준 데이터 정렬

특정 열을 선택하여 그 열을 기준으로 전체 데이터를 정렬할 수 있습니다. 머리글이 있는 경우 머리글 행을 고정하면 정렬에서 제외됩니다.

01 '시트/범위 정렬' 예제 파일을 불러온 후 나무나이가 많은 순으로 정렬하기 위해 먼저, 행 고정 핸들(━)을 1행 아래로 드래그하여 머리글 행을 정렬에서 제외시킵니다. 나무나이(H열)의 머리글에 마우스를 올리면 나타나는 목록(▼) 단추를 클릭합니다.

02 메뉴가 나타나면 [시트 정렬, 내림차순]을 선택합니다.

> • 멘토의 팁 •
> 메뉴에서 [데이터]─[시트 정렬]─[#열을 기준으로 시트 정렬(내림차순)]을 선택해도 됩니다.

03 전체 데이터가 나무나이를 기준으로 내림차순 정렬됩니다.

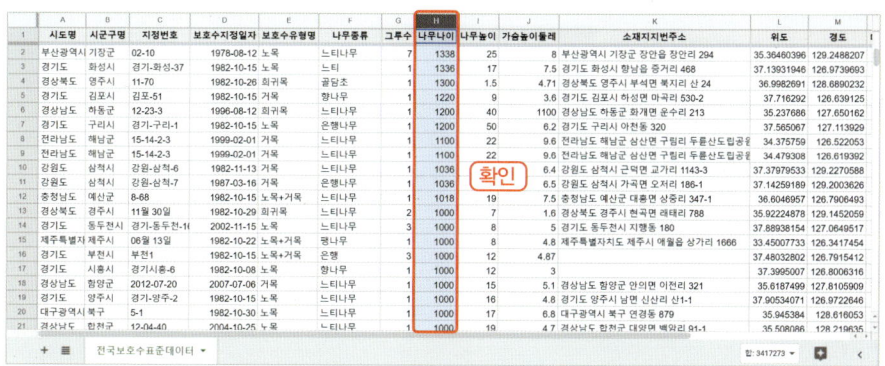

멘토의 노트 — 정렬 순서

내림차순으로 정렬할 때 정렬 순서는 오류값→논리값→문자(텍스트)→숫자/날짜→빈 셀 순으로 정렬되며, 오름차순은 그 반대순으로 정렬됩니다.

데이터 형식	내용
오류값	오류값 종류에 따른 순서는 작동하지 않습니다. 오류값에 대한 자세한 내용은 107쪽을 참고하세요.
논리값	TRUE 다음에 FALSE 순으로 정렬합니다.
텍스트	한글, 영어 대문자, 영어 소문자 순으로 정렬합니다.
숫자와 날짜	큰 수에서 작은 수로 정렬되며, 날짜는 지정된 숫자로 인식하여 정렬 숫자와 함께 정렬됩니다.
빈 셀	내림차순, 오름차순은 모두 마지막으로 정렬됩니다.

:: 범위 정렬

범위 정렬은 전체 데이터에서 여러 행에 우선순위를 매긴 후 그 행을 기준으로 데이터를 정리합니다. 예를 들어, 남자 중에서 나이가 적은 사람을 찾거나 할 때 활용합니다.

01 나무높이와 가슴높이둘레를 기준으로 정렬하기 위해 모든 셀 선택(　)을 클릭한 후 메뉴에서 [데이터]-[범위 정렬]-[고급 범위 정렬 옵션]을 선택합니다.

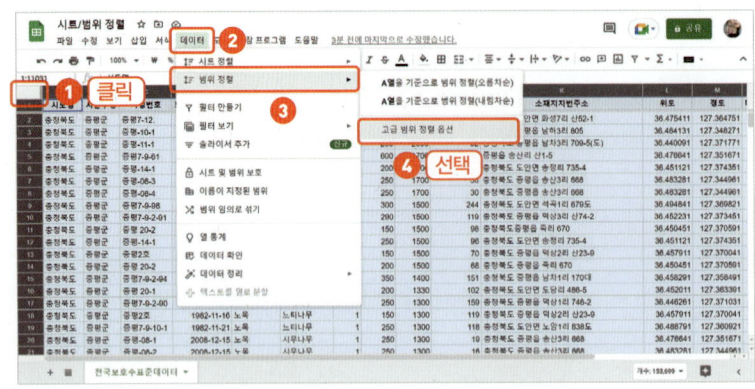

02 [범위 정렬] 대화 상자에서 '데이터에 머리글 행이 있습니다.'를 선택한 후 '정렬 기준'의 목록(▼) 단추를 클릭하여 [나무높이]와 내림차순 정렬을 위한 'Z→A'를 각각 선택하고, [다른 정렬 기준 열 추가]를 클릭합니다.

03 추가된 '정렬 기준'에서 목록(▼) 단추를 클릭하여 [가슴높이둘레]와 내림차순의 'Z→A'를 각각 선택한 후 [정렬] 버튼을 클릭합니다.

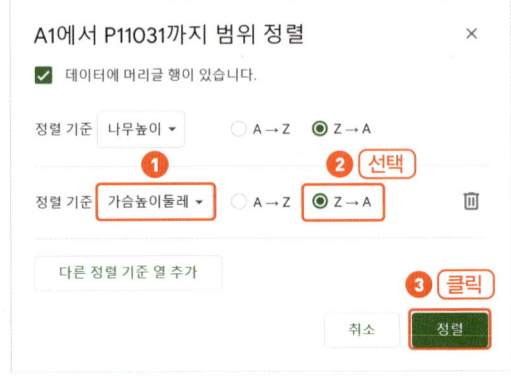

04 먼저 나무높이를 기준으로 정렬되고, 그 다음은 가슴높이둘레를 기준으로 내림차순 정렬됩니다.

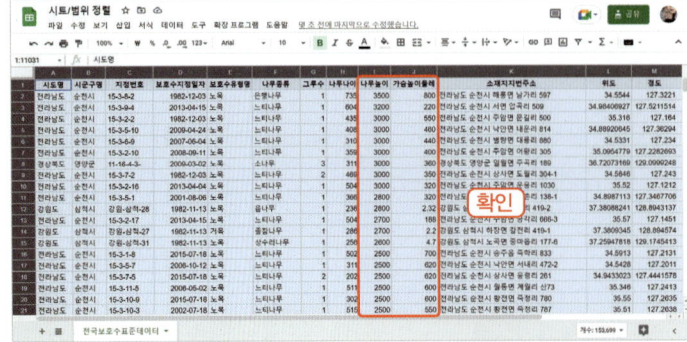

SECTION 02 필터 만들기

필터는 조건에 맞는 데이터 행을 추출하는 기능으로 함수를 사용하지 않고도 쉽게 데이터를 정리할 수 있습니다. 필터 만들기에서는 값별 필터링, 조건별 필터링, 색상별 필터링을 작업할 수 있습니다.

:: 값별 필터링

특정 값을 선택하여 필터링을 하는 것으로 예를 들어 남자, 여자, 지역명, 동일한 나이 등과 같이 원하는 특정 값만을 모아서 필터링하기에 유용합니다.

01 **'필터 만들기' 예제 파일을** 불러온 후 나무종류에서 '은행나무'만 필터링하기 위해 메뉴에서 [데이터]-[필터 만들기]를 선택합니다.

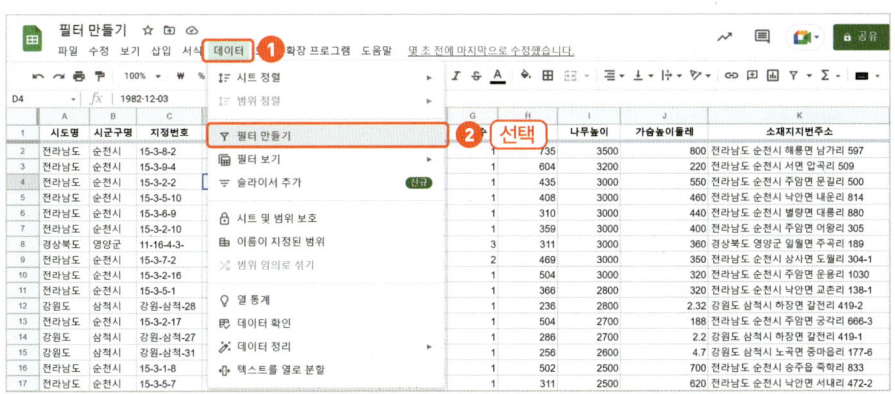

멘토의 노트 — 공유 사용자가 수정하고 있을 때 필터 만들기의 알림

편집자 권한이 있는 공유 사용자가 문서를 수정하고 있을 때 메뉴에서 [데이터]-[필터 만들기]를 선택하면 다음과 같은 대화 상자가 나타납니다. [모든 사용자용 필터] 버튼을 클릭하면 '필터 만들기'를 선택한 것처럼 필터 결과가 공유 사용자에게 바로 반영되어 공유 사용자의 작업에 방해가 될 수 있습니다. 하지만 [나만을 위해 필터링] 버튼을 클릭하면 '필터 보기' 기능이 실행되어 공유 사용자의 작업에 영향을 끼치지 않습니다. '필터 보기'에 대한 자세한 내용은 130쪽을 참고하세요.

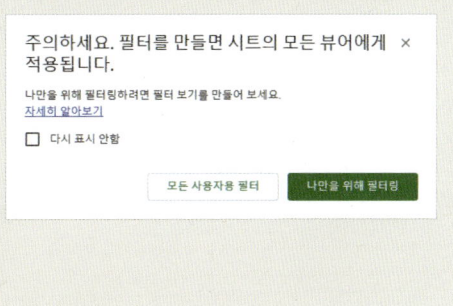

02 나무종류(F열)의 머리글에서 필터(▼) 아이콘을 클릭한 후 [값별 필터링]의 '지우기'를 선택하고, 입력란에 "은행"을 입력하면 나타나는 [은행나무] 목록을 선택한 다음 [확인] 버튼을 클릭합니다.

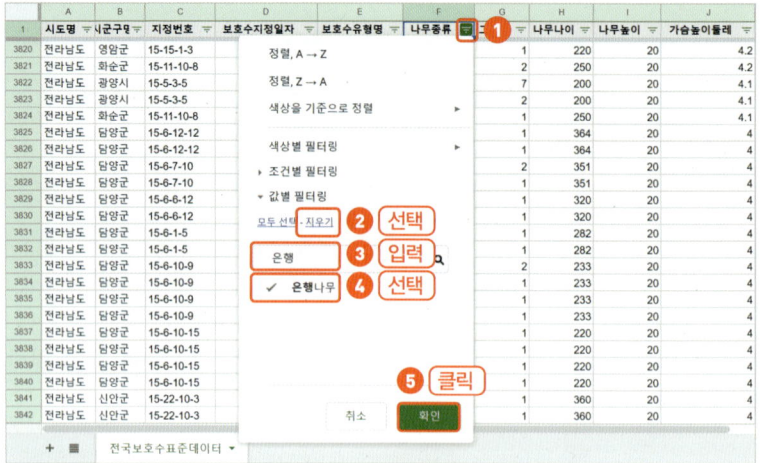

03 F열의 모든 데이터가 은행나무로 필터링된 것을 확인할 수 있습니다.

• **멘토의 팁** •

필터 기능을 취소하기 위해서는 메뉴에서 [데이터]-[필터 삭제]를 선택합니다.

:: 조건별 필터링

날짜 범위, 숫자 범위, 특정 텍스트 포함, 맞춤 수식 등 원하는 조건에 맞는 데이터를 필터링합니다.

01 나무나이가 500년 이상인 데이터만 필터링하기 위해 나무나이(H열) 머리글에 있는 필터(⩾) 아이콘을 클릭하고, [조건별 필터링]-[보다 크거나 같음]을 선택합니다.

02 입력란에 "500"을 입력하고, [확인] 버튼을 클릭합니다.

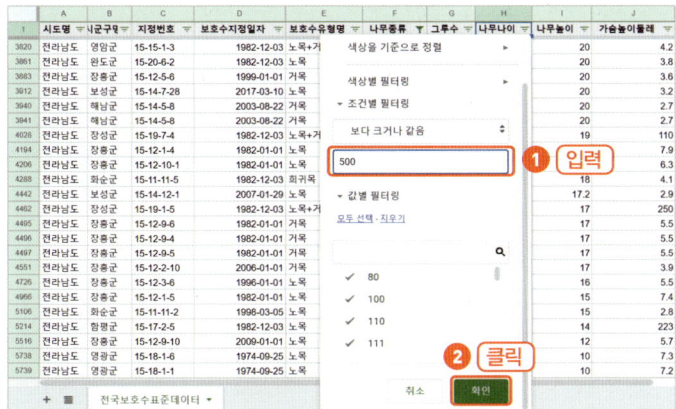

03 은행나무의 나무나이가 500년 이상인 데이터가 추가로 필터링 되었습니다.

Chapter 06 필터와 피봇 테이블

멘토의 노트 맞춤 수식

맞춤 수식은 조건별 필터링에 있는 기능으로 수식을 사용하여 원하는 데이터를 다양한 조건으로 필터링할 수 있습니다.

01 주소에서 '상당구'가 포함된 항목을 필터링하기 위해 K열의 머리글에서 필터(▽) 아이콘을 클릭하고, [조건별 필터링]-[맞춤 수식]을 선택합니다.

02 맞춤 수식 입력란에 "=SEARCH("상당구",K2)"를 입력하고, [확인] 버튼을 클릭합니다. 맞춤 수식의 반환값이 TRUE인 행만 필터링하는 기능입니다. SEARCH 함수의 자세한 내용은 177쪽을 참고하세요.

03 소재지가 '상당구'인 데이터를 추가로 필터링했습니다. 결과적으로 500년이 넘는 은행나무 중 상당구에 있는 항목만 필터링했습니다.

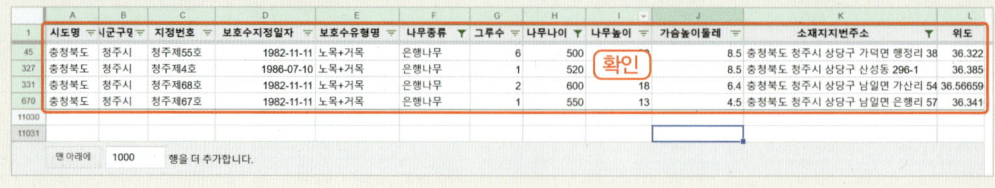

:: 색상별 필터링

채우기 색상 또는 텍스트 색상을 기준으로 필터링을 할 수 있습니다. 특정 행에 색을 선택적으로 지정하여 모아 볼 수 있습니다.

01 '필터 만들기' 예제 파일을 다시 불러온 후 툴바에서 필터 만들기(▼) 단추를 클릭하고, 색상을 적용하려는 행을 선택합니다. 툴바에서 채우기 색상(🎨) 단추를 클릭한 후 연한 노란색 1(🟡)을 선택합니다.

02 선택한 행에 색상이 적용되면 다른 행에도 같은 색상을 지정한 후 임의의 머리글 필터(▼) 아이콘을 클릭하고, [색상별 필터링]-[채우기 색상]-[연한 노란색 1]을 선택합니다.

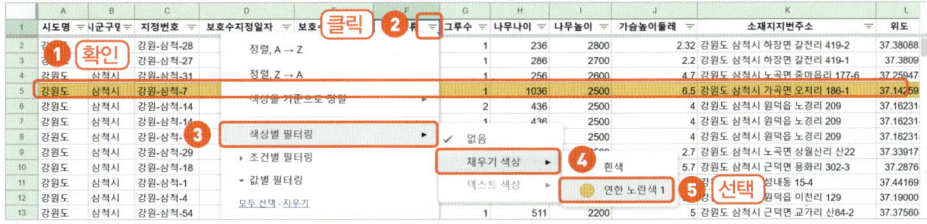

03 채우기 색상이 연한 노란색 1인 데이터만 필터링 되었습니다.

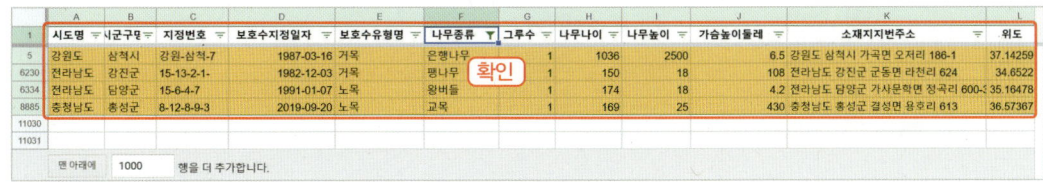

Chapter 06 필터와 피봇 테이블 129

SECTION 03 필터 보기

필터 보기를 사용하면 필터 정보를 저장하여 추후 다시 확인하거나 공유 사용자에게 공유할 수 있습니다. 필터 만들기 기능을 사용하면 특정 사용자가 필터를 변경할 때마다 공유 사용자 화면에서 동시 반영되는데 필터 보기에서는 간섭 없이 개별적으로 작동합니다.

01 '필터 보기' 예제 파일을 불러온 후 초중등교육기관 데이터에서 고등학교만 필터로 모아보기 위해 [데이터]-[필터 보기]-[새 필터 보기 만들기]를 선택합니다.

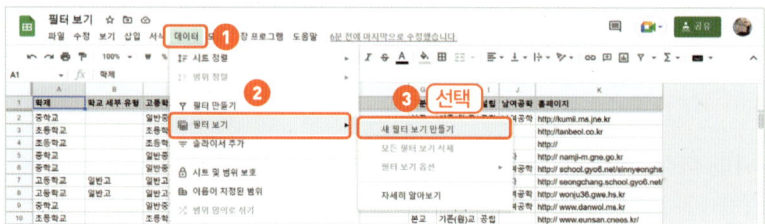

02 '학제' 머리글에서 필터(▼) 아이콘을 클릭하고, [지우기]를 선택한 후 [고등학교]를 찾아 선택한 다음 [확인] 버튼을 클릭합니다.

03 학제가 '고등학교'인 데이터만 나타나는 필터 이름을 지정하기 위해 '이름' 입력란에 "고등학교 필터"를 입력하고, 필터 보기 닫기(✕) 단추를 클릭합니다.

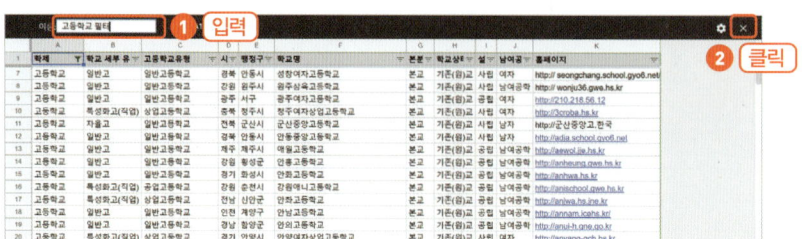

04 추후 고등학교만 필터된 항목을 확인하려면 [데이터]-[필터 보기]-[고등학교 필터]를 선택합니다. 여러 필터를 등록할 수 있어 필터별로 분류한 데이터를 확인할 수 있습니다.

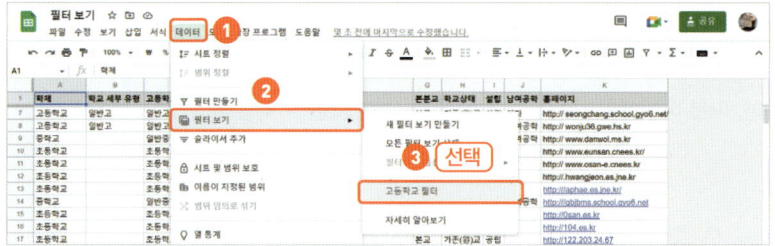

• **멘토의 팁** •
필터 보기는 데이터를 변형시키지 않으므로 뷰어 권한이 있는 공유 사용자도 메뉴에서 필터 보기를 사용할 수 있습니다.

05 사전에 저장했던 고등학교 필터를 바로 확인할 수 있습니다.

멘토의 노트 필터 보기를 링크로 공유하기

필터 보기를 실행한 상태에서 문서 링크를 복사하여 붙여넣기 하면 문서에 접근 권한이 있는 공유 사용자는 필터 보기된 데이터를 바로 확인할 수 있습니다.

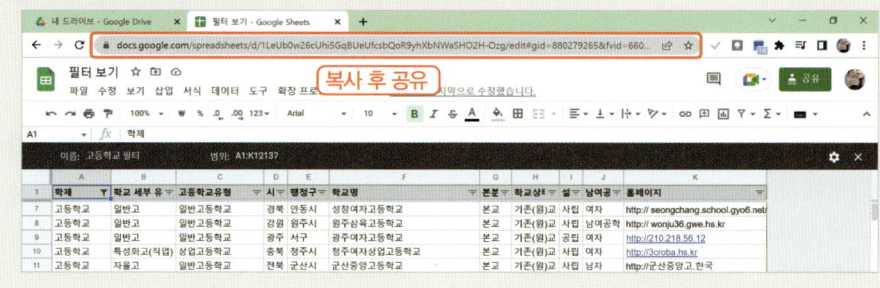

SECTION 04 / 피봇 테이블

피봇 테이블은 데이터를 계산, 요약 및 분석하는 강력한 도구로써 데이터의 비교, 패턴 및 추세를 보는 데 사용할 수 있습니다. 예를 들어, 피봇 테이블을 사용하여 특정 달에 가장 많은 수익을 올린 영업 사원이 누구인지 분석할 수 있습니다.

:: 피봇 테이블의 기본 개념

피봇 테이블은 컴퓨터에서 사용하는 간단한 표 형식을 사람이 이해하기 쉬운 다차원 표 형식으로 바꾸는 기능입니다. 피봇 테이블을 만드는 과정에서 어떤 머리글 열을 행, 열, 값으로 지정할지 결정하면 간단하게 다차원 표가 완성되어 데이터를 쉽게 해석할 수 있습니다. 특히, 간단한 통계를 구하는 작업은 함수를 사용하는 것보다 간편합니다.

행 성	평균나이 열
남	값 41
여	23

데이터를 행과 열이 있는 표로 표현하는 방식에는 크게 간단한 표와 다차원 표가 있습니다. 간단한 표는 구글 스프레드시트에서 데이터를 표현하는 방식으로 한 개의 행이 하나의 개체 정보를 가지고 있어 행별로 데이터를 추가할 때 편리합니다. 다차원 표는 일상이나 사회과학에서 많이 사용하는 방식으로 첫 행과 첫 열에 머리글을 넣어 2차원 데이터를 표현합니다.

숫자	이름	나이	성
1	김종원	40	남
2	이호영	42	남
3	한주현	23	여

▲ 간단한 표

항목	김종원	이호영	한주현
나이	40	42	23
성	남	남	여

▲ 다차원 표

:: 피봇 테이블 만들기

피봇 테이블을 실행하고 행, 열, 값에 머리글 열을 각각 지정하면 간단한 피봇 테이블이 만들어집니다. 값을 입력하는 과정에서 데이터 개수 또는 숫자의 합계나 평균을 구하는 등 간단한 함수를 적용할 수 있습니다.

01 **'피봇테이블 만들기' 예제 파일을** 불러온 후 비목 항목을 기준으로 지급방법별 지출금액을 계산하기 위해 메뉴에서 [삽입]-[피봇 테이블]을 선택합니다.

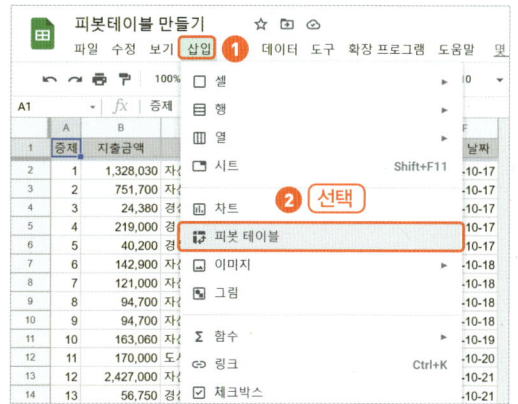

02 [피봇 테이블 만들기] 대화 상자에서 자동으로 지정된 데이터 범위를 확인하고, [만들기] 버튼을 클릭합니다.

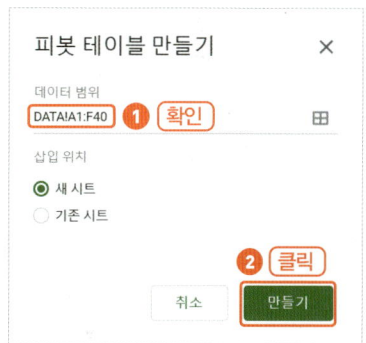

▶ **새 시트** : 현재 구글 스프레드시트에 새로운 시트를 추가하여 피봇 테이블을 만듭니다.
▶ **기존 시트** : 기존 구글 스프레드시트에 데이터 범위를 지정하여 피봇 테이블을 만듭니다.

03 새로운 시트가 추가되면 피봇 테이블 편집기 작업 창에서 '행' 항목의 [추가] 버튼을 클릭하고, [비목]을 선택합니다.

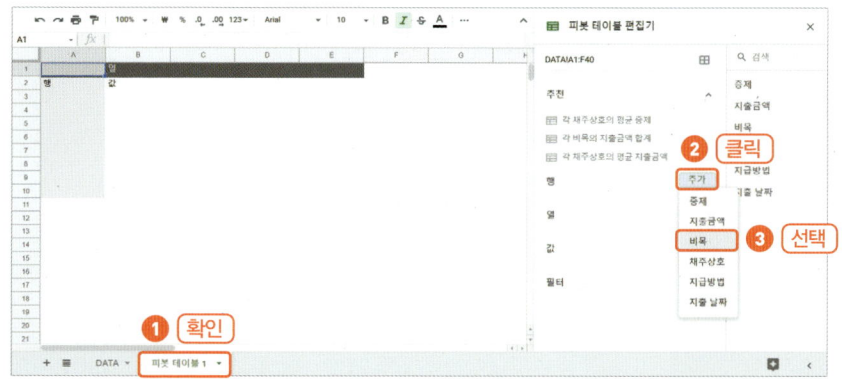

• **멘토의 팁** •
피봇 테이블 편집기 작업 창에서 '추천' 항목을 선택하면 구글 스프레드시트의 AI가 제안하는 피봇 테이블이 반영됩니다.

Chapter 06 필터와 피봇 테이블 133

04 피봇 테이블 행에 비목 항목이 삽입되면 피봇 테이블 편집기 작업 창에서 '열' 항목의 [추가] 버튼을 클릭하고, [지급방법]을 선택합니다.

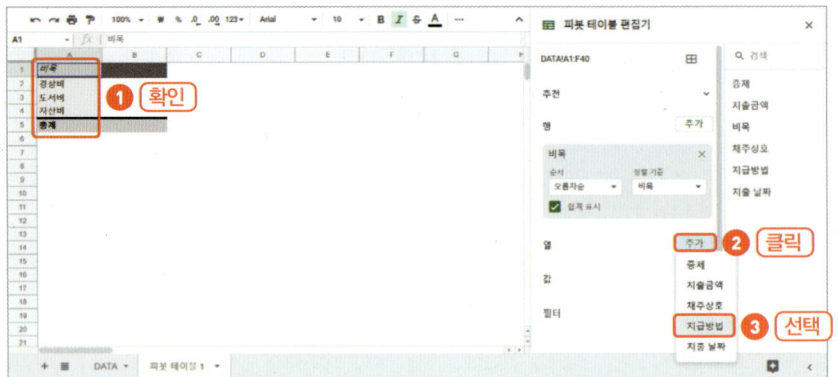

05 피봇 테이블 열에 지급방법 항목이 삽입되면 피봇 테이블 편집기 작업 창에서 '값' 항목의 [추가] 버튼을 클릭하고, [지출금액]을 선택합니다.

06 피봇 테이블 값에 지출금액 항목이 삽입되면 피봇 테이블 편집기 작업 창에서 닫기(✖) 단추를 클릭합니다.

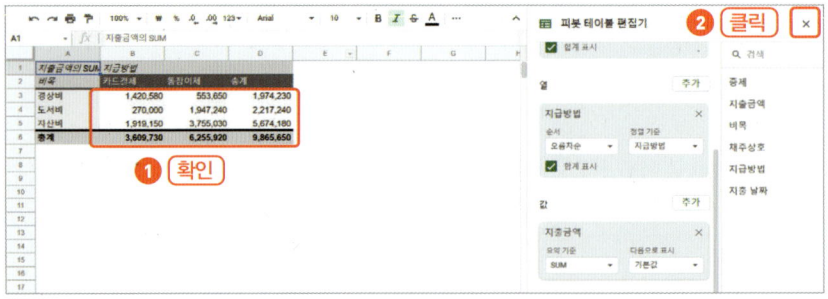

멘토의 노트 — 피봇 테이블 값의 세부 정보

피봇 테이블에서 값을 더블 클릭하면 결과가 도출된 근거를 세부정보 시트로 확인할 수 있습니다.

01 값에 해당하는 [B3] 셀을 더블 클릭합니다.

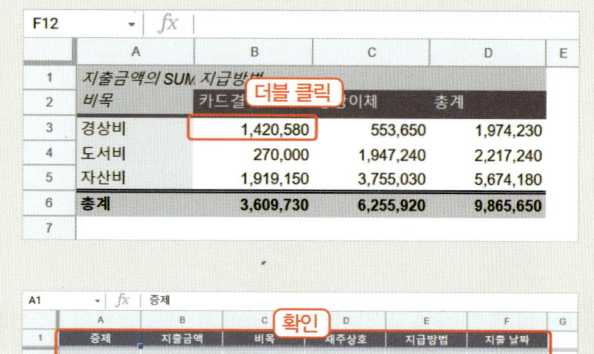

02 새 시트의 세부정보 탭에 '비목'이 '경상비'이면서 '지급방법'이 '카드결제'인 행을 모두 확인할 수 있습니다.

:: 날짜 그룹과 필터 사용하기

피봇 테이블을 만드는 과정에서 날짜 데이터를 월, 분기, 년 등으로 그룹화하여 데이터를 분석할 수 있습니다. 또한, 필터 기능을 사용하여 규칙에 맞는 데이터만을 선택하여 자료를 분석할 수 있습니다.

01 월별로 카드결제와 통장이체에 따라 경상비를 얼마나 썼는지 확인하기 위해 메뉴에서 [삽입]-[피봇 테이블]을 선택합니다.

Chapter 06 필터와 피봇 테이블   135

02 [피봇 테이블 만들기] 대화 상자에서 자동으로 지정된 데이터 범위를 확인하고, [만들기] 버튼을 클릭합니다.

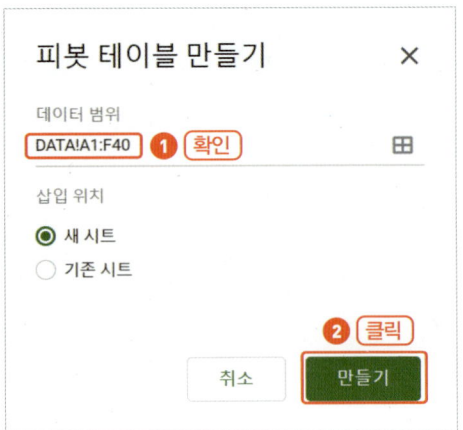

03 피봇 테이블 편집기 작업 창에서 '행' 항목의 [추가]-[지출 날짜]를 선택합니다.

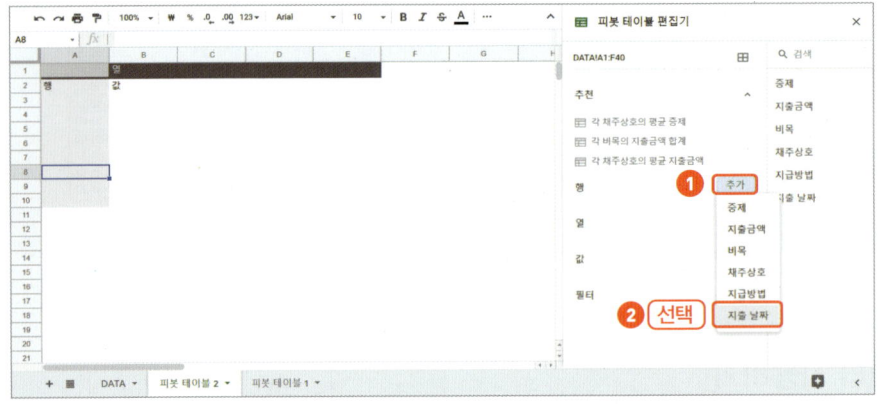

04 피봇 테이블 행에 지출 날짜 항목이 삽입되면 임의의 행 위치에서 마우스 오른쪽 버튼을 클릭하고, [피봇 날짜 그룹 만들기]-[월]을 선택합니다.

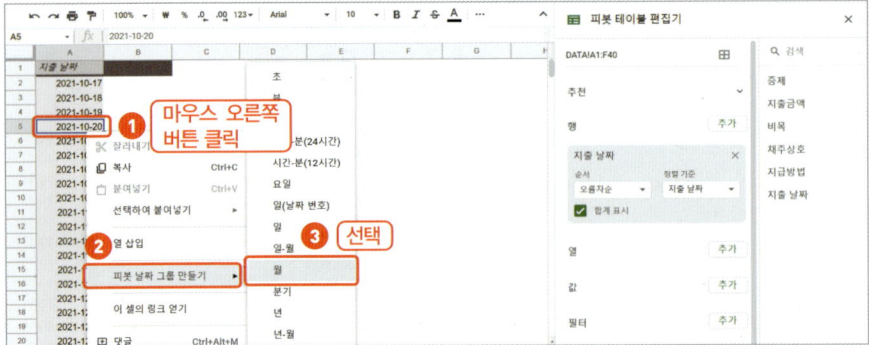

05 피봇 테이블의 행 항목이 월 단위로 변경되면 피봇 테이블 편집기 작업 창에서 '열' 항목의 [추가]-[지급방법]을 선택합니다.

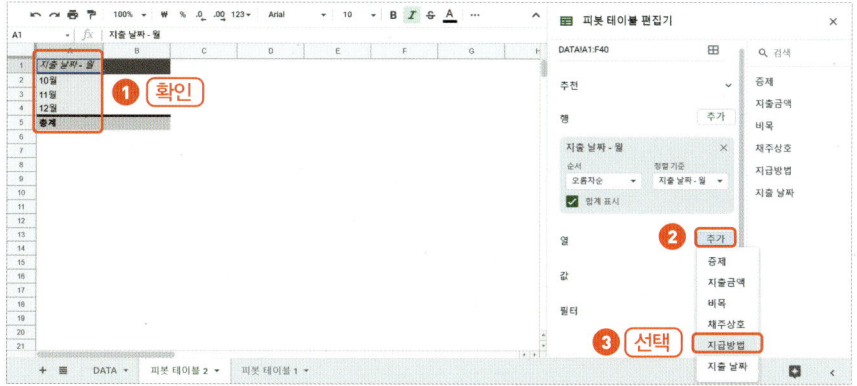

06 피봇 테이블 열에 지급방법 항목이 삽입되면 피봇 테이블 편집기 작업 창에서 '값' 항목의 [추가]-[지출금액]을 선택합니다.

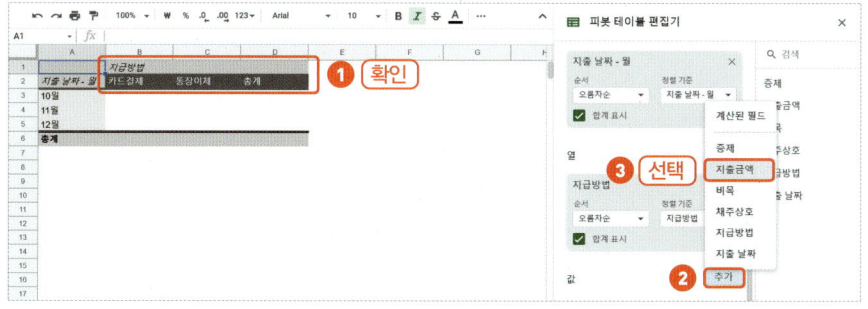

07 피봇 테이블 값에 지출금액 항목이 삽입되면 경상비만 필터링하기 위해 피봇 테이블 편집기 작업 창에서 '필터' 항목의 [추가]-[비목]을 선택합니다.

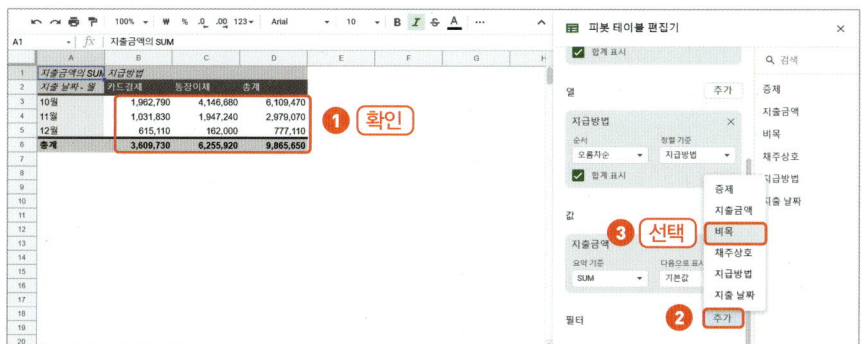

Chapter 06 필터와 피봇 테이블

08 비목 항목에서 상태의 목록(▼) 단추를 클릭하고, [모든 항목 표시]를 선택합니다.

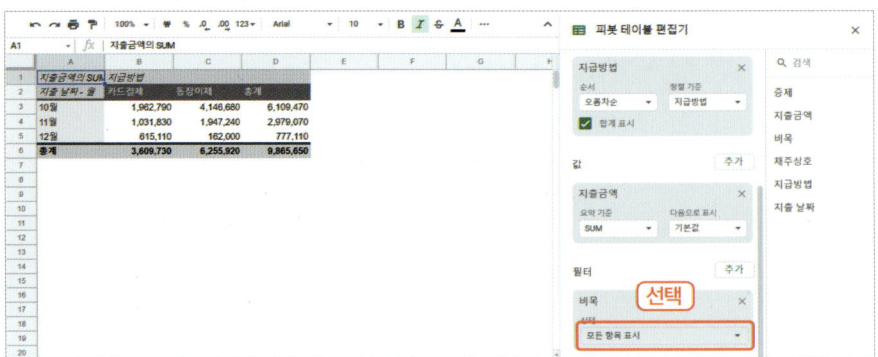

09 [값별 필터링]의 '지우기'를 선택하고, [경상비] 목록을 선택한 후 [확인] 버튼을 클릭합니다.

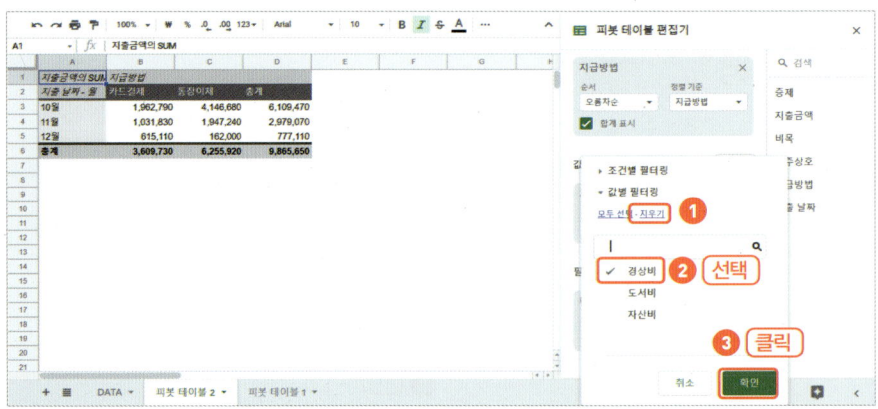

10 피봇 테이블이 완성되면 피봇 테이블 편집기의 닫기(✕) 단추를 클릭합니다.

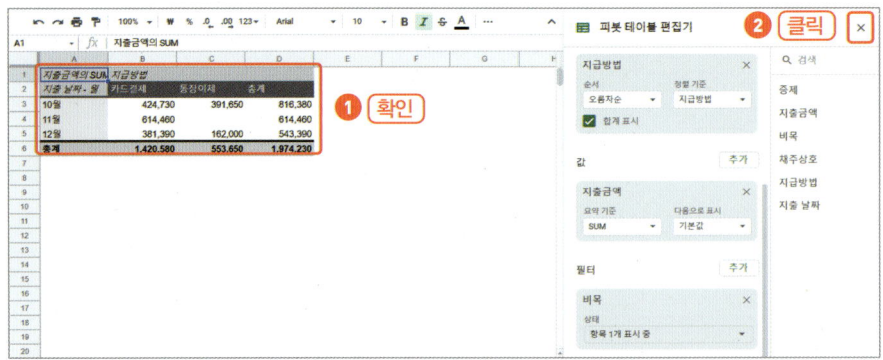

- **멘토의 팁** -
피봇 테이블 편집기 작업 창의 '값' 항목에서 요약 기준의 목록(▼) 단추를 클릭하면 함수 목록 중 필요한 함수를 선택할 수 있습니다.

차트와 슬라이서

차트는 데이터를 시각적으로 표현한 것으로 여러 데이터의 결과를 한눈에 파악할 수 있습니다. 슬라이서는 데이터 또는 피봇 테이블에서 필터링하는 단추를 이용하여 원하는 데이터만 빠르게 추출할 수 있습니다. 차트와 슬라이서를 활용하면 데이터의 변화를 쉽게 모니터링할 수 있는 대시보드를 간편하게 만들 수 있습니다.

SECTION 01 차트의 종류

구글 스프레드시트에서 사용할 수 있는 차트의 종류는 32종으로 크게 선, 영역, 열, 막대, 원형, 분산형, 지도, 기타로 분류할 수 있습니다. 데이터에 따라 용도에 맞게 차트를 사용할 수 있도록 차트별로 각각의 특징을 이해하고 있어야 합니다.

분류	차트 종류	설명
선	선 차트	시간의 경과에 따른 데이터 추세를 확인할 수 있습니다. 예를 들어 월별, 분기별, 연도별 판매 또는 수익의 마진 추세를 파악합니다.
선	부드러운 선 차트	선 차트의 데이터 선을 부드럽게 표현합니다.
선	콤보 차트	각 데이터 계열을 열이나 선, 영역 선과 같이 서로 다른 마커 유형으로 표시할 수 있습니다. 예를 들어 수익과 수익률을 하나의 그래프에서 표현할 수 있습니다.
영역	영역 차트	시간 경과에 따른 데이터 추세를 확인할 수 있습니다. 선 차트와 유사하지만 선 아래에 음영이 있어 추세의 크기를 나타낼 수 있습니다. 예를 들어 수입과 수출, 수익과 비용을 확인할 때 유용합니다.
영역	누적 영역 차트	전체 대비 각 부분의 관계를 표시하고, 시간 경과에 따른 데이터 추세를 확인할 수 있습니다. 예를 들어 매월 또는 분기마다 제품이 총매출액에 얼마나 기여했는지를 보여줍니다.
영역	100% 누적 영역 차트	누적 합계가 중요하지 않은 경우 해당 차트를 사용하여 전체 대비 각 부분의 관계를 표시하고, 시간 경과에 따른 데이터 추세를 확인할 수 있습니다. 예를 들어 전체 예산 중 국방비와 사회복지 등 예산 비율을 비교하는 데 유용합니다.
영역	계단식 영역 차트	데이터의 차이와 변화를 강조하여 표시할 수 있습니다. 예를 들어 특정 데이터의 예상값과 실제값을 비교하는 데 유용합니다.

영역	누적 계단식 영역 차트	누적 영역 차트를 사용하여 전체 대비 각 부분의 관계를 계단식으로 표시할 수 있습니다.
	100% 누적 계단식 영역 차트	누적 합계가 중요하지 않은 경우 100% 계단식 영역 차트를 사용하여 차이와 변화를 강조할 수 있습니다.
열	열 차트	데이터 범주(범위)를 비교하거나 시간 경과에 따른 변화를 표시할 수 있습니다. 예를 들어 수익과 비용을 비교하거나 설문 조사 결과를 확인할 때 사용합니다.
	누적 열 차트	전체 대비 각 부분의 관계를 표시하고, 시간 경과에 따른 데이터 추세를 확인할 수 있습니다. 예를 들어 날짜별 사용한 스마트 기기의 누적 사용량을 확인할 수 있습니다.
	100% 누적 열 차트	누적 합계가 중요하지 않은 경우 해당 차트를 사용하여 전체 대비 각 부분의 관계를 표시하고, 시간 경과에 따른 데이터 추세를 확인할 수 있습니다.
막대	막대 차트	데이터의 개별 항목을 비교할 수 있습니다. 예를 들어 위치별로 티켓 판매량을 비교하거나 직책별로 직원의 분석 내역을 보여줍니다.
	누적 막대 차트	전체 대비 각 부분의 관계를 표시하고, 시간 경과에 따른 추세를 찾을 수 있습니다. 예를 들어 여러 회사의 분점이 총매출에 각각 얼마나 기여했는지를 나타낼 수 있습니다.
	100% 누적 막대 차트	누적 합계가 중요하지 않은 경우 해당 차트를 사용하여 하나의 막대 내에서 전체와 개별 항목 사이의 관계를 표시할 수 있습니다.
원형	원형 차트	하나의 데이터 계열을 전체와 비교할 수 있습니다. 예를 들어 마케팅 채널별로 얼마나 많은 신규 고객을 확보했는지를 비교합니다.

원형		도넛 차트	하나 이상의 데이터 계열에서 부분 기여도를 전체와 비교할 수 있습니다. 도넛 구멍에 데이터 레이블과 합계를 배치할 수 있으므로 각각의 데이터를 쉽게 비교할 수 있습니다.
		3D 원형 차트	원형 차트를 3D 형식으로 볼 수 있어 입체감 있는 차트를 표현할 수 있습니다.
분산형		분산형 차트	하나의 변수가 다른 변수로부터 얼마나 영향을 받았는지 확인할 수 있으며, 가로(X)축과 세로(Y)축을 따라 숫자의 좌표를 표시합니다. 예를 들어 직원 연봉과 경력 연차를 표시할 수 있습니다.
		풍선형 차트	3개의 측정 기준으로 데이터를 표시할 수 있는데 분산형 차트와 마찬가지로 처음 2가지 측정 기준은 가로(X)축과 세로(Y)축이고, 나머지 측정 기준은 풍선 크기입니다.
지도		지역 차트	국가, 대륙 또는 지역의 지도를 표시할 수 있으며, 각 위치의 값은 색상으로 표시됩니다. 예를 들어 유럽 국가의 인구를 표시하는 지도를 만들 수 있습니다.
		마커가 있는 지역 차트	원형 마커를 사용하여 각 위치의 데이터를 표시할 수 있습니다. 마커의 크기는 각 지역의 데이터에 따라 결정됩니다.
기타		폭포 차트	시작 값에서 어떻게 값이 증가하고, 감소하는지를 표시할 수 있습니다. 예를 들어 월별 순 현금 흐름이나 분기별 예산 변화를 표시할 수 있습니다.
		히스토리그램 차트	여러 버킷 또는 범위에 걸쳐 데이터 세트의 분포를 표시할 수 있습니다. 막대의 높이는 각 범위에 있는 값의 개수를 나타냅니다. 예를 들어 콜센터에서 고객이 얼마나 오랫동안 대기했는지를 표시할 수 있습니다.

기타	방사형 차트	여러 변수를 바탕으로 다양한 선택을 평가할 수 있습니다. 각 변수에 대한 스포크를 사용하여 한 개 이상의 변수를 2차원 그래프로 표시할 수 있습니다. 예를 들어 서로 다른 공급업체의 품질, 가격, 유연성 및 응답 시간을 평가할 수 있습니다.
	게이지 차트	범위 내의 숫자값이나 측정값을 표시할 수 있습니다. 예를 들어 목표 대비 진행 상황을 측정할 수 있습니다.
	스코어카드 차트	가장 중요한 결과값을 강조해서 표시할 수 있습니다. 예를 들어 총 매출, 총 순수익, 목표량 등을 표현할 수 있습니다.
	원통형 차트	특정 기간에 대한 주식 종목의 상한가, 하한가, 시가, 종가를 나타낼 수 있습니다. 예를 들어 매일 주가의 변동 상황이나 강수량, 기온과 같은 과학적 데이터를 추적할 수 있습니다.
	조직도	조직도(조직 차트라고도 함)를 이용하여 회사, 단체 또는 가족 구성원의 전체적인 관계를 표시할 수 있습니다.
	트리 맵 차트	개체를 상위-하위 항목의 계층 구조로 데이터 트리를 표시할 수 있습니다. 예를 들어 제품 카테고리 내에서 각 상품의 연간 평균 판매량을 표시할 수 있습니다.
	타임라인 차트	중요한 일정을 시간 순서대로 작업할 수 있습니다. 예를 들어 프로젝트의 작업 목록과 기한을 표시할 수 있습니다.
	표 차트	스프레드시트의 표를 간단하게 정렬하고, 페이징할 수 있는 차트로 바꿀 수 있습니다. 표 차트는 Google 스프레드시트에서 대시보드를 만들거나 웹사이트에 차트를 삽입할 때 주로 사용됩니다.

SECTION 02 / 다양한 차트 작성하기

구글 스프레드시트에서 제공하는 다양한 차트 중 일반적으로 사용하는 누적 영역, 콤보, 지역 차트의 작성 방법에 대해 알아보겠습니다. 특히, 차트 특성에 맞게 데이터 구성을 할 경우 차트의 기본적인 작성이 용이합니다.

:: 누적 영역 차트 만들기

영역 차트는 한 개 이상의 데이터 계열을 시각적으로 추적할 수 있습니다. 여기에서는 누적 영역 차트를 작성해 보겠습니다.

01 '누적 영역 차트 만들기' 예제 파일을 불러온 후 [A2:D10] 범위 중에서 임의의 셀을 선택하고, 툴바에서 차트 삽입(📊) 단추를 클릭합니다.

• 멘토의 팁 •
메뉴에서 [삽입]-[차트]를 선택해도 됩니다.

02 차트 편집기 작업 창에서 차트 유형의 목록(▼) 단추를 클릭하고, 영역의 '누적 영역 차트'를 선택합니다.

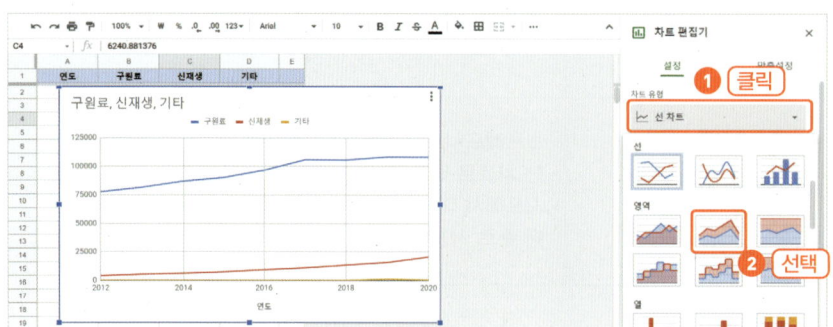

03 차트 편집기 작업 창에서 데이터 범위를 확인한 후 차트 제목을 더블 클릭하여 주어진 제목을 입력합니다.

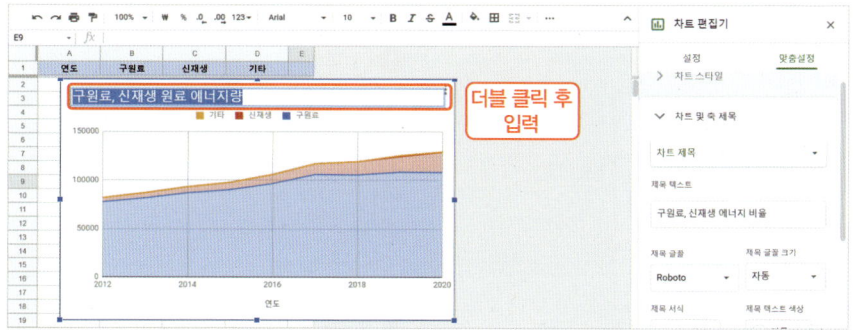

04 차트 편집기 작업 창의 [맞춤설정] 탭에서 [계열]을 선택한 후 점 크기 항목을 '7px'로 선택하면 데이터 계열을 강조할 수 있습니다.

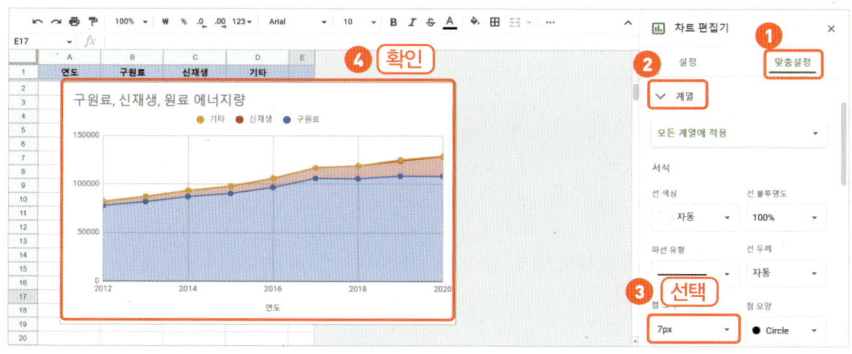

05 서식 아래쪽에 있는 '총 데이터 라벨'을 클릭하면 연도별 데이터가 합쳐진 숫자 라벨이 표시됩니다.

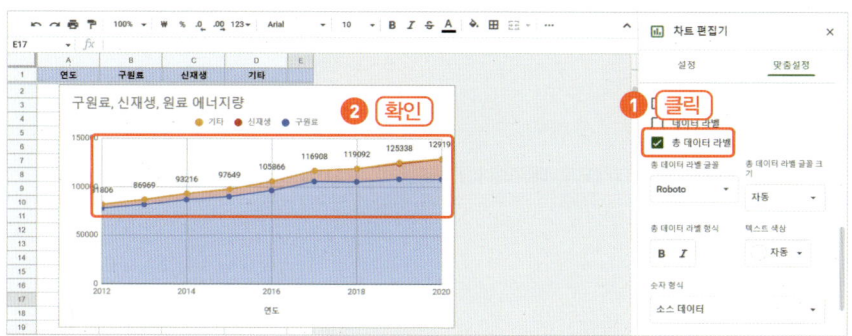

06 마지막으로 [격자선 및 눈금]을 선택한 후 '보조 격자선'을 클릭하면 차트 내부에 세밀한 격자선(눈금선)을 확인할 수 있습니다.

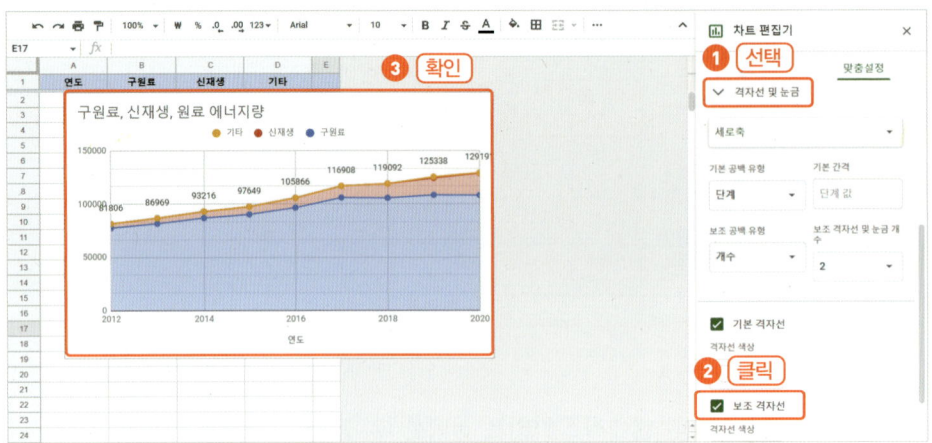

:: 콤보 차트 만들기

콤보 차트는 선과 막대를 이용하여 서로 다른 데이터 계열을 표시할 수 있습니다. 여기에서는 선 유형의 콤보 차트를 작성해 보겠습니다.

01 '콤보 차트' 예제 파일을 불러온 후 [A2:D10] 범위 중에서 임의의 셀을 선택하고, 툴바에서 차트 삽입(📊) 단추를 클릭합니다.

> • 멘토의 팁 •
> 콤보 차트를 활용해서 신재생 전체와 태양에너지는 막대 그래프로, 태양에너지 비율은 선 그래프로 차트를 구성합니다.

02 차트 편집기 작업 창에서 차트 유형의 목록(▼) 단추를 클릭하고, 선의 '콤보 차트'를 선택합니다.

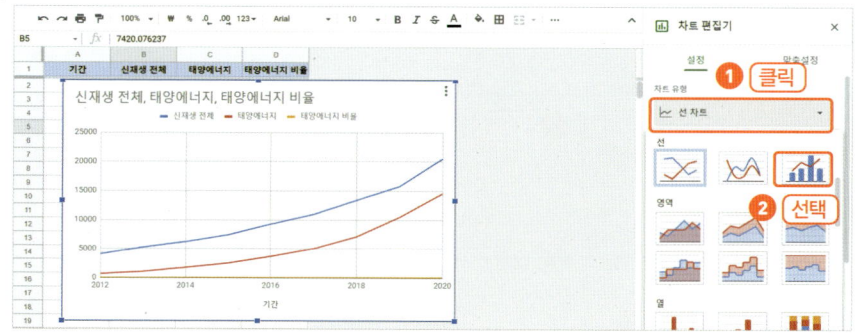

03 차트 편집기 작업 창의 [맞춤설정] 탭에서 '계열' 항목의 계열 선택기 목록(▼) 단추를 클릭하고, [태양에너지]를 선택합니다.

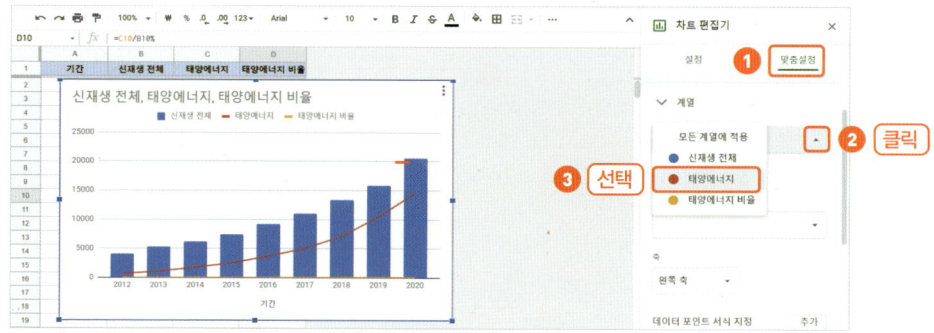

04 '서식' 항목에서 유형의 목록(▼) 단추를 클릭하고, [막대]를 선택하면 태양에너지를 나타내는 막대 그래프가 표시됩니다.

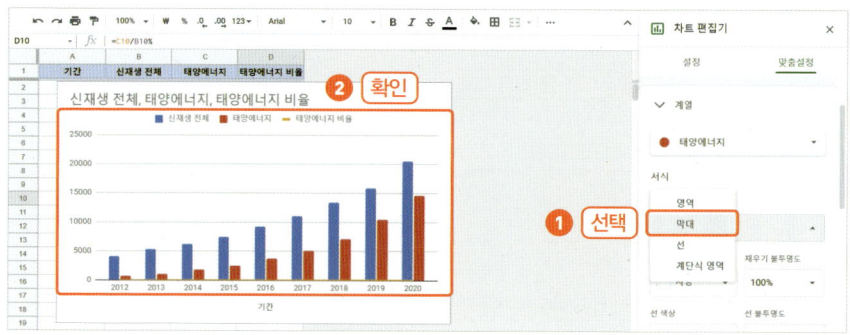

05 다시 '계열' 항목에서 계열 선택기 목록(▼) 단추를 클릭하고, [태양에너지 비율]을 선택합니다.

06 '서식' 항목에서 유형의 목록(▼) 단추를 클릭하고, [선]을 선택한 후 '축' 항목의 목록(▼) 단추를 클릭하고, [오른쪽 축]을 선택합니다.

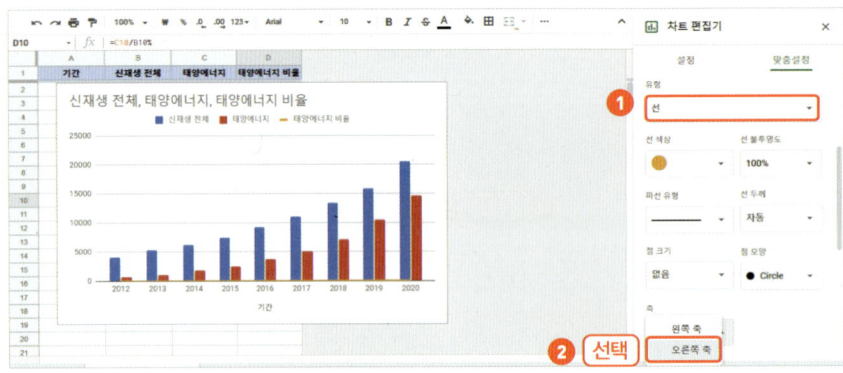

07 차트에서 제목을 더블 클릭하고, "신재생 중에 태양에너지 비율"을 입력합니다.

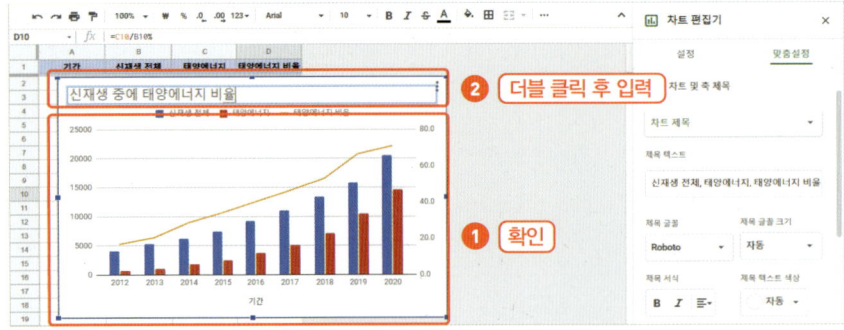

:: 지역 차트 만들기

지역 차트는 여러 국가나 대륙 또는 원하는 지역의 지도를 표시할 수 있습니다. 여기에서는 기본적인 지역 차트를 작성해 보겠습니다.

01 **'지역 차트' 예제 파일을** 불러온 후 [A1:C31] 범위 중에서 임의의 셀을 선택하고, 툴바에서 차트 삽입(📊) 단추를 클릭합니다.

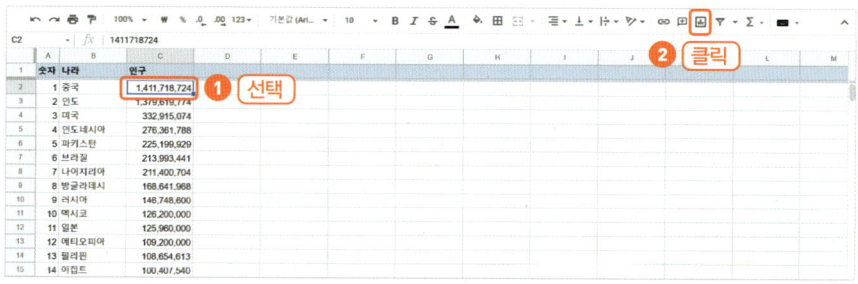

02 차트 편집기 작업 창에서 차트 유형의 목록(▼) 단추를 클릭하고, 지도의 '지역 차트'를 선택합니다.

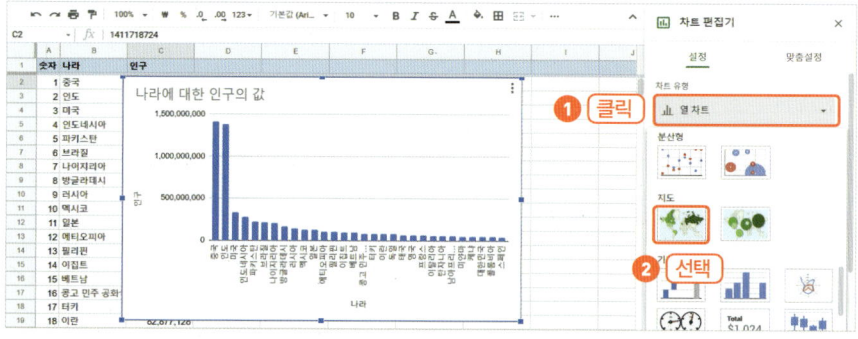

03 인구수에 따라 나라 색상이 적용되면 아시아 지역만 보기 위해 차트 편집기 작업 창의 [맞춤 설정] 탭에서 '지역' 항목의 지역 목록(▼) 단추를 클릭하고, [아시아]를 선택합니다.

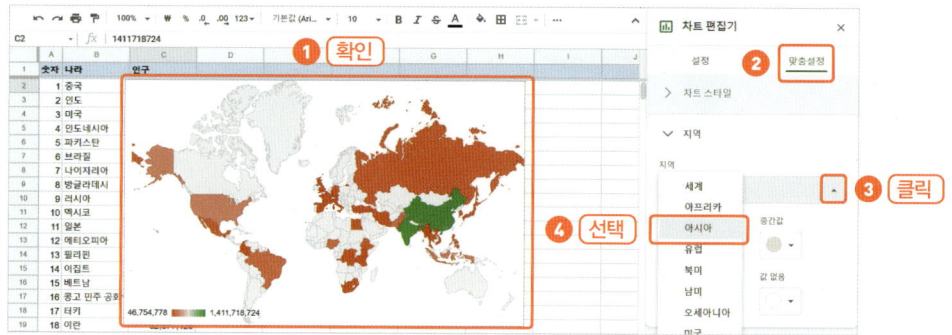

Chapter 07 **차트와 슬라이서** 149

• **멘토의 팁** •

차트 유형을 '마커가 있는 지역 차트'로 선택하면 원형 마커를 사용하여 각 위치의 데이터가 표시되는데 마커의 크기는 각 값에 비례합니다.

04 아시아 지역만 확대되어 차트가 나타나는데 한국에 마우스 포인트를 올리면 인구를 툴팁으로 확인할 수 있습니다.

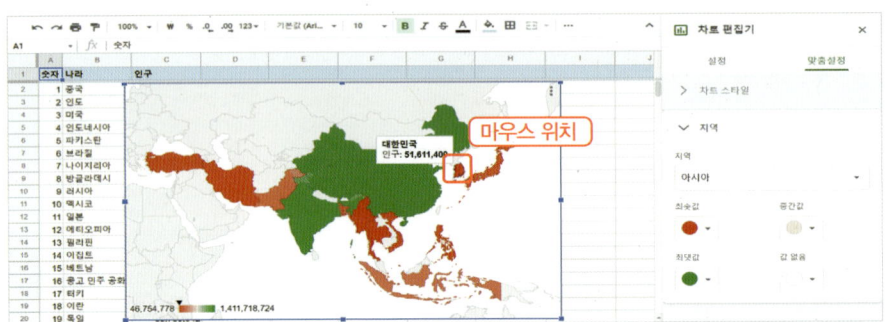

멘토의 노트 — 차트 게시

차트를 일반 웹사이트에 게시하여 모든 사용자에게 공개할 수 있습니다. 차트 링크로 공유하거나 코드를 통해 웹사이트에서 삽입할 수 있습니다. 여기에서는 차트의 링크를 활용하여 공유하겠습니다.

01 차트의 오른쪽 위에서 옵션 더보기(⋮)를 클릭하고, [차트 게시]를 선택합니다.

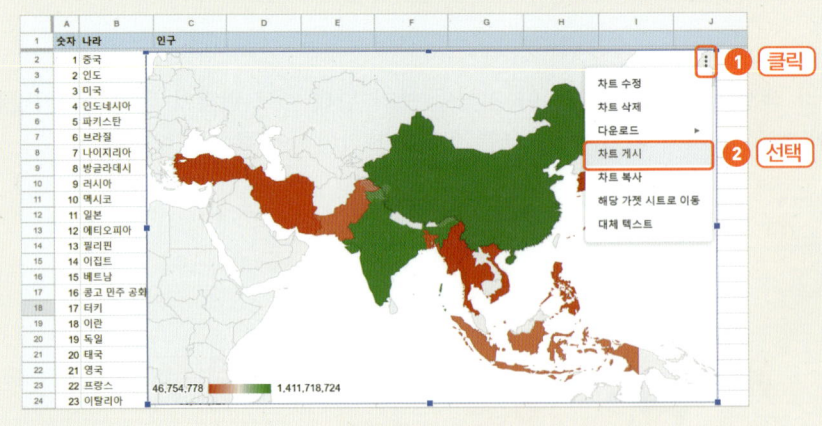

150 구글 스프레드시트

02 [웹에 게시] 대화 상자에서 해당 링크를 복사하여 메일이나 블로그 등에 공유합니다(붙여넣기 합니다).

03 다른 사용자가 해당 링크를 클릭하면 차트만 공유된 것을 확인할 수 있습니다.

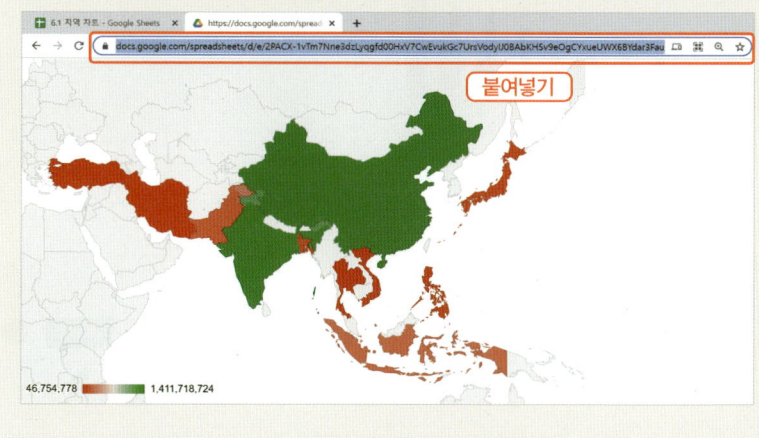

SECTION 03 / 슬라이서 만들기

슬라이서를 사용하면 데이터, 피봇 테이블, 차트를 동시에 필터링할 수 있어 직관적으로 원하는 결과를 간추려 확인할 수 있습니다. 슬라이서가 작동하기 위해서는 피봇 테이블과 차트가 참조하는 데이터 범위가 모두 같아야 가능합니다.

01 '슬라이서 만들기' 예제 파일을 불러온 후 기간이 2014~2018년의 데이터를 확인하기 위해 [A1:D10] 범위를 선택합니다.

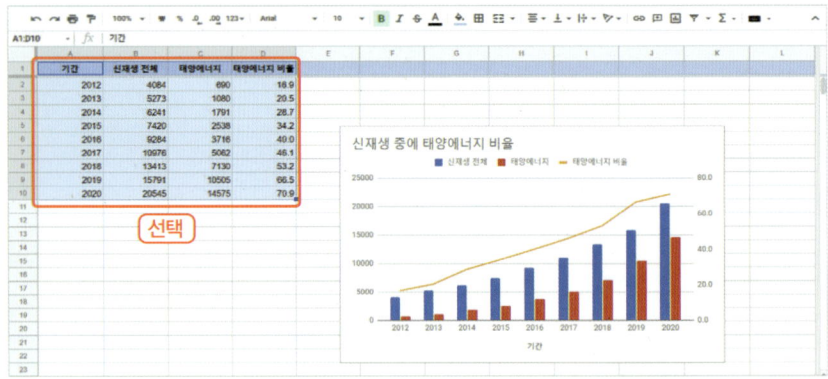

02 메뉴에서 [데이터]-[슬라이서 추가]를 선택합니다.

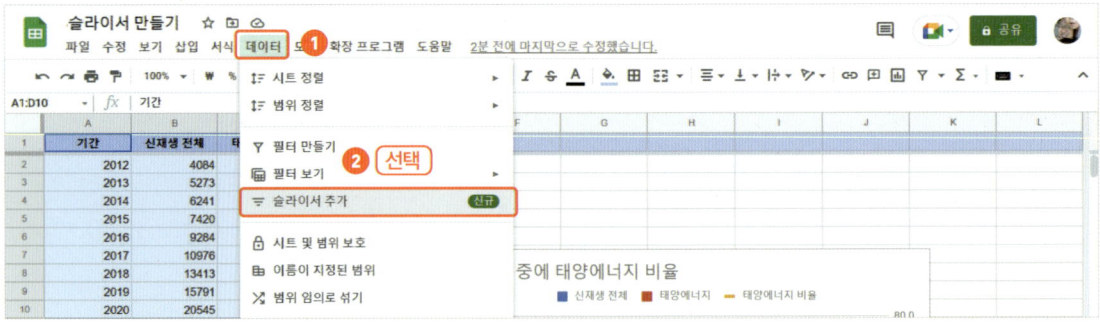

03 슬라이서 작업 창의 [데이터] 탭에서 '열' 항목의 목록(▼) 단추를 클릭하고, [기간]을 선택합니다.

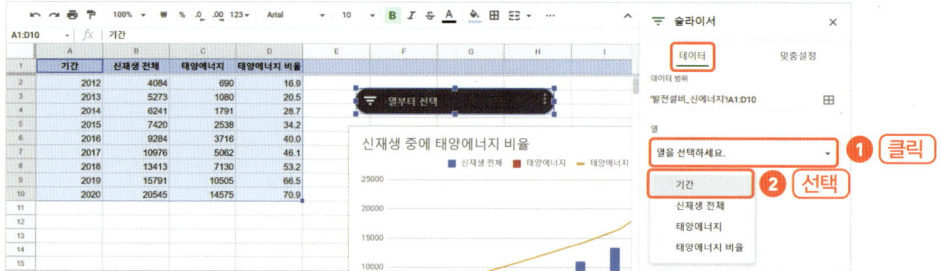

04 슬라이서의 필터링(≂)을 클릭하고, [조건별 필터링]-[범위]를 선택합니다.

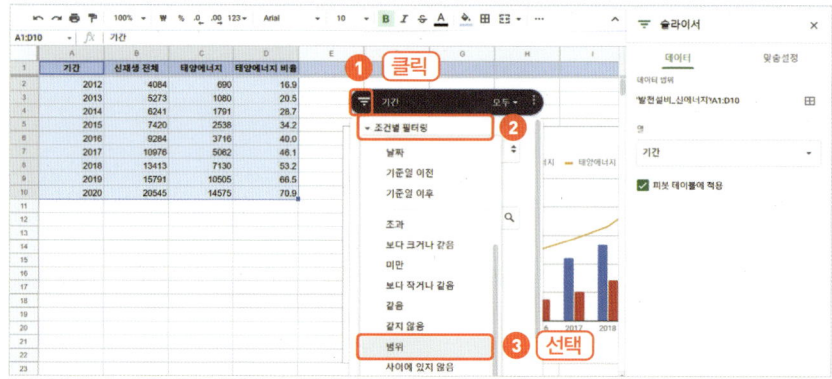

05 범위 입력란에 "2014"와 "2018"을 각각 입력하고, [확인] 버튼을 클릭합니다.

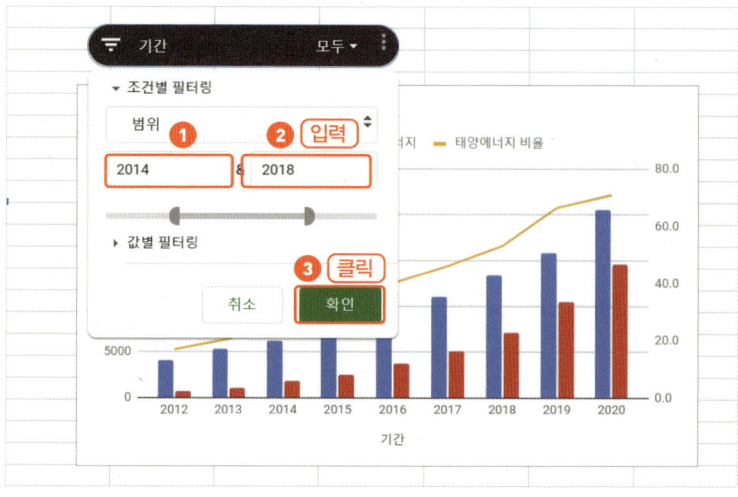

Chapter 07 차트와 슬라이서 **153**

06 차트에 기간이 2014년에서부터 2018년까지 필터링된 데이터가 나타납니다.

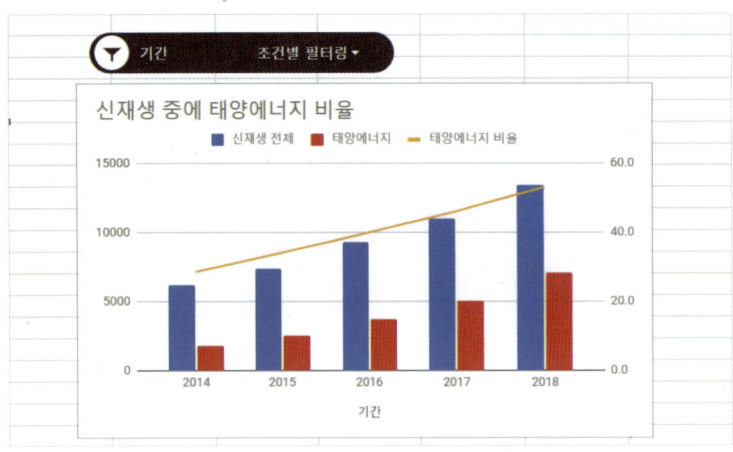

멘토의 노트 — 슬라이서에서 현재 필터를 기본값으로 설정

구글 스프레드시트를 닫은 후 슬라이서에서 적용한 필터를 유지하려면 해당 필터를 기본 필터로 설정해야 합니다. 스프레드시트를 다른 사용자와 공유하면 기본 필터를 볼 수 있습니다. 기본값으로 설정할 슬라이서의 오른쪽에서 [더보기(⋮)]-[현재 필터를 기본값으로 설정]을 선택합니다.

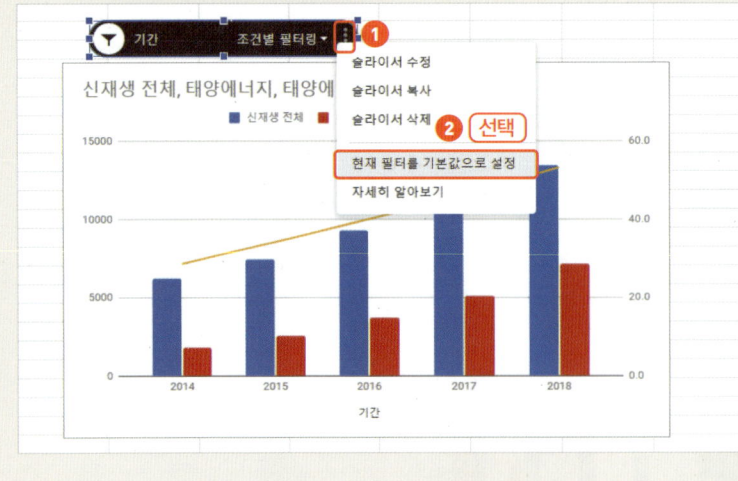

SECTION 04 / 대시보드에서 슬라이서 사용하기

대시보드는 여러 시각화 도구를 활용하여 데이터의 변화를 쉽게 모니터링할 수 있는 화면 구성입니다. 대시보드에서 슬라이서를 사용하면 사용자가 원하는 데이터만 필터링하여 세부 데이터의 변화를 쉽게 확인할 수 있습니다.

01 '대시보드 만들기' 예제 파일을 불러온 후 '대시보드' 시트를 클릭하고, 메뉴에서 [데이터]-[슬라이서 추가]를 선택합니다.

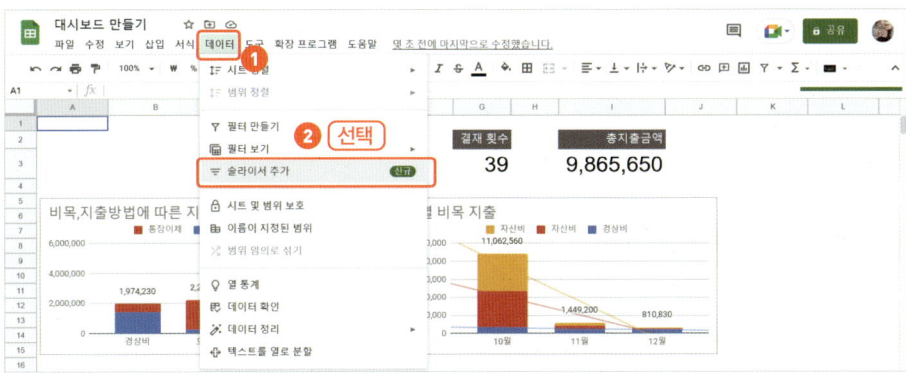

02 [데이터 범위 선택] 대화 상자에서 'DATA!A1:F996'을 선택하고, [확인] 버튼을 클릭합니다.

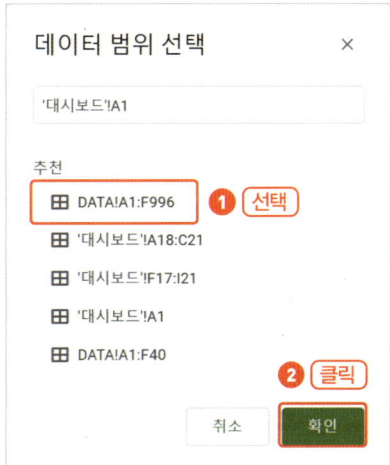

Chapter 07 차트와 슬라이서 155

03 슬라이서 작업 창에서 '열' 항목의 목록(▼) 단추를 클릭하고, [비목]을 선택한 후 작업 창을 닫습니다. 슬라이서를 원하는 위치로 드래그하여 이동합니다.

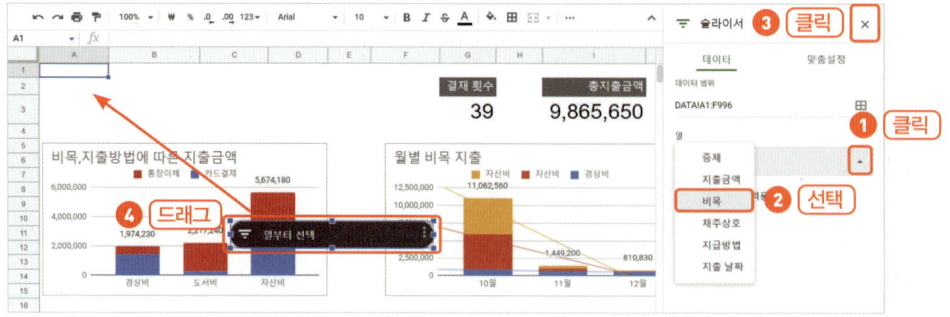

04 슬라이서를 하나 더 만들기 위해 슬라이서의 [옵션 더보기(⋮)]-[슬라이서 복사]를 선택한 후 오른쪽 위치에서 Ctrl+V 키를 누릅니다.

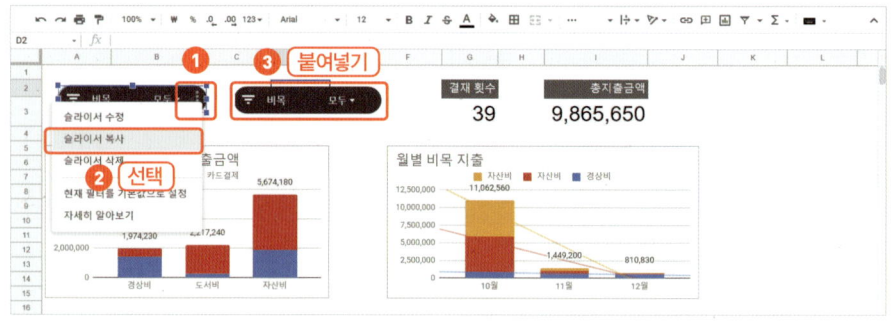

05 새로 만든 슬라이서에서 [옵션 더보기(⋮)]-[슬라이서 수정]을 선택합니다. 슬라이서 작업 창에서 '열' 항목의 목록(▼) 단추를 클릭하고, [지급방법]을 선택한 후 작업 창을 닫습니다.

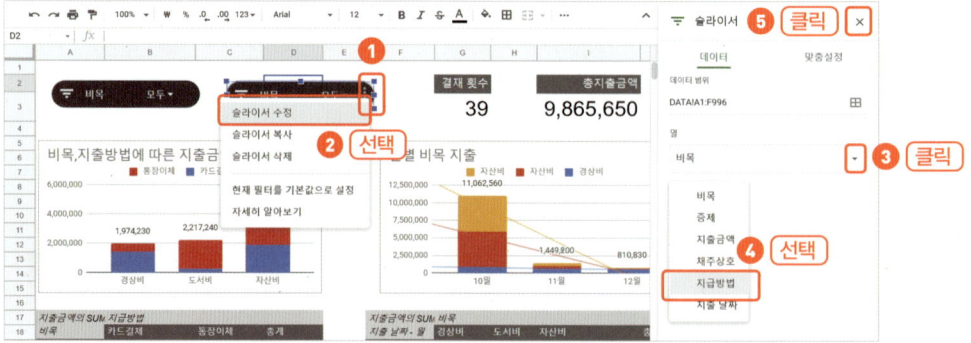

156　구글 스프레드시트

06 경상비 중 카드결제만 필터링하기 위해 '비목' 슬라이서에서 [필터링(▼)]-[지우기]-[경상비]를 선택하고, [확인] 버튼을 클릭합니다. '지급방법' 슬라이서에서 [필터링(▼)]-[지우기]-[카드결제]를 선택하고, [확인] 버튼을 클릭합니다.

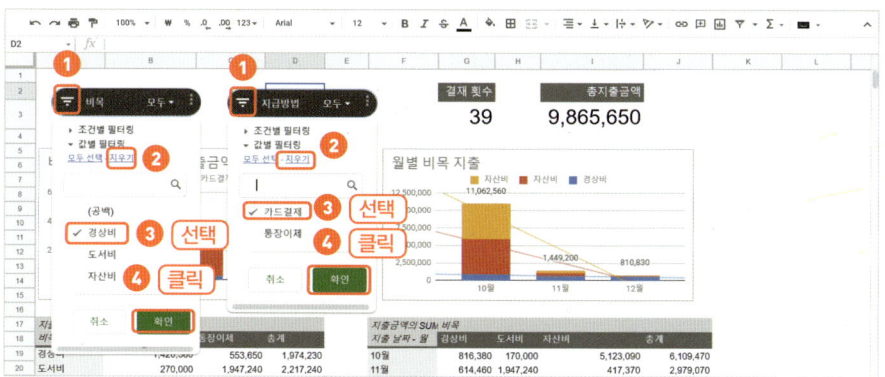

07 경상비와 카드결제의 데이터만 필터링 되어 모든 차트와 피봇 테이블이 조건에 맞게 변경됩니다.

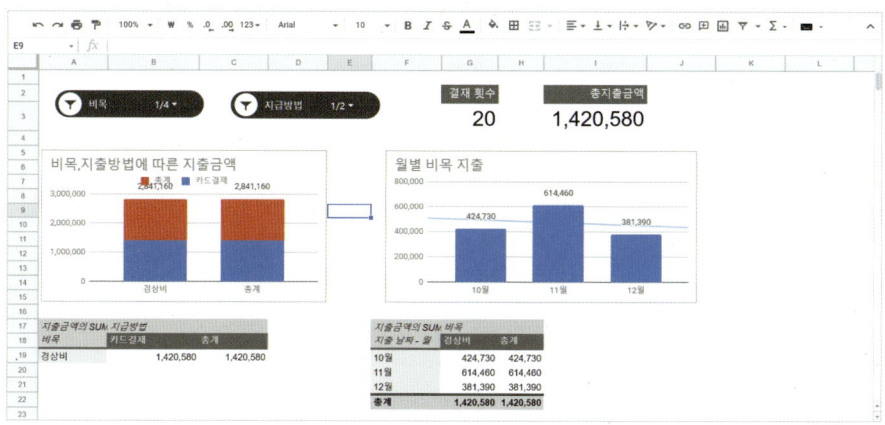

• **멘토의 팁** •

슬라이서를 만들 때 유의점
- 한 열에 하나의 슬라이서만 사용할 수 있으며, 여러 열을 필터링하려면 여러 개의 슬라이서를 추가해야 합니다.
- 슬라이서는 동일한 데이터 세트를 사용하는 시트의 모든 차트 및 피봇 테이블에 적용됩니다(동일한 데이터 세트를 사용하는 시트의 수식에는 적용되지 않음).
- 동일한 소스 데이터를 사용하는 여러 슬라이서를 추가하는 경우 각 슬라이서의 범위가 다른 슬라이서와 동일한지 확인해야 합니다.
- 슬라이서의 필터 선택 항목은 기본값으로 설정하지 않는 한 비공개로 유지되며 저장되지 않습니다.

멘토의 노트 — 슬라이서의 맞춤 설정

대시보드를 만드는 과정에서 2개 이상의 슬라이서를 사용할 경우는 슬라이서 제목을 확인하여 슬라이서를 구분해야 합니다. 이때, 슬라이서마다 다른 배경 색상과 서식 등을 지정하면 편리하게 슬라이서를 구분할 수 있습니다.

01 배경 색상을 변경하고 싶은 슬라이서에서 [더보기(:)]-[슬라이서 수정]을 선택합니다. 슬라이서 작업 창의 [맞춤설정] 탭에서 제목 서식의 굵게(B)를 클릭한 후 배경 색상에서 붉은 딸기색(●)을 선택합니다.

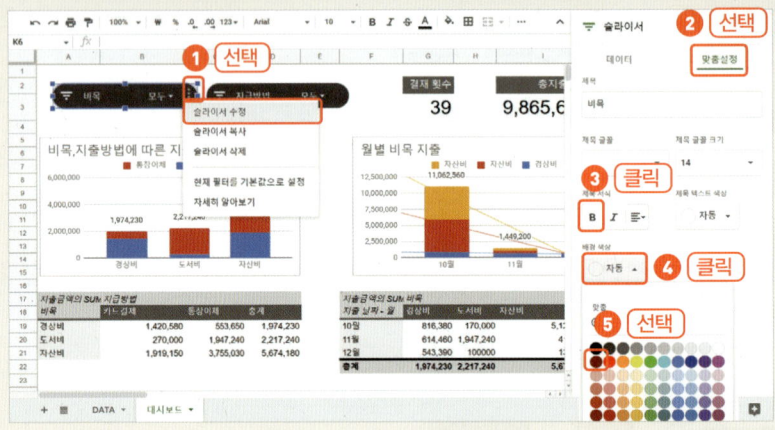

02 그 결과 슬라이서 배경 색상이 변경된 것을 확인할 수 있습니다.

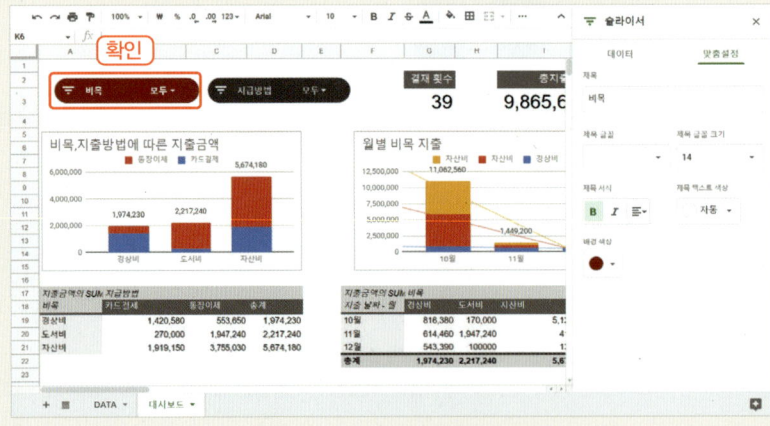

기본 함수 활용하기

함수는 현재 셀에 적용되는 수식을 미리 정의된 공식에 따라 값을 편리하게 계산하는 기능으로 사용 정도에 따라 구글 스프레드시트의 활용 수준이 결정됩니다. 특히, 구글 스프레드시트에서 제공하는 기본 함수는 대부분 엑셀과 호환이 되므로 자주 사용하는 기초 함수부터 살펴보도록 하겠습니다.

SECTION 01 함수의 이해

구글 스프레드시트에서 제공하는 함수는 대략 470여 개 정도이지만 모든 함수를 알아야 할 필요는 없습니다. 문서의 내용을 파악한 후 도출하고 싶은 결과에 맞게 함수를 사용하면 복잡한 계산을 쉽게 처리할 수 있습니다.

구글 스프레드시트에서는 다양한 함수를 제공하고 있어 복잡한 계산을 간단히 해결할 수 있습니다. 특히, 공유 사용자는 수식에 사용된 함수를 확인하여 각 셀의 기능을 쉽게 파악할 수 있습니다.

다음의 예제 화면처럼 아이스 아메리카노의 상반기 판매 개수를 수식으로만 표현하면 계산식이 길어지기 때문에 수식이 복잡해지는 문제가 발생할 수 있습니다.

이런 경우 합계를 구하는 SUM 함수를 사용하면 간단한 수식으로 인해 계산 결과를 직관적으로 확인할 수 있습니다.

> **• 멘토의 팁 •**
> 평균을 구하는 계산식을 수식으로 작성하면 =(B2+C2+D2+E2+F2+G2)/6이지만 이것을 함수로 표현하면 간단하게 =AVERAGE(B2:G2)입니다.

함수도 수식의 일부이므로 반드시 등호(=)를 먼저 입력합니다. 함수 이름의 괄호 안에는 해당 함수에서 사용하는 인수를 규칙에 맞게 입력합니다.

❶ 등호 : 함수 이름 앞에는 항상 등호(=)를 먼저 입력합니다.
❷ 함수 이름 : 수식에 적합한 함수를 입력하되 함수 이름 다음에 괄호( )는 생략할 수 없습니다.
❸ 인수 : 계산을 위한 범위, 수식, 속성 등을 입력합니다. 함수에 따라 인수를 생략하는 경우도 있습니다(예 : TODAY( )).

구글 스프레드시트가 제공하는 함수의 개수는 언어 설정에 따라 다르며, 한국어를 기준으로는 총 474개의 함수를 제공합니다. 검색, 공학, 금융, 날짜, 논리, 데이터베이스, 배열, 수학, 엔지니어링, 연산자, 웹, 정보, 텍스트, 통계, 파서, 필터, Google로 유형이 분류되어 있습니다. 또한, 구글 스프레드시트의 함수는 엑셀과 대부분 공유할 수 있지만 각 프로그램에 따라 독자적으로 지원하는 함수가 존재합니다.

멘토의 노트 함수 도움말 보기

구글 스프레드시트에서 함수를 입력할 때 도움말이 자동으로 표시되어 원하는 함수의 사용 방법을 확인하면서 입력할 수 있습니다.

임의의 구글 스프레드시트 문서에서 "=SUM"을 입력하면 관련된 함수 목록이 나타나는데 여기에서 원하는 함수를 선택한 후 수식 도움말 사용 설정(?)을 클릭하면 해당 함수에 대한 기본적인 설명이 나타납니다. 추가로 자세한 도움말을 확인할 경우 '자세히 알아보기'를 클릭하면 도움말 작업 창이 나타납니다.

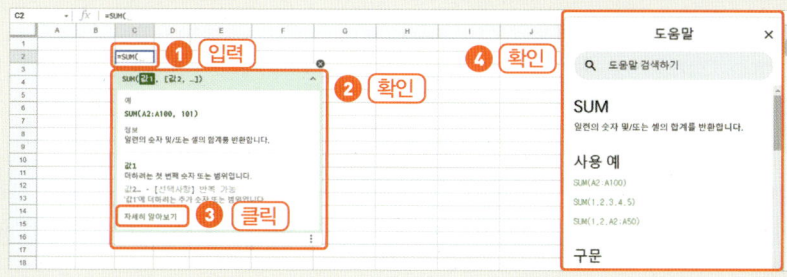

Google 스프레드시트의 모든 함수 목록을 확인하려면 메뉴에서 [도움말]-[함수 목록]을 선택합니다.

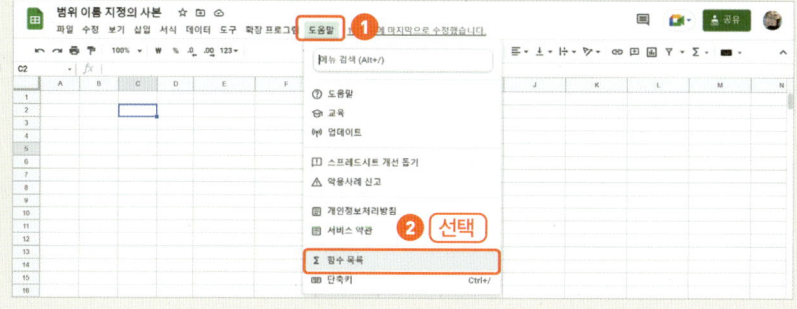

SECTION 02 조건 함수

IF 함수는 두 개 이상의 조건식에 따라 결과를 확인할 때 사용하는 함수로 COUNTIF, SUMIF, SUMIFS, COUNTIFS, IFERROR 함수에서는 IF 함수와 다른 함수를 조합하여 다양한 조건에 맞는 결과를 표시할 수 있습니다.

:: IF 함수

조건식의 결과가 참(TRUE) 또는 거짓(FALSE)인지를 판단하여 각각 다른 값을 반환하는 함수입니다. IF 함수는 실무에 자주 사용하는 함수로 다른 함수를 중첩하여 사용하는 경우가 많습니다.

설명	논리 표현식의 결과가 TRUE이면 두 번째 인수를 반환하고, FALSE이면 세 번째 인수를 반환
구문	=IF(논리 표현식, TRUE인 경우 값, FALSE인 경우 값)
인수	• 논리 표현식 : 논리를 참과 거짓으로 판단하는 식의 구성 • TRUE인 경우 값 : 논리 표현식이 TRUE일 경우 반환되는 값 • FALSE인 경우 값 : 논리 표현식이 FALSE일 경우 반환되는 값
다른 함수와 비교	IFS : IF 함수는 하나의 조건을 만족하지만 IFS 함수는 여러 조건을 만족하는지 확인한 후 첫 번째 TRUE 조건에 해당하는 값을 반환
사용할 수 있는 엑셀 버전	MS Office 2007 이상

01 'IF' 예제 파일을 불러온 후 걸음 수(B2)가 만보가 넘을 때는 '내일도!', 그렇지 않을 때는 '내일은!!'이라고 입력하기 위해 [C2] 셀에 =IF(B2>10000,"내일도!","내일은!!")을 입력하고, Enter 키를 누릅니다.

02 '자동 완성' 팝업 창이 나타나면서 [C8] 셀까지 임의의 결과가 입력됩니다. 결과를 완성하기 위해 자동 완성 실행(✓) 아이콘을 클릭합니다.

• 멘토의 팁 •
단축키로 자동 완성을 적용하려면 Ctrl + Enter 키를 누릅니다.

03 [C8] 셀까지 자동으로 결과 데이터가 채워집니다.

:: COUNTIF 함수

해당 범위에서 조건에 맞는 셀의 개수를 구하는 함수로 조건은 한 개만 설정할 수 있어 쉽게 결과를 확인할 수 있습니다.

설명	지정한 범위에서 조건에 맞는 셀의 개수를 구함
구문	=COUNTIF(범위, 조건 기준)
인수	• 범위 : 조건을 확인할 데이터 범위 • 조건 기준 : 비교 연산자를 활용하여 범위에 적용할 조건 기준
다른 함수와 비교	• COUNTIFS : 지정한 범위에서 여러 조건을 동시에 만족하는 셀의 개수를 구함 • COUNTA : 지정한 범위에서 값이 있는 셀의 개수를 모두 구함
사용할 수 있는 엑셀 버전	MS Office 2007 이상

01 'COUNTIF' 예제 파일을 불러온 후 장르별 영화 개수를 구하기 위해 [C14] 셀에 =COUNTIF(F$2:F$11,B14)를 입력하고, Enter 키를 누릅니다.

> • 멘토의 팁 •
>
> 함수식 =COUNTIF($F$2:$F$11,B14)는 장르 범위($F$2:$F$11)에서 장르가 액션(B14)인 데이터 개수를 구하는 함수로 [B14:B20] 범위에서 찾은 장르 목록은 UNIQUE 함수를 사용하여 유일한 값을 찾습니다. UNIQUE 함수의 자세한 내용은 210쪽을 참고하세요.

02 '자동 완성' 팝업 창이 나타나면서 [C20] 셀까지 임의의 장르 개수가 입력됩니다. 결과를 완성하기 위해 자동 완성 실행(✓) 아이콘을 클릭합니다.

03 [C20] 셀까지 자동으로 결과 데이터가 채워집니다.

멘토의 노트 — 자동 완성 기능에서 범위를 절대 참조로 지정하는 이유

[C14] 셀에 입력한 함수식 =COUNTIF($F$2:$F$11,B14)에서 범위를 절대 참조($F$2:$F$11)가 아닌 상대 참조(F2:F11)로 입력했다면 자동 완성 기능 사용 시 자동으로 채워지는 셀에 함수 범위가 변경됩니다. 절대 참조에 대한 자세한 내용은 109쪽을 참고하세요. 즉, [C14] 셀에 =COUNTIF(F2:F11,B14)를 입력하고, 자동 완성 기능을 사용하면 [C20] 셀까지의 범위가 한 셀씩 이동하는 것을 확인할 수 있습니다. 그러므로 자동 완성 기능을 사용할 경우 참조하는 셀과 범위가 변동되지 않게 하려면 상황에 따라 절대 참조를 사용해야 합니다.

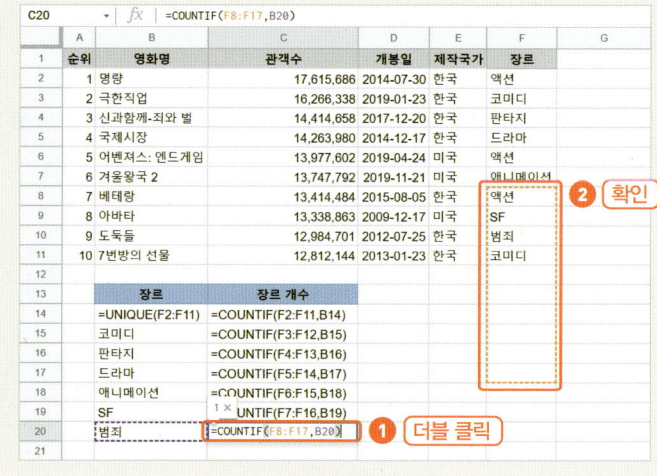

:: COUNTIFS 함수

여러 범위에 있는 셀에서 주어진 조건을 적용하고, 모든 조건이 충족되는 셀의 개수를 반환합니다.

설명	여러 기준에 따른 범위의 수를 반환
구문	=COUNTIFS(기준 범위 1, 기준 1, [기준 범위 2, 기준 2, ...])
인수	• 기준 범위 1 : 기준 1에 대하여 확인할 범위 • 기준 1 : 숫자, 식, 셀 참조 또는 텍스트 형식의 조건 • 기준 범위 2, 기준 2 : 추가적인 기준 범위와 기준(선택 사항)
다른 함수와 비교	• COUNTIF : 범위에서 조건에 맞는 셀의 개수를 반환 • COUNT : 데이터 세트에 포함된 숫자 값의 개수를 반환 • COUNTA : 비어있지 않은 셀의 개수를 반환
사용할 수 있는 엑셀 버전	MS Office 2010 이상

01 'COUNTIFS' 예제 파일을 불러온 후 분류별로 비용이 10,000원 이상인 개수를 구하기 위해 [G2] 셀에 =COUNTIFS($D$2:$D$10,F2,$C$2:$C$10,">=10000")을 입력하고, Enter 키를 누릅니다.

	A	B	C	D	E	F	G	H	I
1	날짜	상점	비용	분류		분류	만 원이상 개수		
2	2022-07-10	소아과병원	5,000	의료		식사	=COUNTIFS($D$2:$D$10,F2,$C$2:$C$10,">=10000")		
3	2022-07-10	순대국집	8,000	식사		의료			
4	2022-07-10	커피숍	12,000	간식		간식	입력		
5	2022-07-10	편의점	11,800	간식		교통			
6	2022-07-10	동네마트	30,000	식사		엔터			
7	2022-07-11	김밥	3,000	식사					
8	2022-07-11	택시비	5,700	교통					
9	2022-07-11	버스비	3,200	교통					
10	2022-07-11	OTT	17,000	엔터					

> **• 멘토의 팁 •**
>
> 함수식 =COUNTIFS($D$2:$D$10,F2,$C$2:$C$10,">=10000")은 분류 범위($D$2:$D$10)에서 식사(F2)에 해당하는 데이터를 찾은 후 비용 범위($C$2:$C$10)에서 10,000원 이상( )=10000)에 해당하는 데이터의 개수를 구하는 수식입니다.

02 나머지 셀에도 같은 수식을 적용하기 위해 [G2] 셀에서 자동 채우기 핸들을 더블 클릭합니다.

	A	B	C	D	E	F	G	H	I
1	날짜	상점	비용	분류		분류	만 원이상 개수		
2	2022-07-10	소아과병원	5,000	의료		식사	1	❶ 더블 클릭	
3	2022-07-10	순대국집	8,000	식사		의료	0		
4	2022-07-10	커피숍	12,000	간식		간식	2		
5	2022-07-10	편의점	11,800	간식		교통	0	❷ 확인	
6	2022-07-10	동네마트	30,000	식사		엔터	1		
7	2022-07-11	김밥	3,000	식사					
8	2022-07-11	택시비	5,700	교통					
9	2022-07-11	버스비	3,200	교통					
10	2022-07-11	OTT	17,000	엔터					

멘토의 노트 — COUNT와 COUNTA 함수

COUNT와 COUNTA 함수는 비어있지 않은 셀의 개수를 구하는 것은 같지만 COUNT는 숫자 값의 개수를 구하고, COUNTA는 텍스트와 숫자 값의 개수를 구합니다.

- **COUNT 함수** : 날짜, 시간을 포함하여 숫자 값의 개수를 구하기 때문에 =COUNT(A2:A9)의 결과값은 4입니다.
- **COUNTA 함수** : 텍스트, 숫자, 빈칸, 여백이 있는 값의 개수를 구하기 때문에 =COUNTA(A2:A9)의 결과 값은 7입니다. [B7] 셀에 =""를 입력하면 빈칸으로 인식됩니다.

	A	B	C	D	E	F
1	값	입력		COUNT 함수식	COUNTA 함수식	
2	1	1		=COUNT(A2:A9)	=COUNTA(A2:A9)	
3	20,000	20,000				
4	2022-12-25	2022-12-25				
5	오후 2:15:02	오후 2:15:02				
6	서시	서시		COUNT 결과	COUNTA 결과	
7		=""		4	7	
8						
9	FALSE	FALSE				
10						

:: SUMIF 함수

지정한 범위에서 조건에 맞는 값을 합산할 때 사용하는 함수로 단일 기준에 대한 조건부 합계만 수행할 수 있습니다.

설명	지정한 범위에서 조건에 맞는 값을 합산
구문	=SUMIF(범위, 기준, [범위 합계])
인수	• 범위 : 조건을 확인할 데이터 범위 • 기준 : 비교 연산자를 활용하여 범위에 적용할 조건 • 범위 합계 : 합산해야 할 수가 범위와 다른 경우 합산할 범위를 따로 지정(선택 사항)
다른 함수와 비교	• SUMIFS : 여러 조건을 만족하는 모든 인수의 합계 • SUMSQ : 인수의 제곱에 대한 합계를 반환
사용할 수 있는 엑셀 버전	MS Office 2007 이상

01 'SUMIF' 예제 파일을 불러온 후 제작국가별 관객수의 합계를 구하기 위해 [C14] 셀에 =SUMIF($E$2:$E$11,B14,$C$2:$C$11)을 입력하고, Enter 키를 누릅니다.

• 멘토의 팁 •

함수식 =SUMIF($E$2:$E$11,B14,$C$2:$C$11)은 제작국가 범위($E$2:$E$11)에서 한국(B14)에 해당하는 데이터를 관객수 범위($C$2:$C$11)에서 찾아 합계를 구하는 수식입니다.

Chapter 08 기본 함수 활용하기 167

02 나머지 셀에도 같은 수식을 적용하기 위해 [C14] 셀에서 자동 채우기 핸들을 더블 클릭합니다.

:: SUMIFS 함수

지정한 범위에서 여러 조건을 만족하는 값을 합산할 때 사용하는 함수로 SUMIF는 조건이 하나이지만 SUMIFS는 여러 조건을 동시에 만족하는 값을 합산합니다.

설명	지정한 범위에서 여러 조건을 만족하는 값을 합산
구문	=SUMIFS(합계 범위, 기준 범위1, 기준1, [기준 범위2, 기준2, ...])
인수	• 합계 범위 : 합계를 계산할 데이터 범위 • 기준 범위1 : 기준1에 대하여 확인할 범위 • 기준1 : 비교 연산자를 활용하여 범위에 적용할 조건 • 기준 범위2, 기준2 : 추가적인 기준 범위와 기준(선택 사항)
다른 함수와 비교	COUNTIFS : 지정한 범위에서 여러 조건을 동시에 만족하는 셀의 개수를 구함
사용할 수 있는 엑셀 버전	MS Office 2010 이상

01 'SUMIFS' 예제 파일을 불러온 후 제작국가별 장르가 '액션'인 영화의 관객수 합계를 구하기 위해 [D14] 셀에 =SUMIFS($C$2:$C$11,$E$2:$E$11,B14,$F$2:$F$11,C14)를 입력하고, Enter 키를 누릅니다.

> **• 멘토의 팁 •**
>
> 함수식 =SUMIFS($C$2:$C$11,$E$2:$E$11,B14,$F$2:$F$11,C14)는 제작국가 범위($E$2:$E$11)에서 한국(B14)에 해당하는 데이터를, 장르 범위($F$2:$F$11)에서 액션(C14)에 해당하는 데이터를 관객수 범위($C$2:$C$11)에서 찾아 합계를 구하는 수식입니다.

02 나머지 셀에도 같은 수식을 적용하기 위해 [D14] 셀에서 자동 채우기 핸들을 더블 클릭합니다.

:: IFERROR 함수

첫 번째 인수가 오류 값이 아니면 첫 번째 인수를 반환하고, 오류 값이면 두 번째 인수가 반환되는데 두 번째 인수를 설정하지 않은 경우에는 어떠한 값도 반환하지 않습니다. 일반적으로 두 번째 인수에는 오류 메시지를 설정하는 데 사용합니다.

설명	인수가 오류 값이 아니면 수식의 결과값을 반환하고, 오류 값이면 두 번째 인수의 결과값을 반환
구문	=IFERROR(값, 오류인 경우 값)
인수	• 값 : 값이 오류인지 판단하고, 오류가 아니면 반환되는 값 • 오류인 경우 값 : 값이 오류인 경우 반환하는 값(선택 사항)
다른 함수와 비교	• ISERROR : 값이 오류 값인지 확인 • IFNA : 값이 '#N/A' 오류인 경우 지정된 값을 반환
사용할 수 있는 엑셀 버전	MS Office 2007 이상

01 'IFERROR' 예제 파일을 불러온 후 판매금액에서 판매개수를 나누어 단가를 계산한 경우 '0'으로 나누어 오류가 발생한 항목에 '0'을 삽입하기 위해 [D2] 셀을 선택하고, F2 키를 누릅니다.

> **멘토의 팁**
>
> [D4], [D7], [D9] 셀의 '#DIV/0!' 오류는 값을 '0'으로 나누었을 때 나타나는 오류입니다. 수식의 오류 메시지에 대한 자세한 내용은 107쪽을 참고하세요.

02 판매금액(B2)에서 판매개수(C2)를 나누었을 때 오류가 발생하면 '0'을 입력할 수 있도록 수식 내용을 =IFERROR(B2/C2,0)로 변경합니다.

03 나머지 셀에도 IFERROR 함수를 적용하기 위해 [D2] 셀의 채우기 핸들을 [D11] 셀까지 드래그 합니다(오류가 발생한 셀이 모두 '0'으로 변경).

SECTION 03 / 문자열 함수

구글 스프레드시트에서는 일부 문자를 반환, 변경, 대체, 결합, 빈칸 제거, 찾기 등 문자열을 가공 및 추출하는 다양한 함수를 제공합니다. 이번에는 문자열(텍스트) 함수 중 LEFT, REPLACE, TEXT, TEXTJOIN, SEARCH 함수에 대해 알아보겠습니다.

:: LEFT 함수

문자열의 첫 번째 문자부터 시작하여 지정한 문자 수만큼 해당 문자를 반환합니다. 긴 문장에서 일부 문자를 찾을 때 사용합니다.

설명	첫 번째 문자에서부터 지정한 문자 수만큼 하위 문자를 반환
구문	=LEFT(문자열, [문자 수])
인수	• 문자열 : 왼쪽 부분을 반환할 문자열 • 문자 수 : 문자열의 왼쪽에서부터 반환할 문자의 수(선택 사항, 기본값은 1)
다른 함수와 비교	• MID : 문자열의 일부를 반환 • RIGHT : 지정된 문자열의 마지막 문자부터 시작되는 하위 문자열을 반환
사용할 수 있는 엑셀 버전	MS Office 2007 이상

01 '**LEFT**' **예제 파일을** 불러온 후 주소에서 '도'와 '시' 단위 지역만 추출하기 위해 [C2] 셀에 =LEFT(B2,2)를 입력하고, Enter 키를 누릅니다.

	A	B	C	D
1	음식점	주소	경남 ×	
2	하연옥	경남 진주시 이현동 진주대로 1317-20	=LEFT(B2,2)	
3	삼락원	대구 중구 공평동 동성로6길 12-3		
4	서북면옥	서울 광진구 구의동 자양로 199-1		
5	사천냉면	경남 진주시 칠암동 521-10		
6	함흥면옥	서울 중구 명동2가 명동10길 35-19		
7	평양면옥	서울 중구 장충동 장충단로 207		
8	원산면옥	강원 속초시 중앙로 91-6		
9	고복례냉면	경기 평택시 합정동 920-17		
10	곰보냉면	경기 안양시 동안구 귀인동 904-3		
11	설악산칡냉면	서울 양천구 목4동 730-18		
12	뽀빠이냉면	전북 군산시 장재동 42		
13				

• **멘토의 팁** •
함수식 =LEFT(B2,2)는 주소에 해당하는 [B2] 셀에서 왼쪽에 있는 두 글자만 추출하는 수식입니다.

02 나머지 셀에도 같은 수식을 적용하기 위해 [C2] 셀에서 자동 채우기 핸들을 더블 클릭합니다.

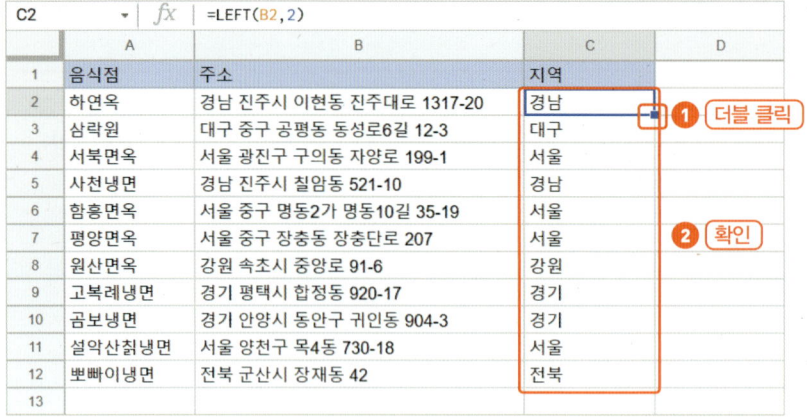

• **멘토의 팁** •

RIGHT 함수는 문자열의 마지막(오른쪽) 문자부터 시작하여 지정한 문자 수만큼 문자를 반환하고, MID 함수는 문자열의 지정된 위치에서부터 지정한 문자 수만큼 문자를 반환합니다.

:: REPLACE 함수

텍스트 문자열의 일부를 다른 텍스트 문자열로 대체합니다.

설명	텍스트 문자열의 개수를 기준으로 일부를 다른 텍스트 문자열로 대체
구문	=REPLACE(텍스트, 위치, 길이, 새 텍스트)
인수	• 텍스트 : 일부가 대체될 텍스트 • 위치 : 대체가 시작될 위치(1부터 시작) • 길이 : 텍스트에서 대체될 문자의 개수 • 새 텍스트 : 원래 텍스트에 삽입될 텍스트
다른 함수와 비교	• REGEXREPLACE : 정규 표현식을 사용하여 문자열의 일부를 다른 텍스트 문자열로 대체 • SUBSTITUTE : 문자열에서 기존 텍스트를 새 텍스트로 대체
사용할 수 있는 엑셀 버전	MS Office 2007 이상

01 **'REPLACE' 예제 파일을** 불러온 후 전화번호 중간의 네 자리를 '****'로 표시하기 위해 [E2] 셀에 =REPLACE(D2,5,4,"****")를 입력하고, Enter 키를 누릅니다.

	A	B	C	D	E	F
1	순위	상품	이름	전화번호		
2	1	노트북	정진수	010-8270-6064	=REPLACE(D2,5,4,"****")	
3	2	태블릿	민혜진	010-6634-1032		
4	2	태블릿	배영재	010-0224-1025		
5	2	태블릿	송소현	010-8586-8894		
6	3	기프트 카드	진경훈	010-2175-9239		
7	3	기프트 카드	이동욱	010-5762-1972		
8	3	기프트 카드	박정자	010-4127-6585		
9	3	기프트 카드	진희정	010-7714-8058		
10	3	기프트 카드	류경수	010-6078-9450		
11	3	기프트 카드	김신록	010-9665-6200		
12	3	기프트 카드	김도훈	010-3255-8985		
13						

· **멘토의 팁** ·

함수식 =REPLACE(D2,5,4,"****")는 전화번호에 해당하는 [D2] 셀에서 5번째 문자부터 4개의 문자를 '****'로 대체하는 수식입니다.

02 나머지 셀에도 같은 수식을 적용하기 위해 [E2] 셀에서 자동 채우기 핸들을 더블 클릭합니다.

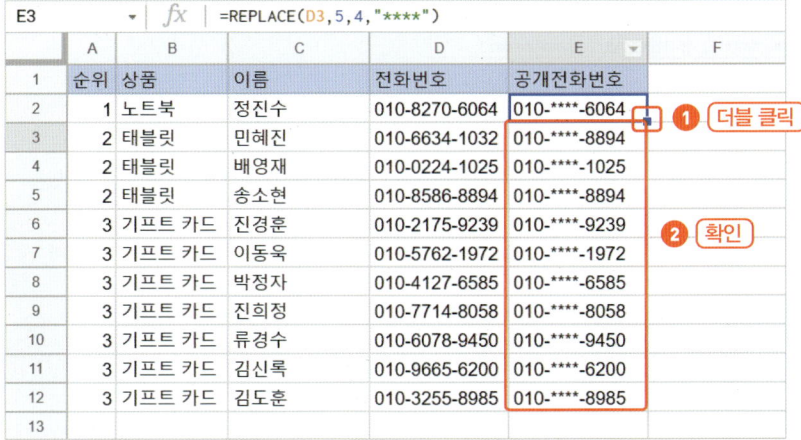

:: TEXT 함수

지정한 서식에 따라 숫자와 날짜의 표시 방법을 변경하며, 숫자를 읽기 좋은 형식으로 표시하거나 텍스트 또는 기호와 결합할 때 유용합니다. 반환 값이 텍스트이므로 계산을 위해서는 숫자 값으로 다시 변환해야 합니다.

설명	숫자를 지정된 서식에 따라 텍스트로 변환
구문	=TEXT(숫자, 서식)
인수	• 숫자 : 서식을 지정할 숫자, 날짜, 시간 • 서식 : 숫자 서식을 지정할 패턴으로 따옴표 안에 표시
다른 함수와 비교	FIXED : 숫자를 고정된 소수점 이하 자릿수로 서식을 지정
사용할 수 있는 엑셀 버전	MS Office 2007 이상

01 'TEXT' 예제 파일을 불러온 후 서식에 따라 어떤 결과가 나오는지 확인하기 위해 [B2:B8] 범위에 있는 수식을 [C2:C8] 범위에 각각 입력합니다.

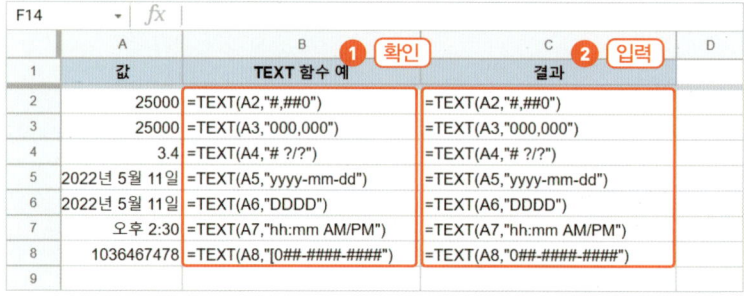

• 멘토의 팁 •

[B2:B8] 범위의 데이터를 [C2:C8] 범위에 복사하여 붙여넣기할 때는 문자열을 수식으로 변경하기 위해 맨 앞에 삽입되어 있는 어퍼스트로피(')를 제거해야 합니다.

02 [C2:C8] 범위의 수식 결과를 확인합니다.

	A	B	C	D
1	값	TEXT 함수 예	결과	
2	25000	=TEXT(A2,"#,##0")	25,000	❶
3	25000	=TEXT(A3,"000,000")	025,000	❷
4	3.4	=TEXT(A4,"# ?/?")	3 2/5	❸
5	2022년 5월 11일	=TEXT(A5,"yyyy-mm-dd")	2022-05-11	❹
6	2022년 5월 11일	=TEXT(A6,"DDDD")	수요일	❺
7	오후 2:30	=TEXT(A7,"hh:mm AM/PM")	02:30 오후	❻
8	1036467478	=TEXT(A8,"[0##-####-####")	010-3646-7478	❼
9				

❶ 천 단위 콤마(,)를 표시하는 수식으로 '#'은 유효한 숫자를 표시하고, '0'은 입력값이 0이면 0을 표시하는 서식입니다.

❷ 천 단위 콤마(,)를 표시하는 수식이지만 '0'을 십만 단위까지 입력하여 십만 단위에 유효한 숫자가 없으면 해당 자릿수를 0으로 표시합니다.

❸ 소수를 가분수로 표시하는 수식으로 '#'은 정수를 표시하고, '?/?'은 분수를 표시합니다. 분자와 분모를 모두 두 자리로 표시하려면 '??/??'을 입력합니다.

❹ 날짜를 '(4자리)년-(2자리)월-(2자리)일' 형태로 표시합니다.

❺ 날짜의 요일을 표시하되 '요일'이라는 글자를 제외하려면 'DDD'를 입력합니다.

❻ 시간을 '(2자리)시간:(2자리)분 오전/오후' 형태로 표시합니다.

❼ '-'를 입력하지 않아 숫자로 인식한 전화번호를 '0'과 함께 '-'를 추가하여 표시합니다.

> • 멘토의 팁 •
>
> TEXT 함수를 사용하면 반환값이 문자열이기 때문에 다시 숫자 형식으로 변경하기 위해서는 VALUE 함수를 사용합니다(예 : =VALUE(TEXT(25000,"#,##0"))). 날짜로 이루어진 문자열을 날짜 형식으로 변경하기 위해서는 DATAVALUE 함수와 TO_DATE 함수를 중첩해서 사용합니다(예 : =TO_DATE(DATEVALUE(TEXT("2022년 5월 11일","yyyy-mm-dd")))).

:: TEXTJOIN 함수

여러 문자열이나 배열의 텍스트를 결합하며, 각 텍스트(문자열)를 구분하는 특정 구분 기호를 추가할 수 있습니다.

설명	여러 문자열 또는 배열의 텍스트를 결합하며, 각 텍스트를 구분하는 특정 구분 기호를 추가할 수 있음
구문	=TEXTJOIN(구분자, 빈칸 제외 여부, 문자열1, [문자열2])
인수	• 구분자 : 비어있을 수도 있는 문자열 또는 유효한 문자열에 대한 참조(비어있을 경우 텍스트가 바로 연결) • 빈칸 제외 여부 : TRUE일 경우 텍스트 인수에 선택된 빈 셀은 결과에 포함되지 않음 • 문자열1 : 모든 텍스트 항목으로 문자열 또는 범위 내의 문자열 배열 가능 • 문자열2 : 추가 문자열 항목(선택 사항)
다른 함수와 비교	• JOIN : 구분자를 지정하여 1차 배열 이상의 요소를 연결(빈칸 제외 옵션이 없음) • CONCATENATE : 문자열을 다른 문자열에 추가
사용할 수 있는 엑셀 버전	MS Office 2019 이상

01 'TEXTJOIN' 예제 파일을 불러온 후 세 개의 관심사를 하나의 문자열로 결합하기 위해 [E2] 셀에 =TEXTJOIN(",",TRUE,B2:D2)를 입력하고, Enter 키를 누릅니다.

	A	B	C	D	E	F
1	이름	관심사1	관심사2	관심사3	진로/취업,마음건강 ×	
2	조혜정	진로/취업	마음건강		=TEXTJOIN(",",TRUE,B2:D2)	
3	양희전	진로/취업	문화예술	공간 정보		
4	현상희	창업	문화예술	사회공헌활동	입력	
5	조아라	창업	공간 정보	생활지원		
6	김종한	진로/취업	주거	생활지원		
7	이동현	마음건강	소모임			
8	홍은정	창업	문화예술	신체건강		
9	유한나	진로/취업	주거	생활지원		
10	이단비	진로/취업	사회공헌활동			
11	김영민	진로/취업	마음건강	생활지원		
12						

• 멘토의 팁 •

함수식 =TEXTJOIN(",",TRUE,B2:D2)는 구분자를 쉼표(,)로 선택하고, 빈 셀을 결과에 포함하지 않기 위해 'TRUE'를 입력한 후 문자열 범위(B2:D2)를 인자로 입력합니다.

02 나머지 셀에도 같은 수식을 적용하기 위해 [E2] 셀에서 자동 채우기 핸들을 더블 클릭합니다.

• 멘토의 팁 •

TEXTJOIN 함수와 반대로 구분자를 기준으로 문자열을 분리하기 위해서는 SPLIT 함수를 사용합니다. SPLIT 함수의 자세한 설명은 212쪽을 참고하세요.

:: SEARCH 함수

텍스트 내에서 문자열이 처음으로 발견된 위치를 반환하는 함수로 특정 문자가 있는지 확인하거나 문자 위치를 확인하여 범위를 추출할 때 사용합니다.

설명	텍스트 내에서 문자열이 처음 발견된 위치를 반환하는데 대소문자는 무시(와일드카드 문자를 사용할 수 있음)
구문	=SEARCH(검색하려는 문자열, 검색할 텍스트, [시작])
인수	• 검색하려는 문자열 : 검색할 텍스트에서 찾으려는 문자열 • 검색할 텍스트 : 검색하려는 문자열을 검색할 텍스트 • 시작 : 검색할 텍스트에서 검색을 시작하는 문자 위치(선택 사항, 기본값 1)
다른 함수와 비교	• FIND : 텍스트 내에서 문자열이 처음으로 발견된 위치를 반환하며, 대소문자를 구분(와일드 카드 문자를 사용할 수 없음) • SPLIT : 텍스트를 지정된 문자 또는 문자열에서 나누고, 행에서 개별 셀에 각 부분을 배치
사용할 수 있는 엑셀 버전	MS Office 2007 이상

01 **'SEARCH' 예제 파일을** 불러온 후 주소에서 '중구'에만 있는 가게 이름을 찾기 위해 [D2] 셀에 =SEARCH("중구",C2,1)을 입력하고, Enter 키를 누릅니다.

	A	B	C	D	E
1	이름	특징	주소	"중구" 단어 위치	중구 지역
2	우래옥	소 한 마리 육수	서울시 중구 창경궁로 62-29	=SEARCH("중구",C2,1)	
3	평양면옥	맑고 투명한 육수	서울 중구 장충단로 207		
4	을지면옥	실향민이 뽑은 평냉집	서울특별시 중구 충무로14길 2-1		
5	을밀대	살얼음 육수	서울특별시 마포구 숭문길 24		
6	필동면옥	고춧가루 팍팍	서울시 중구 서애로 26		
7	평래옥	얼갈이배추 고명과 닭 육수	서울 중구 마른내로 21-1		
8	봉피양	갈비와 찰떡궁합	서울 송파구 양재대로 71길 1-4		
9	동무밥상	옥류관 출신의 손맛	서울특별시 마포구 양화진길 10		
10	서북면옥	투박하지만 진한 맛	서울시 광진구 자양로 199-1		
11	정인면옥	메밀 순면의 구수함	서울 영등포구 국회대로 76길 10		

• **멘토의 팁** •

함수식 =SEARCH("중구",C2,1)은 주소에 해당하는 [C2] 셀에서 '중구'라는 단어를 찾아 해당 위치를 숫자로 표현합니다. 주소(C열)에서 서울을 모두 '서울시'로 통일하여 입력했다면 LEFT/RIGHT 함수를 이용하여 '중구'를 쉽게 찾을 수 있지만 지금처럼 '서울', '서울시', '서울특별시'로 문자 길이가 서로 달라 위치를 특정할 수 없을 때는 SEARCH 함수를 사용합니다.

02 나머지 셀에도 같은 수식을 적용하기 위해 [D2] 셀에서 자동 채우기 핸들을 더블 클릭합니다. 그 결과 '중구'라는 단어가 있으면 숫자로, 없으면 #VALUE 오류가 입력됩니다.

03 숫자인지의 여부를 확인하는 ISNUMBER 함수를 이용하여 중구 지역을 찾기 위해 [E2] 셀에 =ISNUMBER(SEARCH("중구",C2,1))을 입력하고, Enter 키를 누릅니다.

> • 멘토의 팁 •
>
> 함수식 =SEARCH("중구",C2,1)에서 '중구'라는 단어를 찾아 해당 위치를 숫자로 표현할 때 ISNUMBER(값) 함수는 값이 숫자인지의 여부를 확인해서 값이 숫자이면 TRUE를, 숫자가 아니면 FALSE를 반환합니다.

04 나머지 셀에도 같은 수식을 적용하기 위해 [E2] 셀에서 자동 채우기 핸들을 더블 클릭합니다.

SECTION 04 / 날짜/시간 함수

구글 스프레드시트에서는 현재 날짜와 시간을 나타내고 년, 월, 일, 요일을 확인할 수 있는 다양한 날짜 및 시간 함수를 제공합니다. 날짜는 정수로 이루어진 일련번호로 저장되고, 시간은 소수로 저장되어 두 날의 차이 등을 계산할 수 있습니다.

:: NOW 함수

현재 날짜와 시간을 반환하는 함수로 문서의 수정이 이루어질 때마다 일시가 갱신되어 마지막으로 수정한 날짜와 시간을 확인할 수 있습니다.

설명	현재 날짜와 시간을 반환
구문	=NOW( )
인수	없음
다른 함수와 비교	• TODAY : 현재 날짜를 반환 • DATEVALUE : 텍스트로 저장된 날짜를 날짜 형식으로 변경
사용할 수 있는 엑셀 버전	MS Office 2007 이상

01 'NOW' 예제 파일을 불러온 후 [D2] 셀에 =NOW( )를 입력합니다.

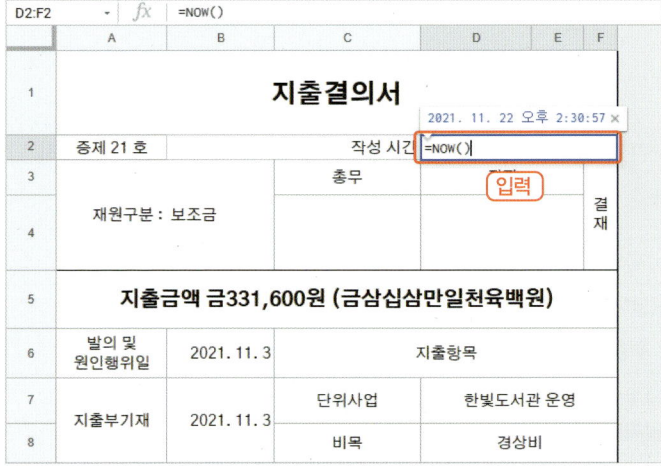

• 멘토의 팁 •
날짜/시간 함수는 현재의 날짜와 시간을 기준으로 함수식이 계산되므로 사용자의 작업 날짜와 시간에 따라 결과값이 달라집니다.

02 현재 날짜와 시간이 입력된 것을 확인할 수 있습니다(사용자의 작업 날짜와 시간에 따라 다름).

멘토의 노트 — 현재의 날짜와 시간 입력 단축키

현재의 날짜와 시간은 해당 단축키를 이용하여 빠르게 입력할 수 있습니다. NOW 함수처럼 셀 값이 바뀔 때마다 재계산은 하지 않습니다.

	A	B
1	단축키	입력결과
2	Ctrl + ;(세미콜론)	2022. 7. 5
3	Ctrl + Shift + ;(세미콜론)	오전 10:00:54
4	Ctrl + Shift + Alt + ;(세미콜론)	2022. 7. 5 오전 10:01:04
5		

:: YEAR, MONTH, DAY 함수

YEAR 함수는 주어진 날짜의 연도를, MONTH 함수는 주어진 날짜의 월(달)을, DAY 함수는 주어진 날짜의 일을 숫자 형식으로 각각 반환합니다.

설명	YEAR/MONTH/DAY : 날짜의 연도/월/일을 숫자 형식으로 반환
구문	=YEAR(날짜)/=MONTH(날짜)/=DAY(날짜)
인수	날짜 : 년, 월, 일을 각각 추출하기 위한 날짜
다른 함수와 비교	• WEEKDAY : 주어진 날짜의 요일을 나타내는 숫자를 반환 • DATE : 년, 월, 일을 날짜로 전환
사용할 수 있는 엑셀 버전	MS Office 2007 이상

01 **'YEAR, MONTH, DAY' 예제 파일을** 불러온 후 생년월일을 년, 월, 일로 분리하기 위해서 [C2] 셀에는 =YEAR(B2), [D2] 셀에는 =MONTH(B2), [E2] 셀에는 =DAY(B2)를 각각 입력합니다.

	A	B	C	D	E	F
1	이름	생년월일	년	월	일	
2	정해린	1996. 9. 10	=YEAR(B2)	=MONTH(B2)	=DAY(B2)	
3	채정희	1989. 11. 3				
4	최지은	1994. 1. 13				
5	이수진	1990. 7. 11				
6	임은경	1995. 3. 27				
7	강규희	1990. 2. 25				
8	이지은	1996. 9. 28				
9	임다슬	1997. 1. 17				
10	이규영	1995. 2. 25				
11	김지연	1993. 10. 29				
12						

02 나머지 셀에도 같은 수식을 적용하기 위해 [C2:E2] 범위를 선택하고, 자동 채우기 핸들을 더블 클릭합니다.

	A	B	C	D	E	F
1	이름	생년월일	년	월	일	
2	정해린	1996. 9. 10	1996	9	10	
3	채정희	1989. 11. 3	1989	11	3	
4	최지은	1994. 1. 13	1994	1	13	
5	이수진	1990. 7. 11	1990	7	11	
6	임은경	1995. 3. 27	1995	3	27	
7	강규희	1990. 2. 25	1990	2	25	
8	이지은	1996. 9. 28	1996	9	28	
9	임다슬	1997. 1. 17	1997	1	17	
10	이규영	1995. 2. 25	1995	2	25	
11	김지연	1993. 10. 29	1993	10	29	
12						

> **· 멘토의 팁 ·**
>
> 분리된 년, 월, 일을 다시 하나의 날짜로 변환하기 위해서는 DATE 함수를 사용합니다. 구문은 =DATE(년, 월, 일)로 =DATE(C2,D2,E2)를 입력합니다.

:: WEEKDAY 함수

날짜에 해당하는 요일을 반환하는 함수로 요일은 기본적으로 1(일요일)에서 7(토요일) 사이의 정수로 표시됩니다.

설명	주어진 날짜의 요일을 나타내는 숫자를 반환
구문	=WEEKDAY(날짜, [유형])
인수	• 날짜 : 요일을 결정할 기준 날짜로 날짜 유형을 반환하는 함수 또는 숫자를 포함하는 셀에 대한 참조 • 유형 : 요일을 표시하는 데 사용할 번호 매기기 체계를 나타내는 숫자로 유형이 1이면 일요일부터 번호를 매기기 시작하여 일요일은 1, 토요일은 7이고, 유형이 2이면 월요일은 1, 일요일은 7이며 유형이 3이면 월요일은 0, 일요일은 6(선택 사항)
다른 함수와 비교	• TO_DATE : 입력된 숫자를 날짜로 변환 • DATEVALUE : 알려진 형식의 주어진 날짜 문자열을 날짜 값으로 변환
사용할 수 있는 엑셀 버전	MS Office 2007 이상

01 **'WEEKDAY' 예제 파일을** 불러온 후 날짜의 요일을 찾기 위해 [B2] 셀에 =WEEKDAY(A2,1)을 입력하고, Enter 키를 누릅니다.

	A	B	C
1	날짜	요일	
2	2022-08-0?	=WEEKDAY(A2,1)	
3	2022-08-02		
4	2022-08-03		
5	2022-08-04		
6	2022-08-05		
7	2022-08-06		
8	2022-08-07		
9	2022-08-08		
10			

• 멘토의 팁 •

함수식 =WEEKDAY(A2,1)은 [A2] 셀을 날짜로 지정하고, 요일의 유형을 1로 설정한 수식입니다.

02 [B2] 셀에 2(월요일)가 입력되는데 해당 숫자를 '월요일'로 변경하기 위해 툴바에서 [서식 더보기(123▼)]-[맞춤 날짜 및 시간]을 선택합니다.

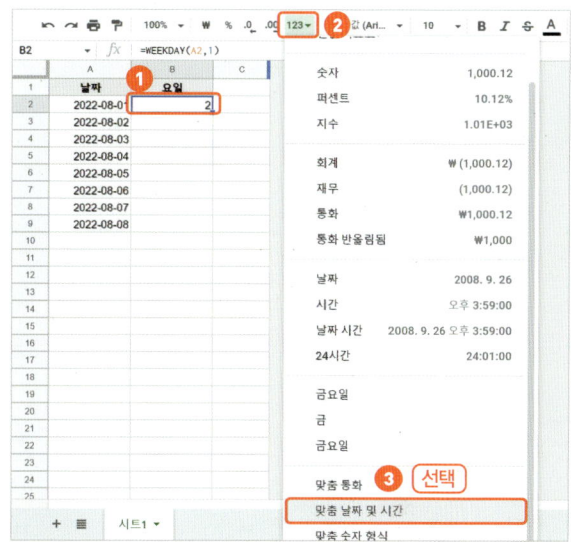

03 [맞춤 날짜 및 시간 형식] 대화 상자에서 미리 설정된 서식을 지우기 위해 연도(1930)를 클릭하고, [삭제]를 선택합니다. 동일한 방법으로 월(08), 일(05)의 모든 서식을 삭제합니다.

04 모든 날짜 서식이 삭제되면 목록(▼) 단추를 클릭하고, [일]을 선택합니다.

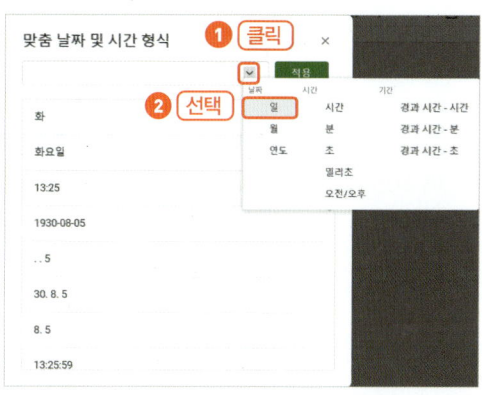

Chapter 08 기본 함수 활용하기　183

05 계속해서 '일(5)'을 클릭하고, [요일 전체 표시(화요일)]을 선택한 후 [적용] 버튼을 클릭합니다.

> **• 멘토의 팁 •**
> [요일 축약형(화)]을 선택하면 '요일'이라는 단어가 빠지고 '월, 화, 수, 목, 금, 토, 일' 형식으로 표시됩니다.

06 [B2] 셀의 숫자가 요일로 변경되면 나머지 셀에도 같은 수식을 적용하기 위해 자동 채우기 핸들을 더블 클릭합니다.

멘토의 노트 — TEXT 함수로 요일 표시

서식을 사용하지 않고, TEXT 함수로 요일을 표시할 수 있습니다. 서식을 사용하면 요일을 숫자로 인식하여 오른쪽으로 정렬되지만 해당 함수를 사용하면 요일을 텍스트로 인식하여 왼쪽으로 정렬됩니다.

01 [B2] 셀에 =TEXT(WEEKDAY(A2,1),"dddd")를 입력하고, Enter 키를 누릅니다. 이는 TEXT 함수에서 WEEKDAY(A2,1)을 숫자 인수로 활용하고, 서식 인수에 "dddd"를 입력하여 전체를 표시하는 요일이 나타나도록 합니다. TEXT 함수의 자세한 내용은 174쪽을 참고하세요.

02 나머지 셀에도 같은 수식을 적용하기 위해 [B2] 셀에서 자동 채우기 핸들을 더블 클릭합니다.

:: DATEDIF 함수

두 날짜 사이의 일, 월 또는 연도 수를 계산하며, 주로 근속 연수를 계산하거나 만 나이를 계산할 때 사용합니다.

설명	두 날짜 사이의 일, 월 또는 연도 수를 계산
구문	=DATEDIF(시작일, 종료일, 단위)
인수	• 시작일 : 시작을 나타내는 날짜 • 종료일 : 종료를 나타내는 날짜 • 단위 : 시간 단위를 나타내는 텍스트 약자로 "Y"는 년, "M"은 월, "D"는 일, "MD"는 동월 기준 일 수, "YM"은 동년 기준 월 수, "YD"는 동년 기준 일 수를 반환
다른 함수와 비교	• WORKDAY : 지정된 영업일 수 이후의 종료일을 계산 • NETWORKDAYS : 주어진 두 날짜 사이의 순 영업일 수를 반환
사용할 수 있는 엑셀 버전	MS Office 2007 이상

Chapter 08 기본 함수 활용하기 **185**

01 'DATEDIF' 예제 파일을 불러온 후 생년월일을 기준으로 만 나이를 계산하기 위해 [C2] 셀에 =DATEDIF(B2,TODAY( ),"Y")를 입력하고, Enter 키를 누릅니다.

> **· 멘토의 팁 ·**
> 함수식 =DATEDIF(B2,TODAY( ),"Y")는 생년월일에 해당하는 [B2] 셀을 시작일로 지정하고, 오늘 날짜(TODAY( ))를 종료일로 지정하여 연(Y)을 구하는 수식입니다.

02 나머지 셀에도 같은 수식을 적용하기 위해 [C2] 셀에서 자동 채우기 핸들을 더블 클릭합니다.

멘토의 노트 날짜 연산

구글 스프레드시트에서는 더하기(+) 또는 빼기(-) 연산자를 이용하여 날짜를 더하거나 뺄 수 있습니다. 날짜에 해당하는 일련번호가 계산되는 형태로 날짜에 숫자를 더하거나 뺄 때는 숫자가 일(DAY)의 역할로 변환되어 계산됩니다. 즉, 날짜끼리 더하고 빼면 날짜에 해당하는 일련번호가 계산되어 나타납니다. 날짜의 일련번호는 '1899년 12월 30일'을 '0'으로 적용하여 일련번호가 1씩 증가할 때마다 하루가 증가하는 방식입니다.

	A	B	C	D	E
1	시작일	숫자 또는 날짜	수식	결과	
2	2021-11-01	3	=A2+B2	2021-11-04	❶
3	2021-11-01	3	=A3-B3	2021-10-29	❷
4	2021-11-01	2021-11-04	=A4+B4	89005	❸
5	2021-11-01	2021-11-04	=A5-B5	-3	❹
6					

❶ 날짜 + 숫자 : 일 수가 더해진 날짜가 계산됩니다.

❷ 날짜 − 숫자 : 일 수가 빠진 날짜가 계산됩니다.

❸ 날짜 + 날짜 : 날짜의 일련번호 합이 계산되어 원하는 결과를 얻을 수 없습니다. 날짜와 날짜를 더하기 위해서는 YEAR, MONTH, DAY, DATE 함수를 사용해서 년, 월, 일을 각각 더해야 합니다.

❹ 날짜 − 날짜 : 날짜의 일련번호에서 그 차이가 계산됩니다.

:: DAYS360 함수

1년을 360일(한 달을 30일 기준의 12개월)로 보고 두 날짜 사이의 일수를 반환하여 회계, 임금을 계산하는 데 사용합니다.

설명	일부 금융 이자 계산에 사용되는 연 360일을 기준으로 두 날짜의 차이를 반환
구문	=DAYS360(시작일, 종료일, [방법])
인수	• 시작일 : 계산을 위한 시작일 • 종료일 : 계산을 위한 종료일 • 방법 : 일수 계산 방법의 표시로 '0'은 미국식을 사용하여 시작일이 월의 마지막 날일 경우 계산을 위해 시작일의 일(Day) 구성 요소가 30으로 바뀌고, '1'은 유럽식을 사용하여 시작일 또는 종료일이 31인 경우 30으로 변경
다른 함수와 비교	• DAYS : 두 날짜 사이의 일수를 반환 • YEARFRAC : 지정된 일수 변환을 사용하여 두 날짜 사이의 연도 차이(1년 미만 포함)를 반환
사용할 수 있는 엑셀 버전	MS Office 2010 이상

01 **'DAYS360' 예제 파일을** 불러온 후 대여기간을 계산하기 위해 [E2] 셀에 =DAYS360(C2,D2,0)을 입력하고, Enter 키를 누릅니다.

	A	B	C	D	E	F
1	이름	대여물품	대여일	반납일	대여기간	
2	류만호	소니 알파 A7 4	2022-07-01	2022-07-3	=DAYS360(C2,D2,0)	
3	허연재	캐논 파워샷 G7 X 마크3	2022-07-01	2022-07-31		
4	남민호	소니 ZV-1	2022-07-30	2022-07-31		
5	노현선	니콘 Z5	2022-07-30	2022-08-01		
6	복병곤	파나소닉 루믹스 DC-GH6	2022-07-31	2022-08-01		
7						

> **• 멘토의 팁 •**
> 함수식 =DAYS360(C2,D2,0)은 대여일([C2])을 시작일로 지정하고, 반납일([D2])을 종료일로 지정한 후 미국식 일수로 계산(0)하는 수식입니다.

02 나머지 셀에도 같은 수식을 적용하기 위해 [E2] 셀에서 자동 채우기 핸들을 더블 클릭합니다.

이름	대여물품	대여일	반납일	대여기간
류만호	소니 알파 A7 4	2022-07-01	2022-07-30	29
허연재	캐논 파워샷 G7 X 마크3	2022-07-01	2022-07-31	30
남민호	소니 ZV-1	2022-07-30	2022-07-31	0
노현선	니콘 Z5	2022-07-29	2022-07-31	2
복병곤	파나소닉 루믹스 DC-GH6	2022-07-29	2022-08-01	2

❶ 시작일과 종료일 사이의 일수를 계산합니다.
❷ 종료일(31일)을 다음 달 1일로 간주하여 일수를 계산합니다.
❸ 시작일이 30일이므로 종료일(31일)을 30일로 간주하여 일수를 계산합니다.
❹ 종료일(31일)을 다음 달 1일로 간주하여 일수를 계산합니다.
❺ 월의 마지막 날을 30일로 간주하여 일수를 계산합니다.

멘토의 노트 — 유럽식으로 일수 계산

DAYS360 함수에서 세 번째 인수를 '1'로 입력하면 유럽식으로 일수를 계산할 수 있습니다. 유럽식에서는 시작일 또는 종료일이 31인 경우 30으로 변경됩니다.

01 [E2] 셀에 =DAYS360(C2,D2,1)을 입력하고, Enter 키를 누릅니다.

이름	대여물품	대여일	반납일	대여기간
류만호	소니 알파 A7 4	2022-07-01	2022-07-3	=DAYS360(C2,D2,1)
허연재	캐논 파워샷 G7 X 마크3	2022-07-01	2022-07-31	30
남민호	소니 ZV-1	2022-07-30	2022-07-31	0
노현선	니콘 Z5	2022-07-29	2022-07-31	2
복병곤	파나소닉 루믹스 DC-GH6	2022-07-29	2022-08-01	2

02 [E2] 셀의 자동 채우기 핸들을 [E6] 셀까지 드래그합니다(종료일(31일)을 30일로 간주).

이름	대여물품	대여일	반납일	대여기간
류만호	소니 알파 A7 4	2022-07-01	2022-07-30	29
허연재	캐논 파워샷 G7 X 마크3	2022-07-01	2022-07-31	29
남민호	소니 ZV-1	2022-07-30	2022-07-31	0
노현선	니콘 Z5	2022-07-29	2022-07-31	1
복병곤	파나소닉 루믹스 DC-GH6	2022-07-29	2022-08-01	2

SECTION 05 찾기/참조 함수

찾기/참조 함수에서 VLOOKUP 함수나 INDEX, MATCH 함수를 조합하여 사용하면 조건에 맞는 데이터에서 원하는 값을 찾을 수 있습니다. 고유한 키값 또는 근접한 키값을 찾아 그에 해당하는 행의 데이터를 찾는 방식입니다.

:: VLOOKUP 함수

해당 범위에서 첫 번째 열의 값을 기준으로 항목을 찾을 때 사용하는 함수로 직원의 ID를 기반으로 직원 이름을 찾거나 모델명을 기반으로 제품 정보를 찾을 때 유용합니다.

설명	열 방향으로 검색하는 함수로 범위의 첫 번째 열에서 키를 검색한 다음 키가 있는 행에서 지정된 셀 값을 반환
구문	=VLOOKUP(검색할 키, 범위, 색인, [정렬됨])
인수	• 검색할 키 : 검색할 값으로 다른 값과 중복되지 않아야 함 • 범위 : 검색을 수행할 범위로 범위의 첫 번째 열에서 검색할 키에 지정된 키를 찾음 • 색인 : 범위의 첫 번째 열에서 검색할 키를 찾으면 반환될 열의 색인 숫자 • 정렬됨 : 검색 열의 정렬 여부를 선택(선택 사항, 기본값은 TRUE)하되 FALSE로 설정하면 완전 일치하는 값만 반환되고, TRUE로 설정하면 근접한 값(검색할 키보다 작거나 같은 값)을 반환 → 의도적으로 근접한 값을 찾는 것이 아니라면 FALSE로 설정
다른 함수와 비교	• HLOOKUP : 행 방향으로 검색하는 함수로 범위의 첫 번째 행에서 키를 검색한 다음 키가 있는 열에서 지정된 셀 값을 반환 • INDEX : 행과 열 오프셋으로 지정된 셀의 콘텐츠를 반환
사용할 수 있는 엑셀 버전	MS Office 2007 이상

01 'VLOOKUP' 예제 파일을 불러온 후 증제 열의 고유값을 검색하여 데이터를 찾기 위해 [B15] 셀에 =VLOOKUP($A$15,$A$2:$F$12,2,FALSE)를 입력하고, Enter 키를 누릅니다.

• 멘토의 팁 •

함수식 =VLOOKUP($A$15,$A$2:$F$12,2,FALSE)는 검색 범위($A$2:$F$12)의 두 번째(2) 열(B열)에서 완전 일치하는 값(FALSE)을 찾기 위해 검색할 키($A$15)에 해당하는 행 데이터(자부담)를 찾습니다.

02 나머지 셀에서도 해당 데이터를 찾기 위해 [C15] 셀부터 동일한 =VLOOKUP($A$15,$A$2:$F$12,3,FALSE)를 입력하되 색인(검색 열)만 하나씩 증가시킵니다. 즉, [D15] 셀에는 '4', [E15] 셀에는 '5', [F15] 셀에는 '6'을 각각 입력합니다.

03 [A15] 셀에서 목록(▼) 단추를 클릭하고, '2021-144'를 선택하면 VLOOKUP 함수에 따라 모든 데이터가 변경됩니다.

멘토의 노트 — VLOOKUP 함수로 근접한 키값 찾기

앞서 VLOOKUP 함수에서 [정렬됨] 인수를 'FALSE'로 설정하여 정확하게 일치하는 값을 찾았는데 이번에는 [정렬됨] 인수를 'TRUE'로 설정하여 검색할 키보다 작거나 같은 값을 찾아보겠습니다. 이때, 유의할 점은 키값이 오름차순으로 정렬된 상태여야 키값과 가장 근접한 값을 오류 없이 찾을 수 있습니다(예 : 근속 연수에 따른 보너스율, 구매 금액에 따른 할인율 등).

01 'VLOOKUP2' 예제 파일을 불러온 후 할인율 기준표를 사람별 구매금액에 적용하기 위해 [C8] 셀에 =VLOOKUP($B8,$B$2:$C$5,2,TRUE)를 입력하고, Enter 키를 누릅니다. 이는 구매금액($B8)에 가장 근접한 값을 검색 범위 ($B$2:$C$5)에서 찾아 두 번째(2) 색인의 할인율을 반환합니다.

02 나머지 셀에도 같은 수식을 적용하기 위해 [C8] 셀에서 자동 채우기 핸들을 더블 클릭합니다. 적용 금액(D8:D13)은 미리 적용된 수식에 의해 자동으로 계산됩니다.

:: MATCH 함수

범위에서 지정된 값과 일치하는 항목의 상대적 위치를 반환하되 값 자체가 아닌 배열 또는 범위 내의 일치 값 위치를 검색합니다.

설명	범위에서 지정된 값과 일치하는 항목의 상대적인 셀 위치를 반환
구문	=MATCH(검색할 키, 범위, 검색 유형)
인수	• 검색할 키 : 검색할 값 • 범위 : 검색할 1차원 범위(배열) • 검색 유형 : 1이면 범위가 오름차순으로 정렬되고, 검색할 키보다 작거나 같은 값 중 가장 큰 값을 반환하지만 0이면 완전 일치하는 값을 찾되 범위가 정렬되지 않은 경우에 사용하며, -1이면 범위가 내림차순으로 정렬되고, 검색할 키보다 크거나 같은 값 중 가장 작은 값을 반환 (선택 사항, 기본값 1)
다른 함수와 비교	• INDEX : 행과 열 오프셋으로 지정된 셀의 콘텐츠를 반환 • LOOKUP : 정렬된 행 또는 열에 키가 있는지 확인하고, 검색 행/열과 같은 위치에 있는 결과 범위의 셀 값을 반환
사용할 수 있는 엑셀 버전	MS Office 2007 이상

01 **'MATCH, INDEX' 예제 파일을** 불러온 후 MATCH와 INDEX 함수의 조합으로 증제 열의 고유 값을 검색하기 위해 [B15] 셀에 =MATCH($A$15,$A$2:$A$12,0)을 입력하고, Enter 키를 누릅니다.

> • 멘토의 팁 •
> 함수식 =MATCH($A$15,$A$2:$A$12,0)은 해당 범위($A$2:$A$12)에서 검색할 키($A$15)를 찾을 때 완전 일치하는 값을 찾기 위해 검색 유형을 '0'으로 설정합니다.

02 [B15] 셀에 '1'이 반환되는데 이는 해당 범위에서 검색한 키값의 위치가 첫 번째 행이라는 것을 의미합니다.

:: INDEX 함수

행/열 오프셋으로 지정된 셀의 콘텐츠를 반환하는 함수로 행/열을 0으로 설정하면 전체 열 또는 행의 값 배열을 각각 반환합니다.

설명	행과 열 오프셋으로 지정된 셀의 콘텐츠를 반환
구문	=INDEX(참조, [행], [열])
인수	• 참조 범위 : 값이 반환되는 셀의 범위 • 행 : 셀의 참조 범위 내에서 반환될 행의 색인(선택 사항, 기본값 0) • 열 : 셀의 참조 범위 내에서 반환될 열의 색인(선택 사항, 기본값 0)
다른 함수와 비교	OFFSET : 시작 셀 참조에서 지정된 수의 행과 열로 변환된 범위 참조를 반환
사용할 수 있는 엑셀 버전	MS Office 2007 이상

01 'MATCH, INDEX' 예제 파일에서 [B15] 셀에 =INDEX($A$2:$F$12,MATCH($A$15,$A$2:$A$12,0),2)를 입력하고, Enter 키를 누릅니다.

• 멘토의 팁 •

함수식 =INDEX($A$2:$F$12,MATCH($A$15,$A$2:$A$12,0),2)는 참조 범위($A$2:$F$12)를 기준으로 행 위치(MATCH($A$15,$A$2:$A$12,0))와 열 위치(2, B열)에서 찾은 데이터(자부담)를 반환합니다.

02 나머지 셀에서도 해당 데이터를 찾기 위해 [C15] 셀부터 동일한 =INDEX($A$2:$F$12,MATCH($A$15,$A$2:$A$12,0),3)을 입력하되 열의 인수만 하나씩 증가시킵니다. 즉, [D15] 셀에는 '4', [E15] 셀에는 '5', [F15] 셀에는 '6'을 각각 입력합니다.

03 [A15] 셀에서 목록(▼) 단추를 클릭하고, '2021-137'을 선택하면 INDEX, MATCH 함수의 조합에 따라 모든 데이터가 변경됩니다.

• 멘토의 팁 •

VLOOKUP 함수는 검색할 키값이 가장 첫 열에 있어야 하는 제약이 있지만 INDEX, MATCH 함수의 조합을 사용하면 키값 위치에 대한 제약이 없습니다. 다양한 형태의 범위에서 데이터를 찾을 때는 INDEX, MATCH 함수의 조합을 사용하는 것이 좋습니다.

SECTION 06 기타 유용한 함수

구글 스프레드시트에서는 엑셀(Excel)에서 사용할 수 없는 다양한 함수를 제공합니다. 여기에서는 알아두면 유용하게 활용할 수 있는 IMAGE, SPARKLINE, GOOGLETRANSLATE 등의 함수에 대해 살펴보겠습니다.

:: IMAGE 함수

셀에 이미지를 삽입할 수 있는 방법은 두 가지가 있는데 메뉴에서 [삽입]-[이미지]-[셀 내에 이미지 삽입]을 선택하거나 IMAGE 함수를 이용하면 됩니다. 여기에서는 구글 드라이브에 업로드한 이미지를 IMAGE 함수로 불러오는 방법에 대해 알아보겠습니다.

설명	셀에 이미지를 삽입(50MB 미만인 PNG, JPG, GIF 형식의 이미지를 지원하며, SVG 파일 형식은 미지원)
구문	=IMAGE(URL, [모드], [높이], [너비])
인수	• URL : 프로토콜(예 : http://)을 포함한 이미지의 URL • 모드 : 이미지의 크기 모드를 설정(선택 사항, 기본값 1) → 1은 이미지를 셀 크기에 맞춰 조정하며, 가로와 세로 비율은 그대로 유지 / 2는 이미지를 셀 크기에 맞춰 늘리거나 줄이며, 가로와 세로 비율은 무시 / 3은 이미지를 원본 크기로 유지 / 4는 맞춤 크기를 지정 • 높이 : 픽셀로 표시된 이미지의 높이로 맞춤 높이를 설정하려면 모드를 '4'로 설정(선택 사항) • 너비 : 픽셀로 표시된 이미지의 너비로 맞춤 너비를 설정하려면 모드를 '4'로 설정(선택 사항)
사용할 수 있는 엑셀 버전	없음

01 구글 드라이브에 업로드한 임의의 이미지에서 마우스 오른쪽 버튼을 클릭하고, [링크 생성]을 선택합니다.

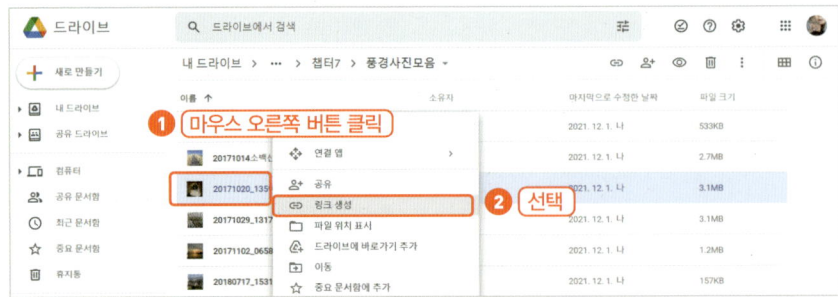

02 '사용자 및 그룹과 공유' 팝업 창에서 [제한됨]을 선택하면 나타나는 목록 단추에서 [링크가 있는 모든 사용자에게 공개]를 선택한 후 [링크 복사]를 클릭합니다.

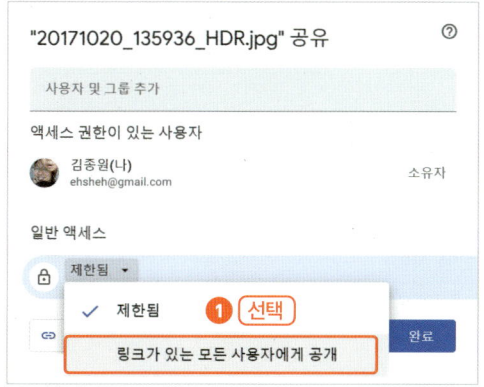

> **• 멘토의 팁 •**
> 구글 드라이브에 업로드한 이미지를 구글 스프레드시트에서 보이게 하려면 이미지에 공유 권한 설정을 '링크가 있는 모든 사용자에게 공개'로 변경해야 합니다.

03 Windows의 메모장을 실행한 후 복사한 링크를 붙여넣기하고, 해당 고유 아이디를 다시 복사합니다.

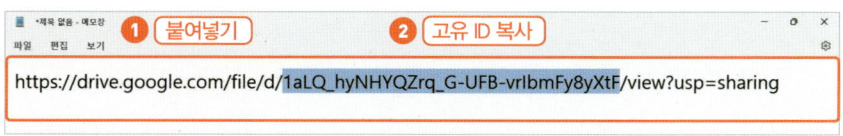

04 구글 스프레드시트에서 임의의 셀을 선택하고 =image("https://drive.google.com/uc?export=view&id=복사한 고유 ID 붙여넣기",1)을 입력하되 복사한 고유 ID는 붙여넣기합니다.

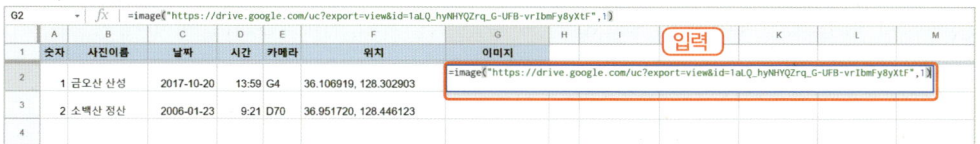

05 해당 셀에 이미지가 삽입된 것을 확인할 수 있습니다.

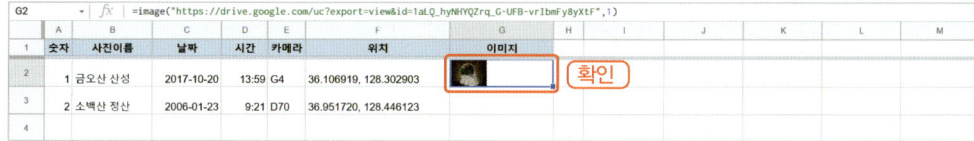

:: SPARKLINE 함수

한 셀에 소형 차트를 만드는 함수로 차트의 종류는 선 그래프(Line), 누적 막대 그래프(Bar), 열 그래프(Column), 양수 및 음수 그래프(Winloss)로 이루어지며 선 그래프가 기본값입니다.

설명	단일 셀 내에 포함된 소형 차트를 만듦
구문	=SPARKLINE(데이터, [옵션])
인수	• 데이터 : 차트로 표시할 데이터가 있는 범위 또는 배열 • 옵션 : 차트를 맞춤 설정하기 위한 선택적 설정 및 관련 값의 범위 또는 배열로 {옵션1,옵션값1;옵션2,옵션값2;...} 형식으로 옵션을 추가(선택 사항)
다른 함수와 비교	GOOGLEFINANCE : 현재 또는 기존 유가증권 정보를 가져옴
사용할 수 있는 엑셀 버전	없음(MS Office 2010 이상에서 스파크라인 기능으로 사용)

01 'SPARKLINE' 예제 파일을 불러온 후 월별 판매량에 따른 열 차트를 삽입하기 위해 [O2] 셀에 =SPARKLINE(B2:M2,{"charttype","column";"highcolor","red"})를 입력하고, Enter 키를 누릅니다.

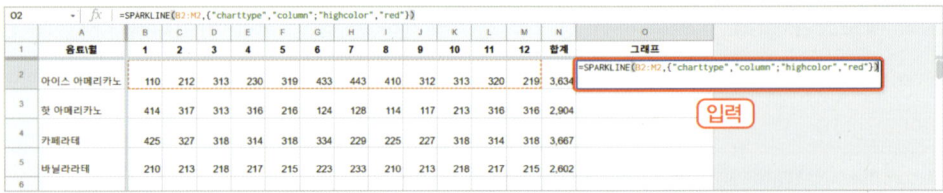

• 멘토의 팁 •

함수식 =SPARKLINE(B2:M2,{"charttype","column";"highcolor","red"})는 데이터 범위(B2:M2)를 지정한 후 옵션에 열 차트를 선택("charttype","column")하고, 최대값을 빨간색으로 표현("highcolor","red")합니다.

02 월별 열 차트가 삽입되면 나머지 셀에도 같은 수식을 적용하기 위해 [O2] 셀에서 자동 채우기 핸들을 더블 클릭합니다.

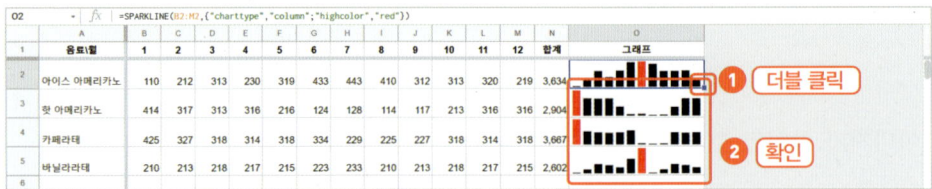

• 멘토의 팁 •

[O2] 셀에 옵션을 설정하지 않고, =SPARKLINE(B2:M2)를 입력하면 선 그래프를 바로 확인할 수 있습니다.

03 IF 함수를 사용하여 합계가 3,000이 넘으면 그래프 색을 오렌지색("color", "orange")으로, 넘지 않으면 회색("color", "gray")으로 지정하기 위해 [O2] 셀의 수식을 =IF(N2〉3000,SPARKLINE(B2:M2,{"charttype","column";"color","orange";"highcolor","red"}),SPARKLINE(B2:M2,{"charttype","column";"color","gray";"highcolor","red"}))로 수정합니다.

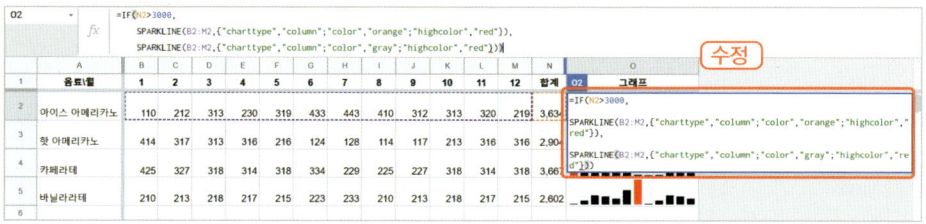

04 차트 색이 변경되면 나머지 셀에도 같은 수식을 적용하기 위해서 [O2] 셀의 자동 채우기 핸들을 [O5] 셀까지 드래그합니다.

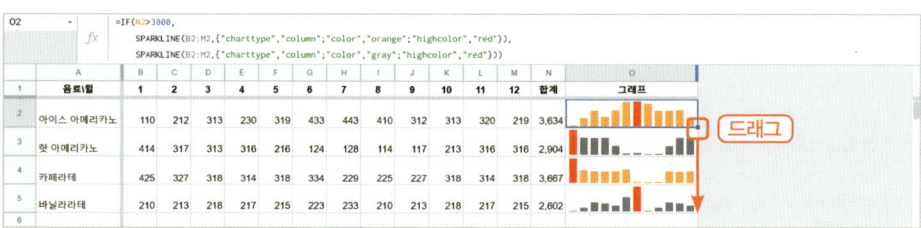

멘토의 노트   SPARKLINE의 다양한 옵션

선 차트, 누적 막대 차트, 열 차트 및 승패 차트에 따라 다른 옵션을 설정하면 사용자가 원하는 차트를 만들 수 있습니다.

공통 옵션

옵션	옵션값(예)	설명
empty	ignore, zero	빈 셀의 처리 방법을 설정(ignore는 무시, zero는 0으로 처리)
nan	convert, ignore	숫자가 아닌 데이터가 들어 있는 셀의 처리 방법을 설정
rtl	true, false	차트를 오른쪽에서 왼쪽으로 렌더링할지의 여부를 결정
color	gay, red, #352664	차트의 색상을 설정하며, 색상 코드값(예 : #352664) 사용 가능

Chapter 08 기본 함수 활용하기   **197**

차트별 옵션

차트 타입	옵션	옵션값(예)	설명
선 차트	charttype	line	선 차트(기본값)를 설정
	xmin	45, 1000, 2022-01-01	가로축의 최소값을 설정
	xmax	45, 1000, 2022-01-01	가로축의 최대값을 설정
	ymin	45, 1000, 2022-01-01	세로축의 최소값을 설정
	ymix	45, 1000, 2022-01-01	세로축의 최대값을 설정
	linewidth	1, 2, 3	차트에서 사용할 선 너비를 설정
누적 막대 차트	charttype	bar	누적 막대 차트를 설정
	max	3400	가로축의 최대값을 설정
	color1	gay, red, #352664	차트의 막대에 사용되는 첫 번째 색상을 설정하며, 색상 코드값(예 : #352664) 사용 가능
	color2	gay, red, #352664	차트의 막대에 사용되는 두 번째 색상을 설정
열 차트 및 승패 차트	charttype	column, winloss	열 차트 또는 승패 차트를 설정
	lowcolor	gay, red, #352664	차트의 최저값에 사용할 색상을 설정
	highcolor	gay, red, #352664	차트의 최고값에 사용할 색상을 설정
	firstcolor	gay, red, #352664	첫 번째 열의 색상을 설정
	lastcolor	gay, red, #352664	마지막 열의 색상을 설정
	negcolor	gay, red, #352664	모든 음수 열의 색상을 설정
	axis	TRUE, FALSE	축을 그려야 하는지의 여부를 결정

:: GOOGLETRANSLATE 함수

원하는 텍스트를 다른 언어로 번역하는 함수로 영어, 중국어, 일본어, 프랑스어를 비롯해 약 108개의 언어로 번역할 수 있습니다.

설명	텍스트를 한 언어에서 다른 언어로 번역
구문	=GOOGLETRANSLATE(텍스트, 출발어, 도착어)
인수	• 텍스트 : 번역할 텍스트로 텍스트 값을 따옴표로 표시하거나 적절한 텍스트를 포함하는 셀에 대한 참조로 나타냄 • 출발어 : 출발어를 표시하는 두 글자 언어 코드로 영어는 'en', 한국어는 'ko', 자동 감지는 'auto'이며, 출발어를 생략하면 도착어도 생략해야 함(선택 사항, 기본값은 자동) • 도착어 : 도착어를 표시하는 두 글자 언어 코드로 영어는 'en', 일본어는 'ja'임(선택 사항, 기본값은 시스템 언어)
다른 함수와 비교	DETECTLANGUAGE : 지정된 범위 내의 텍스트에 사용된 언어를 확인
사용할 수 있는 엑셀 버전	없음(MS Office 2010 이상 메뉴에서 번역 기능 사용)

01 **'GOOGLETRANSLATE' 예제 파일을** 불러온 후 [C4] 셀에서 =GOOGLETRANSLATE ($C$1,"KO",B4)를 입력하고, Enter 키를 누릅니다.

	A	B	C	D
1		번역할 문장	안녕하세요. 날씨가 좋네요.	
2				
3	언어	언어 코드	결과	
4	English (영어)	en	=GOOGLETRANSLATE($C$1,"KO",B4)	
5	French (프랑스어)	fr		
6	German (독일어)	de		
7	Italian (이탈리아어)	it		
8	Japanese (일본어)	ja		
9	Russian (러시아어)	ru		
10	Spanish (스페인어)	es		
11	Vietnamese (베트남어)	vi		
12	Chinese (중국어)	zh		

• **멘토의 팁** •

함수식 =GOOGLETRANSLATE($C$1,"KO",B4)는 셀에 입력한 텍스트($C$1)를 번역하기 위해 시작어를 한국어(KO)로 하고, 언어 코드가 있는 셀(B4)을 도착어로 설정합니다.

02 나머지 셀에도 같은 수식을 적용하기 위해 [C4] 셀에서 자동 채우기 핸들을 더블 클릭합니다.

멘토의 노트 — 언어 자동 감지

외국어를 본인이 원하는 언어로 변경하려면 GOOGLETRANSLATE 함수의 인수로 해당 텍스트를 입력하면 됩니다. 출발어를 자동으로 인식하고, 도착어를 구글 스프레드시트에서 설정한 기본 언어로 자동 변경됩니다.

기본 언어를 변경하기 위해서는 메뉴에서 [파일]-[설정]을 선택한 후 [스프레드시트 설정] 대화 상자에서 언어의 목록(▼) 단추를 클릭하여 원하는 나라를 선택하고, [저장 및 새로고침] 버튼을 클릭합니다.

200 구글 스프레드시트

Chapter 09

배열을 다루는 함수

구글 스프레드시트에서는 배열을 참조하는 수식과 배열을 반환하는 함수를 제공합니다. 배열 함수를 사용하면 한 개의 셀뿐만 아니라 여러 셀에 데이터를 한번에 입력할 수 있어 데이터를 편리하게 관리할 수 있습니다. 특히, ARRAYFORMULA 함수를 사용하면 값 하나만 반환하는 함수를 배열 함수로 쉽게 만들 수 있습니다.

SECTION 01 / 수식에서 배열 사용하기

배열은 행과 열로 구성된 값의 집합체로 복수의 값으로 이루어져 있습니다. 수식에서 배열을 만들면 특정 순서대로 셀 값을 그룹화할 수 있습니다. 여기에서는 배열의 기본 작성과 참조에 대해 살펴보겠습니다.

:: 배열 입력하기

배열은 수식에 중괄호({ })를 입력하여 만들 수 있는데 값 사이에 세미콜론(;)을 입력하면 행 방향의 배열이 생성되고, 쉼표(,)를 입력하면 열 방향의 배열이 생성됩니다. 그리고 하나의 셀에 배열 수식을 입력하면 다른 셀까지 데이터가 입력됩니다.

01 구글 스프레드시트를 열고 [A1] 셀에 ={1;2;3;4;5}를 입력하고, Enter 키를 누릅니다.

02 입력한 데이터가 아래쪽 방향으로 정렬됩니다.

• 멘토의 팁 •
배열 수식으로 이루어진 데이터에서 시트 정렬, 범위 정렬 등의 기능은 사용할 수 없습니다. 시트 정렬에 대한 자세한 내용은 122쪽을 참고하세요.

03 이번에는 [A1] 셀에 ={"A","B","C","D","E"}를 입력하고, Enter 키를 누릅니다.

04 입력한 데이터가 오른쪽 방향으로 정렬됩니다.

05 이번에는 [A1] 셀에 ={1,"A";2,"B";3,"C";4,"D";5,"E"}를 입력하고, Enter 키를 누릅니다.

06 입력한 데이터가 쉼표(,)와 세미콜론(;)의 조합으로 [A1:B5] 범위에 2차원 배열로 정렬됩니다.

Chapter 09 배열을 다루는 함수   203

멘토의 노트 — 배열 사용 시 주의할 점

배열 수식이 적용된 범위에서 임의의 셀에 다른 데이터를 입력하면 오류가 발생합니다. 즉, [A4] 셀에 "가나다"를 입력하고, Enter 키를 누르면 '#REF!' 오류가 발생하는데 [A1] 셀에 마우스를 위치하면 오류 셀과 메시지를 확인할 수 있습니다. [A4] 셀의 데이터를 삭제하면 배열 수식은 원위치 됩니다.

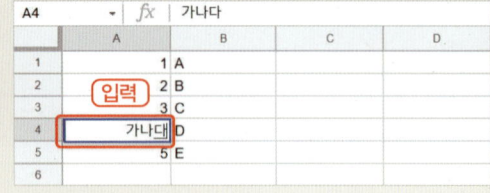
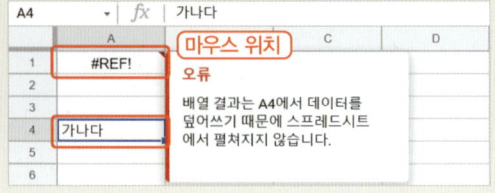

:: 배열 참조

수식에 중괄호({ })와 함께 범위를 입력하면 해당 범위를 참조할 수 있습니다. 셀마다 위치를 참조하는 셀 참조에 대한 내용은 108쪽을 참고하세요.

01 '배열 참조' 예제 파일을 불러온 후 '영화이름'의 범위를 배열로 묶어서 참조하기 위해 [E2] 셀에 ={A2:A}를 입력하고, Enter 키를 누릅니다.

02 A열의 데이터가 E열에 참조됩니다(기존 데이터가 변경되면 참조한 데이터도 자동으로 변경됨).

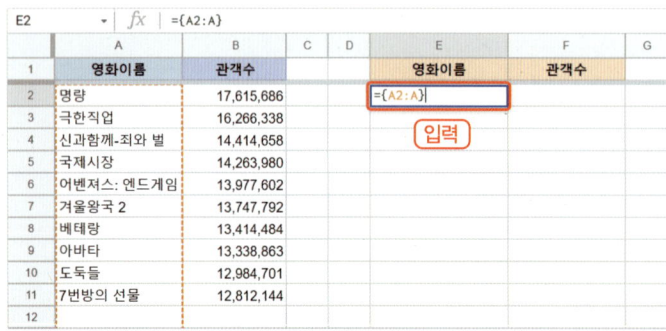

03 이번에는 '관객수' 범위도 배열로 묶기 위해 [E2] 셀의 수식을 ={A2:B}로 변경하고, Enter 키를 누릅니다.

04 [E2] 셀에 입력한 배열 수식으로 '영화이름'과 '관객수'의 열 데이터가 한 번에 참조됩니다.

:: 데이터 통합을 위한 배열 참조

배열을 참조할 때 세미콜론(;)을 사용하면 여러 곳에 분산되어 있는 데이터를 하나의 배열로 그룹화할 수 있습니다.

01 **'통합관리 배열 참조' 예제 파일을** 불러온 후 원료원별/연료원별 전력량 데이터를 배열로 그룹화하기 위해 [F2] 셀에 ={A2:C7;A11:C17}을 입력하고, Enter 키를 누릅니다.

02 [F2:H14] 범위에 수식으로 묶인 배열이 하나로 그룹화되어 나타납니다.

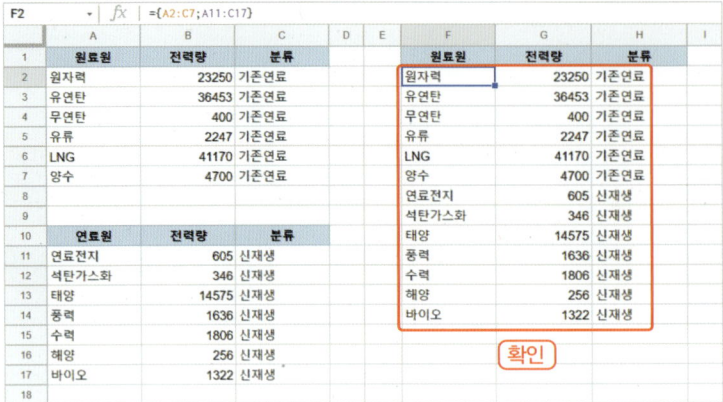

- **멘토의 팁** -

데이터 통합 시 주의할 점

세미콜론(;)을 이용하여 데이터를 통합할 때는 통합하는 데이터의 열 크기가 같아야 합니다. 즉, 기본 데이터에 열이 3개라면 통합하는 데이터도 열이 3개이어야 합니다. 그렇지 않으면 #VALUE! 오류가 발생합니다.

:: 열 순서 변경

배열 참조를 사용할 때 쉼표(,)를 이용하면 원하는 순서대로 열을 배치할 수 있습니다. 예를 들어, 검색할 키값에 해당하는 열이 데이터 중간에 있을 때 VLOOKUP 함수를 사용할 수 있도록 검색할 키값을 배열의 첫 번째 열로 재배치할 수 있습니다.

01 '열 순서 변경' 예제 파일을 불러온 후 기존 데이터에서 '3.증제' 열(C2:C12)을 가장 앞에 배치하기 위해 [H2] 셀에 ={C2:C12,A2:B12,D2:F12}를 입력하고, Enter 키를 누릅니다.

02 [H2:M12] 범위에서 '3.증제' 열이 가장 앞으로 배치되어 배열이 완성됩니다.

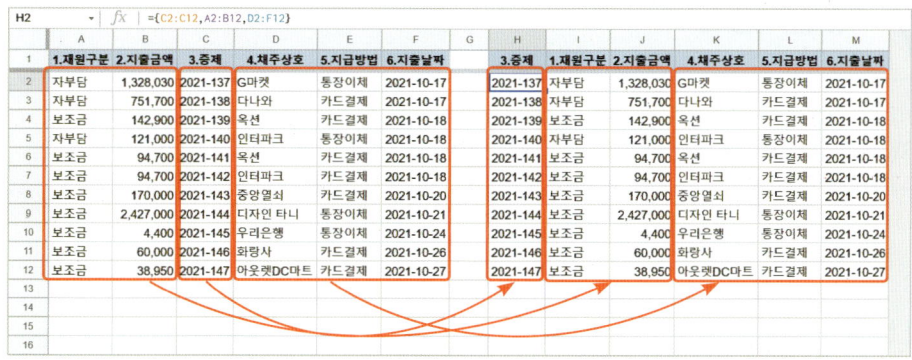

멘토의 노트 — 열 순서를 변경한 배열을 VLOOKUP 함수 인수로 사용

열 순서를 변경한 배열을 VLOOKUP 함수의 인수로 사용하는 방법에 대해 알아보겠습니다.

01 <mark>'변경된 배열+VLOOKUP' 예제 파일</mark>을 불러온 후 [B15] 셀에 =VLOOKUP($A$15,{C2:C12,A2:B12,D2:F12},3,FALSE)를 입력하고, Enter 키를 누릅니다. 이는 VLOOKUP 함수의 인수 중 범위({C2:C12,A2:B12,D2:F12})를 배열로 사용해서 '3.증제' 열을 첫 번째 열로 이동시키고, 범위 조정으로 변경된 지출금액의 색인(3)을 입력한 후 완전 일치하는 값을 찾기 위해 정렬됨 인수를 FALSE로 입력합니다. VLOOKUP 함수에 대한 자세한 내용은 189쪽을 참고하세요.

02 [B15] 셀에 해당 지출금액이 입력됩니다. 검색할 키가 첫 번째 열에 배치되어 있지 않더라도 배열을 사용하여 열 순서를 변경하면 VLOOKUP 함수를 사용할 수 있습니다.

SECTION 02 배열 함수

> 배열 함수는 배열을 반환하는 함수로 구글 스프레드시트에서 사용할 수 있는 배열 함수(UNIQUE, FILTER, SORT, QUERY 등)는 다양합니다. 최근 엑셀(Excel)에서도 일부 배열 함수가 추가되어 최신 버전에서는 사용할 수 있습니다.

:: 배열 함수의 이해

앞서 기본 함수에서 설명했던 함수들은 모두 반환 값이 한 개라는 공통점이 있습니다. 이와는 다르게 배열 함수는 여러 개의 값을 배열에 담아 반환합니다.

유형	함수명	설명
구글	ARRAYFORMULA	배열 수식에서 여러 행과 열에 반환된 값을 표시하고, 배열이 아닌 함수에 배열을 사용할 수 있음
구글	GOOGLEFINANCE	Google Finance에서 현재 또는 기존의 유가증권 정보를 제공
구글	QUERY	전문적인 쿼리 언어를 사용하여 상세한 데이터를 추출
문자열	SPLIT	텍스트를 지정된 문자 또는 문자열에서 나누고, 행에서 개별 셀에 각 부분을 배치
배열	ARRAY_CONSTRAIN	배열 결과를 지정된 크기로 제한
배열	MMULT	배열 또는 범위로 지정된 두 행렬의 곱을 계산
수학	RANDARRAY	0과 1 사이의 난수 배열을 생성
웹	IMPORTDATA	.csv(쉼표로 구분된 값) 또는 .tsv(탭으로 구분된 값) 형식으로 주어진 URL에서 데이터를 추출
웹	IMPORTFEED	RSS 또는 Atom 피드를 추출
웹	IMPORTHTML	HTML 페이지에서 표 또는 목록에 있는 데이터를 추출
웹	IMPORTRANGE	지정된 스프레드시트에서 셀 범위를 추출
웹	IMPORTXML	XML, HTML, CSV, TSV, RSS 및 Atom XML 피드를 포함한 구조화된 데이터에서 원하는 자료를 추출
참조	INDEX	행과 열 오프셋으로 지정된 셀 콘텐츠를 반환(행 또는 열을 0으로 설정하면 INDEX는 전체 열 또는 행의 값 배열을 각각 반환)
필터	FILTER	지정된 조건을 충족하는 열 또는 행만 반환하여 원본 범위의 필터링 버전을 반환
필터	SORT	하나 이상의 열값을 기준으로 지정된 배열 또는 범위의 행을 정렬
필터	SORTN	정렬을 수행한 후 데이터 집합에서 첫 n개의 항목을 반환
필터	UNIQUE	중복된 것은 버리고 입력된 원본 범위에서 고유 행을 반환

[구글 스프레드시트에서 사용할 수 있는 배열 함수]

배열 함수의 가장 큰 장점은 한 셀에 입력한 함수를 이용하여 여러 셀, 즉 범위의 데이터를 관리할 수 있다는 것입니다. 배열 함수의 수식을 한 셀에만 입력해도 행, 열 또는 범위에 수식이 동일하게 적용됩니다. 예를 들어 구구단(4단)을 수식만으로 계산하려면 [C2:C9] 범위의 각 셀마다 수식을 모두 입력해야 합니다. 반면에 배열 함수를 [C2] 셀에만 입력하면 [C2:C9] 범위의 계산이 한꺼번에 이루어집니다. ARRAYFORMULA 함수의 자세한 내용은 226쪽을 참고하세요.

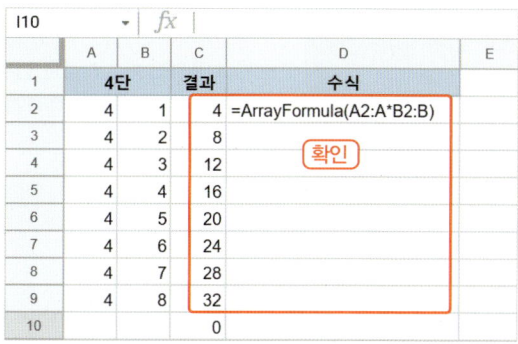

데이터를 추가하기 위해 [A10:B10] 범위에 '4'와 '9'를 각각 입력합니다. 일반적인 수식을 사용한 경우에는 [C10] 셀에 =A10*B10을 입력해야 결과를 확인할 수 있지만 배열 함수를 사용한 경우에는 추가적인 계산식 없이 [C10] 셀에 자동으로 결과가 입력됩니다. 이렇듯 배열 함수는 결과를 구하기 위해 수많은 셀에 수식을 각각 입력하지 않아도 한 셀에만 함수식을 입력하면 되기 때문에 수식 관리에 편리합니다.

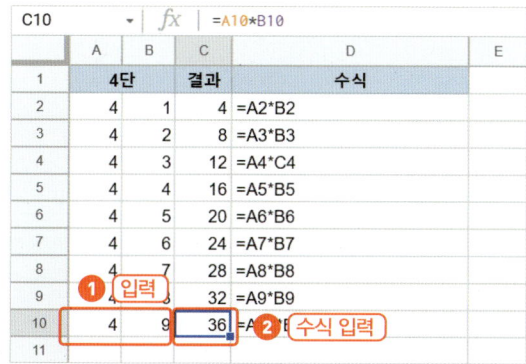
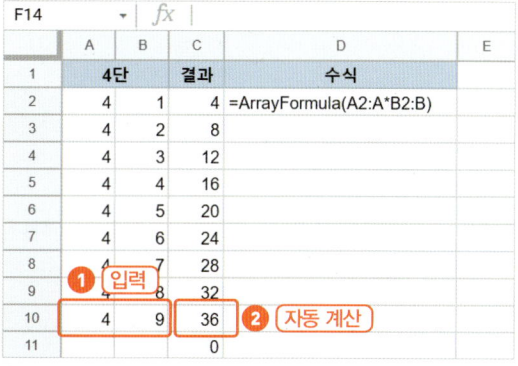

• 멘토의 팁 •

배열 또는 배열 함수를 다른 함수의 인수로 넣으면 가상의 범위처럼 작동하여 짧은 수식을 입력하는 것만으로도 수십, 수백만의 데이터를 일괄적으로 계산할 수 있습니다.

:: UNIQUE 함수

지정한 범위에서 고유값 목록을 반환하는 함수로 최신 버전의 엑셀에서 사용할 수 있습니다.

설명	중복된 것은 버리고 입력된 원본 범위에서 고유 행을 반환(처음 표시되는 순서대로 행이 반환)
구문	=UNIQUE(범위)
인수	범위 : 고유 항목을 필터링할 데이터의 범위
다른 함수와 비교	• COUNTUNIQUE : 지정한 범위에서 고유값의 개수를 계산 • FILTER : 직접 정의한 조건에서 일정 범위의 데이터를 반환
사용할 수 있는 엑셀 버전	MS Office 2021 버전 이상

01 'UNIQUE' 예제 파일을 불러온 후 TOP 10의 영화 장르 목록을 만들기 위해 [B14] 셀에 =UNIQUE(F2:F11)을 입력하고, Enter 키를 누릅니다(UNIQUE 함수의 인수는 장르 열).

02 장르 열에서 중복된 값은 사라지고, 하나의 유일한 값만 나타납니다.

:: SORT 함수

하나 이상의 열을 기준으로 지정된 배열 또는 범위의 행을 정렬하는 함수로 범위가 1차원 열이라면 인수에 범위만 지정해도 함수가 실행됩니다.

설명	하나 이상의 열값을 기준으로 지정된 배열 또는 범위의 행을 정렬
구문	=SORT(범위, 열 정렬, 오름차순, [열 정렬2, 오름차순2, ...])
인수	• 범위 : 정렬할 데이터 • 열 정렬 : 정렬 기준이 될 값을 포함하는 범위 내 또는 범위 밖에 있는 열의 색인 • 오름차순 : TRUE를 입력하면 오름차순, FALSE를 입력하면 내림차순으로 정렬 • 열 정렬2, 오름차순2 : 첫 번째 열 이후의 추가적인 열과 정렬 순서 표시를 나열한 순서대로 정렬(선택 사항)
다른 함수와 비교	SORTN : 정렬을 수행한 후 데이터 집합에서 n개의 항목을 반환
사용할 수 있는 엑셀 버전	MS Office 2021 이상

01 **'SORT' 예제 파일을** 불러온 후 판매일을 오름차순으로 정렬하되 같은 날짜일 때는 가격을 내림차순으로 정렬하기 위해 [E2] 셀에 =SORT(A2:C11,1,TRUE,3,FALSE)를 입력하고, Enter 키를 누릅니다.

	A	B	C	D	E	F	G	H
1	판매일	상품	가격		판매일	상품	가격	
2	2022-07-23	스피커	80,000		=SORT(A2:C11,1,TRUE,3,FALSE)		입력	
3	2022-07-27	헤드폰	250,000					
4	2022-07-29	USB 64기가	40,000					
5	2022-07-27	유무선공유기	70,000					
6	2022-07-28	웹캠	100,000					
7	2022-07-28	휴대폰 케이스	30,000					
8	2022-07-27	무선 이어폰	120,000					
9	2022-07-30	마우스	45,000					
10	2022-07-29	휴대폰충전기	50,000					
11	2022-07-28	콘덴서 마이크	130,000					
12								

> • 멘토의 팁 •
>
> 함수식 =SORT(A2:C11,1,TRUE,3,FALSE)는 데이터 범위(A2:C11)에서 첫 번째 열(1)을 오름차순(TRUE)으로 정렬하고, 같은 날짜일 때는 세 번째 열(3)을 내림차순(FALSE)으로 정렬합니다.

02 판매일이 오름차순으로 정렬되고, 같은 날짜일 때는 가격이 내림차순으로 정렬됩니다.

	A	B	C	D	E	F	G	H
	E2	▼	fx	=SORT(A2:C11,1,TRUE,3,FALSE)				
1	판매일	상품	가격		판매일	상품	가격	
2	2022-07-23	스피커	80,000		2022-07-23	스피커	80,000	
3	2022-07-27	헤드폰	250,000		2022-07-27	헤드폰	250,000	
4	2022-07-29	USB 64기가	40,000		2022-07-27	무선 이어폰	120,000	
5	2022-07-27	유무선공유기	70,000		2022-07-27	유무선공유기	70,000	확인
6	2022-07-28	웹캠	100,000		2022-07-28	콘덴서 마이크	130,000	
7	2022-07-28	휴대폰 케이스	30,000		2022-07-28	웹캠	100,000	
8	2022-07-27	무선 이어폰	120,000		2022-07-28	휴대폰 케이스	30,000	
9	2022-07-30	마우스	45,000		2022-07-29	휴대폰충전기	50,000	
10	2022-07-29	휴대폰충전기	50,000		2022-07-29	USB 64기가	40,000	
11	2022-07-28	콘덴서 마이크	130,000		2022-07-30	마우스	45,000	
12								

• 멘토의 팁 •

첫 번째 열(1)만 오름차순으로 정렬하려면 SORT 함수에서 범위만 지정하면 됩니다. 예를 들어, =SORT(A2:C11)을 입력하면 판매일만 오름차순으로 정렬됩니다.

:: SPLIT 함수

주어진 문자열을 특정 구분자를 기준으로 분리합니다.

설명	텍스트를 지정된 문자 또는 문자열에서 나누고 행에서 개별 셀에 각 부분을 배치
구문	=SPLIT(텍스트, 구분자, [각 문자에서 분할], [빈 문자 제거])
인수	• 텍스트 : 분할할 텍스트 • 구분자 : 텍스트를 분할하기 위해 사용할 문자 • 각 문자에서 분할 : 구분자에 포함된 각 문자에서 텍스트를 분할할지의 여부(선택 사항) → 구분자의 각 문자는 개별적으로 간주(예를 들어 구분자가 '가나'일 때 텍스트가 '가', '나' 문자로 분할 동작을 중지하려면 각 문자에서 분할을 FALSE로 설정 • 빈 문자 제거 : 분할 결과에서 비어있는 텍스트 메시지를 삭제할지의 여부(선택 사항) → TRUE인 경우 연속되는 구분자를 하나로 처리하고, FALSE인 경우 빈 셀이 연속되는 구분자 사이에 추가됨
다른 함수와 비교	• CONCATENATE : 문자열을 다른 문자열에 추가 • TEXTJOIN : 여러 문자열 또는 배열의 텍스트를 결합하며, 각 텍스트를 구분하는 특정 구분 기호가 포함됨(SPLIT 함수와 반대)
사용할 수 있는 엑셀 버전	없음(텍스트 나누기 기능 사용)

01 'SPLIT' 예제 파일을 불러온 후 주소에서 광역시도만 찾기 위해 [B2] 셀에 =SPLIT(A2," ")를 입력하고, Enter 키를 누릅니다.

• 멘토의 팁 •
함수식 =SPLIT(A2," ")은 주소(A2)에서 모든 빈 칸(" ")을 찾아 분할합니다.

02 주소에서 빈 칸으로 분할된 텍스트가 [B2:G2] 범위에 분리되어 나타납니다.

03 광역시도가 있는 첫 번째 셀만 찾기 위해 [B2] 셀에 =INDEX(SPLIT(A2," "),1)을 입력하고, Enter 키를 누릅니다.

• 멘토의 팁 •
함수식 =INDEX(SPLIT(A2," "),1)은 SPLIT 함수로 문자열을 빈 칸으로 분리하여 만든 문자 배열에서 첫 번째(1) 셀의 데이터를 가지고 옵니다. INDEX 함수에 대한 자세한 내용은 192쪽을 참고하세요.

04 나머지 셀에도 같은 수식을 적용하기 위해 [B2] 셀에서 자동 채우기 핸들을 더블 클릭합니다.

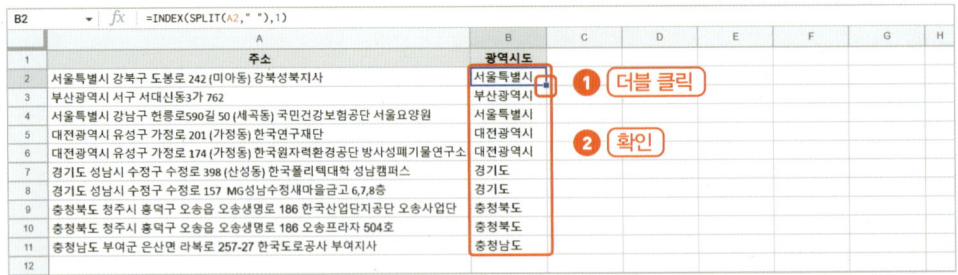

멘토의 노트 — 글자별/단어별 분할

SPLIT 함수의 세 번째 인수인 '각 문자에서 분할'에 TRUE를 입력하면 구분자의 각 문자를 개별적으로 간주하여 글자별로 분할하고, FALSE를 입력하면 단어를 하나로 묶어 분할합니다.

	텍스트	수식	결과		
2	Google	=SPLIT(A2,"Gg",TRUE)	oo	le	❶
3	Google	=SPLIT(A3,"Gg",FALSE)	Google		❷
4	Google	=SPLIT(A2,"og",TRUE)	G	le	❸
5	Google	=SPLIT(A3,"og",FALSE)	Go	le	❹
6					

❶ 'G'와 'g'를 개별적인 분할자로 간주하여 글자별로 분할합니다.
❷ 'Gg'를 하나의 단어로 인식하므로 분할할 경우 해당 단어가 없어 분할하지 않습니다.
❸ 'og'를 개별적으로 간주하기 때문에 두 번 입력된 'o'를 모두 분할자로 인식하여 분할합니다.
❹ 'og'를 하나의 분할자로 인식하여 분할합니다.

SECTION 03 / FILTER와 QUERY 함수

FILTER와 QUERY 함수는 조건에 맞는 복수의(다수의) 데이터를 찾을 때 유용합니다. 특히, FILTER 함수는 원하는 정보를 편리하게 찾을 수 있고, QUERY 함수는 특별한 옵션을 제공하여 세밀하게 조건을 설정할 수 있습니다.

:: FILTER 함수

필터 만들기의 함수 버전으로 데이터 범위에서 조건에 맞는 데이터만 표시할 수 있습니다. 복수의 행을 한 번에 찾을 때 유용합니다.

설명	조건에 맞는 일정 범위의 데이터를 반환
구문	=FILTER(범위, 조건1, [조건2, ...])
인수	• 범위 : 필터링할 데이터 전체 범위 • 조건1 : 범위의 첫 번째 행 또는 열에 해당하는 TRUE나 FALSE 값을 포함하는 열 또는 행 (TRUE나 FALSE를 평가하는 배열 수식) • 조건2 : 조건1과 교집합 조건으로 추가되는 행 또는 열(선택 사항)
다른 함수와 비교	• VLOOKUP : 조건에 맞는 한 개의 셀을 반환하지만 FILTER는 다중 행 또는 열을 반환 • QUERY : 조건을 상세하게 만들어 결과를 반환(쿼리문을 이해해야 사용 가능)
사용할 수 있는 엑셀 버전	MS Office 2021 이상

01 'FILTER' 예제 파일을 불러온 후 장르가 액션인 영화를 찾기 위해 [A14] 셀에 =FILTER(A2:F11,F2:F11="액션")을 입력하고, Enter 키를 누릅니다.

• 멘토의 팁 •

함수식 =FILTER(A2:F11,F2:F11="액션")은 필터링할 전체 데이터 범위(A2:F11) 중 찾을 조건 범위(F2:F11)에서 '액션'이라는 단어를 검색합니다. 이때, 데이터 범위의 행(A2:F11) 개수와 조건식의 행(F2:F11) 개수가 같지 않으면 오류가 발생합니다.

02 전체 데이터에서 장르가 '액션'인 데이터들만 필터링 됩니다.

멘토의 노트 — 조건식에서 날짜로 필터링하는 방법

전체 데이터에서 날짜 조건으로 필터링하기 위해서는 DATEVALUE 함수를 사용합니다. DATEVALUE(날짜 문자열) 함수는 날짜 형식의 문자를 날짜 값으로 변환하는 함수입니다.

01 장르가 '액션'이면서 개봉일이 2015년 1월 1일 이후인 영화를 찾기 위해 [A14] 셀에 =FILTER(A2:F11,F2:F11="액션",D2:D11>=DATEVALUE("2015-01-01"))을 입력하고, Enter 키를 누릅니다.

02 전체 데이터에서 장르가 액션이면서 2015년 1월 1일 이후에 개봉한 영화들만 필터링 됩니다.

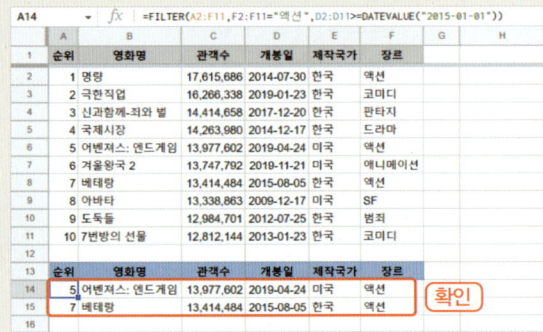

:: FILTER 함수에서 OR 조건 사용하기

FILTER 함수는 인수에 조건을 삽입할 때마다 모든 조건을 만족하는 데이터를 찾습니다. 또한, '+' 연산자를 사용하면 OR 조건처럼 여러 조건 중 하나라도 만족하는 데이터를 찾을 수 있습니다.

01 'FILTER(OR조건)' 예제 파일을 불러온 후 길이가 500 이상이거나 백사장 면적이 90,000 이상 되는 해수욕장을 찾기 위해 [A17] 셀에 =FILTER(A2:D13,(B2:B13>=500)+(D2:D13>=90000))을 입력하고, Enter 키를 누릅니다.

> • 멘토의 팁 •
> 함수식 =FILTER(A2:D13,(B2:B13)=500)+(D2:D13)=90000))은 필터링할 전체 데이터 범위(A2:D13) 중에서 길이(B2:B13)가 500보다 크거나 백사장 면적(D2:D13)이 90,000보다 큰 데이터를 찾습니다.

02 전체 데이터에서 길이가 500보다 크거나 백사장 면적이 90,000보다 큰 해수욕장이 필터링 됩니다.

멘토의 노트 — 조건식+조건식과 조건식×조건식

앞서 함수식에서 FILTER 함수의 인수로 조건식+조건식((B2:B13)=500)+(D2:D13)=90000))을 사용했습니다. 일반적이라면 OR 함수를 사용해서 두 조건식 중 하나라도 조건에 맞는 데이터를 찾겠지만 여기에서 OR 함수를 사용하지 않은 이유는 FILTER 함수에서는 OR 함수를 사용할 수 없기 때문입니다. 이것을 해결하려면 AND(조건식, 조건식)에는 (조건식×조건식) 수식을, OR(조건식, 조건식)에는 (조건식+조건식) 수식을 입력해야 합니다. 즉, 이중 조건식의 결과가 0이면 FALSE를 반환하여 수식이 작동하지 않고, 0이 아니면 TRUE를 반환하여 수식이 작동합니다. 그림의 표와 같이 이중 조건식을 곱과 합의 연산으로 확인할 수 있습니다.

	A	B	C	D
1	조건식1	조건식2	조건식1*조건식2	
2	TRUE(1)	TRUE(1)	TRUE(1)	
3	TRUE(1)	FALSE(0)	FALSE(0)	
4	FALSE(0)	FALSE(0)	FALSE(0)	
5				
6	조건식1	조건식2	조건식1+조건식2	
7	TRUE(1)	TRUE(1)	TRUE(2)	
8	TRUE(1)	FALSE(0)	TRUE(1)	
9	FALSE(0)	FALSE(0)	FALSE(0)	
10				

:: FILTER 함수에서 특정 글자가 포함된 데이터 찾기

FILTER 함수와 SEARCH 함수를 조합해서 사용하면 특정 단어가 포함되어 있는 데이터를 찾을 수 있습니다. SEARCH 함수에 대한 자세한 내용은 177쪽을 참고하세요.

01 'FILTER(특정글자)' 예제 파일을 불러온 후 좋아하는 영화 장르인 액션 데이터를 찾기 위해 [A15] 셀에 =FILTER(A2:D11,SEARCH("액션",D2:D11))을 입력하고, Enter 키를 누릅니다.

• 멘토의 팁 •

함수식 =FILTER(A2:D11,SEARCH("액션",D2:D11))은 전체 데이터 범위(A2:D11) 중 좋아하는 영화장르 범위(D2:D11)에서 '액션'인 글자가 포함된 행을 찾습니다.

02 전체 데이터 중 좋아하는 영화 장르에서 '액션'이 포함된 데이터를 필터링합니다.

멘토의노트 · 'SF' 또는 '뮤지컬'이 포함된 데이터 찾기

SEARCH 함수와 OR 조건을 이용하여 좋아하는 영화 장르에서 'SF' 또는 '뮤지컬'이 포함된 데이터를 찾아보겠습니다.

01 [A15] 셀에 =FILTER(A2:D11,ISNUMBER(SEARCH("SF",D2:D11))+ISNUMBER(SEARCH("뮤지컬",D2:D11)))을 입력하고, Enter 키를 누릅니다. → SEARCH 함수에서 특정 문자를 찾으면 숫자를, 그렇지 않으면 '#VALUE'를 반환하기 때문에 ISNUMBER 함수를 사용하여 숫자일 때 TRUE를, '#VALUE' 오류일 때 FALSE를 반환하고, 수식+수식 조합으로 OR 조건을 구성

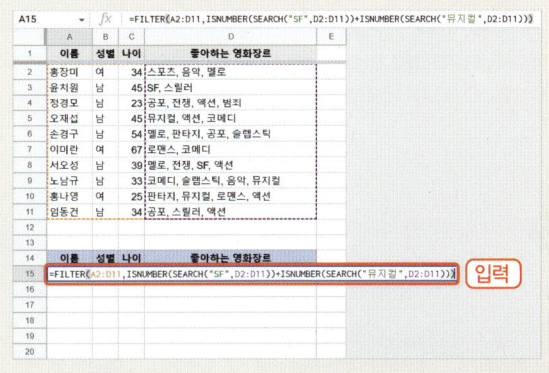

02 전체 데이터 중 좋아하는 영화 장르에서 'SF'이거나 '뮤지컬'이 포함된 데이터를 필터링합니다.

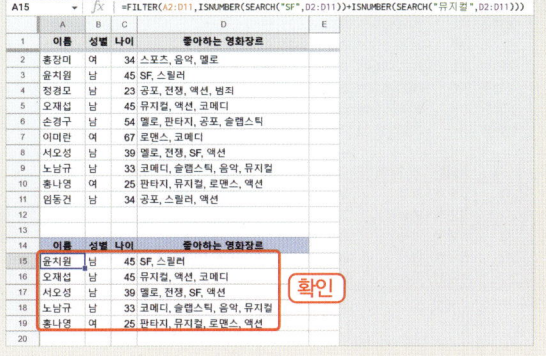

Chapter 09 배열을 다루는 함수

:: FILTER 함수에서 데이터 형식 변경하기

FILTER 함수를 사용할 때 열의 순서를 원하는 대로 변경하거나 특정 열의 데이터 형식을 이해하기 쉬운 형태로 변경할 수 있습니다.

01 **'FILTER(형식변형)' 예제 파일을** 불러온 후 '2대' 임원을 찾기 위해 [A14] 셀에 =FILTER({B2:B11, A2:A11,E2:F11,C2:C11,D2:D11},B2:B11="2대")를 입력하고, Enter 키를 누릅니다.

• 멘토의 팁 •

함수식 =FILTER({B2:B11,A2:A11,E2:F11,C2:C11,D2:D11},B2:B11="2대")는 전체 데이터 범위에 배열 함수({B2:B11,A2:A11,E2:F11,C2:C11,D2:D11})를 입력하여 열의 순서를 변경하고, '2대' 임원을 찾기 위한 검색 조건으로 B2:B11="2대"를 입력합니다.

02 전체 데이터에서 열의 순서를 원하는 대로 변경하여 2대 임원을 필터링합니다.

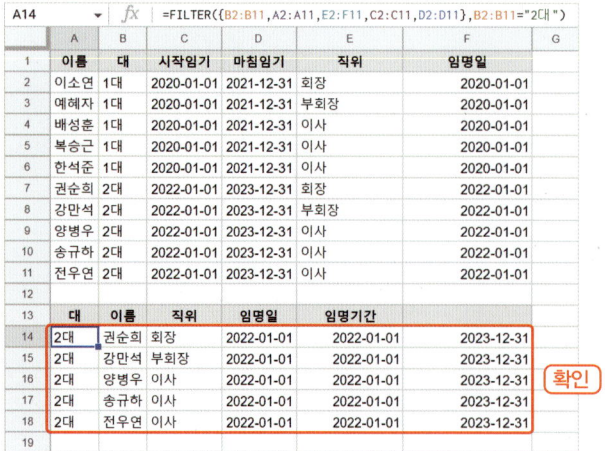

03 시작임기와 마침임기를 '2020년 1월 1일~2021년 12월 31일' 날짜 형식으로 변경하기 위해 [A14] 셀을 =FILTER({B2:B11,A2:A11,E2:F11,TEXT(C2:C11,"YYYY년 M월 D일")&"~"&TEXT(D2:D11,"YYYY년 M월 D일")},B2:B11="2대")로 수정하고, Enter 키를 누릅니다.

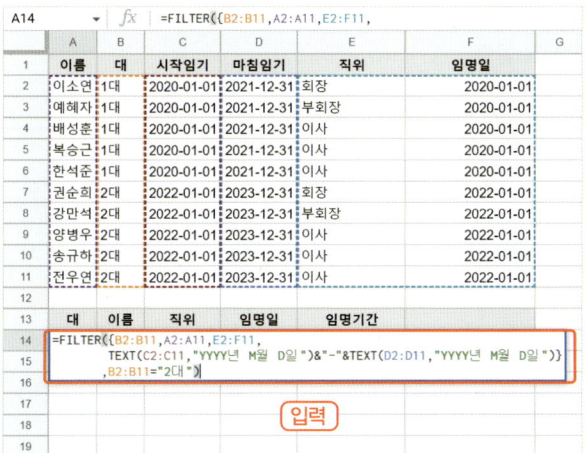

· **멘토의 팁** ·

함수식에서 변경한 TEXT(C2:C11,"YYYY년 M월 D일")&"~"&TEXT(D2:D11,"YYYY년 M월 D일")은 시작임기(C2:C11)와 마침임기(D2:D11)에 TEXT 함수를 이용하여 날짜 형식을 '2020년 1월 1일'로 변경하고, 시작임기와 마침임기 사이에 '~' 기호를 삽입합니다. TEXT 함수에 대한 자세한 내용은 174쪽을 참고하세요.

04 시작임기와 마침임기가 하나의 열에서 결합되고, 날짜 형식이 변경되어 나타납니다.

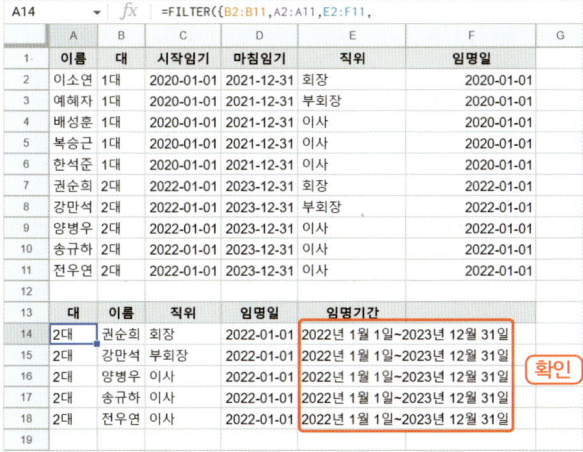

· **멘토의 팁** ·

FILTER와 SORT 함수를 조합하면 특정 열을 기준으로 오름차순 또는 내림차순으로 정렬할 수 있습니다. 예를 들어 함수식을 =SORT(FILTER({B2:B11,A2:A11,E2:F11,TEXT(C2:C11,"YYYY년 M월 D일")&"~"&TEXT(D2:D11,"YYYY년 M월 D일")},B2:B11="2대"),2,TRUE)로 변경하면 이름순으로 데이터가 정렬됩니다. SORT 함수의 자세한 내용은 211쪽을 참고하세요.

Chapter 09 배열을 다루는 함수 **221**

:: QUERY 함수

데이터베이스 관리 언어인 SQL(Structured Query Language)에서 정의한 쿼리문을 사용하여 데이터를 검색합니다.

설명	데이터에서 쿼리문을 사용하여 검색을 실행
구문	=QUERY(데이터, 쿼리, [헤더])
인수	• 데이터 : 쿼리를 수행할 셀 범위 • 쿼리 : 실행할 쿼리문으로 SQL에서 제공하는 전체 쿼리문 중 SELECT로 시작하는 일부 쿼리문을 사용 • 헤더 : 데이터 상단의 헤더 행 개수로 입력하지 않거나 -1로 설정하면 데이터의 콘텐츠를 기반으로 추정(선택 사항)
다른 함수와 비교	FILTER : 지정된 조건을 충족하는 열 또는 행만 반환하여 원본 범위의 필터링 버전을 반환
사용할 수 있는 엑셀 버전	없음(MS Office 2010 이상의 파워 쿼리 기능과 유사)

01 'QUERY' 예제 파일을 불러온 후 장르가 액션이면서 2010년 이후에 나온 영화를 찾기 위해 [A13] 셀에 =QUERY(A1:F11,"SELECT * WHERE D>=DATE'2010-01-01' AND F='액션'",1)을 입력하고, Enter 키를 누릅니다.

• **멘토의 팁** •

함수식 =QUERY(A1:F11,"SELECT * WHERE D>=DATE'2010-01-01' AND F='액션'",1)은 전체 데이터(A1:F11)에서 장르가 액션(F='액션')이면서 2010년 이후(D)=DATE'2010-01-01')에 나온 데이터의 모든 열(*)을 검색하는 쿼리문("SELECT * WHERE D>=DATE'2010-01-01' AND F='액션'")을 입력한 후 헤더가 존재한다는 인수((1)를 지정합니다.

02 장르가 액션이면서 2010년 이후에 나온 영화들만 필터링 됩니다(헤더 영역까지 QUERY 문으로 반환할 수 있음).

멘토의 노트 : 쿼리문의 기본 구조

QUERY 함수에서 사용할 수 있는 전체 쿼리문은 Google Visualization API 쿼리 언어(https://developers.google.com/chart/interactive/docs/querylanguage)에서 정의한 쿼리문을 사용할 수 있습니다. 쿼리문의 기본형은 'SELECT *'로 '*'는 해당 범위에 포함된 모든 열을 검색하라는 의미입니다. 또한, 쿼리문에서 제공하는 함수와 연산자를 사용할 수 있는데 조건문을 삽입하려면 WHERE 절에서 비교 연산자(=, !=, <>, <=, <, >, >=, IS NULL, IS NOT NULL)를 이용하여 조건에 맞는 데이터를 검색합니다. GROUP BY 절을 입력하면 검색한 데이터에서 그룹을 만들고, 'POVOT'을 입력하면 피봇 테이블을 만들 수 있으며, ORDER BY 절을 입력하면 설정한 열에 맞게 정렬할 수 있습니다. 이외에도 LIMIT(검색 결과 수를 제한), OFFSET(지정한 수만큼 행을 건너뜀), LABEL(열의 이름을 새로 작성), FORMAT(특정 열의 형식을 설정) 등을 이용할 수 있습니다.

구문	예시	의미
SELECT	SELECT A, B	전체 데이터 중 A, B열만 검색
WHERE	SELECT * WHERE F='액션' SELECT * WHERE B LIKE '%도%'	F열에서 '액션'인 데이터를 검색 B열에서 '도'라는 글자가 포함된 모든 데이터를 검색
ORDER BY	SELECT * ORDER BY C DESC	C열을 기준으로 내림차순 정렬(내림차순은 DESC, 오름차순은 ASC)
LIMIT	SELECT * LIMIT 10	10개의 데이터만 검색
OFFSET	SELECT * OFFSET 2	두 개의 행을 건너뛰고, 세 번째부터 검색
LABEL	SELECT A, B LABEL A 'Last Name', B 'First Name'	A열의 라벨을 'Last Name'으로, B열의 라벨을 'First Name'으로 지정
FORMAT	SELECT * FORMAT H 'YYYY년 M월 D일'	H열의 날짜 형식을 '2022년 11월 24일'로 변환
GROUP BY	SELECT A, SUM(C) GROUP BY A	A열의 기준값을 그룹화하여 C열의 값을 더함
PIVOT	SELECT SUM(C) PIVOT A	A열을 기준으로 같은 값을 그룹화하고, C열의 값을 합하여 행을 열로 피봇팅함

:: 쿼리문에서 GROUP BY절 사용

쿼리문에서 GROUP BY절을 사용하면 집계 함수를 이용하여 그룹별로 개수(COUNT( ))를 세고, 숫자의 합(SUM( ))을 구할 수 있습니다.

01 'QUERY+GROUP BY' 예제 파일을 불러온 후 음료별 판매 개수를 계산하기 위해 [F1] 셀에 =QUERY(A1:D11,"SELECT B, COUNT(B) GROUP BY B", TRUE)를 입력하고, Enter 키를 누릅니다.

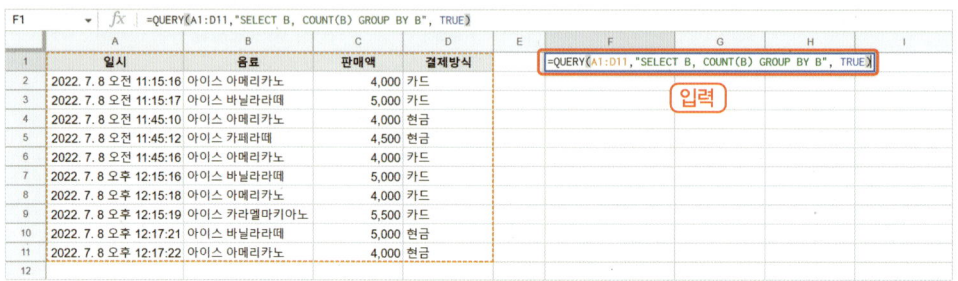

• 멘토의 팁 •
함수식 =QUERY(A1:D11,"SELECT B, COUNT(B) GROUP BY B", TRUE)는 전체 데이터(A1:D11)에서 음료의 종류별(GROUP BY B)로 음료 목록(SELECT B)과 음료 개수(COUNT(B))를 검색하는 쿼리문("SELECT B, COUNT(B) GROUP BY B")를 입력한 후 헤더가 존재하는 인수(TRUE)를 지정합니다.

02 전체 데이터에서 음료별 개수가 계산되어 나타납니다.

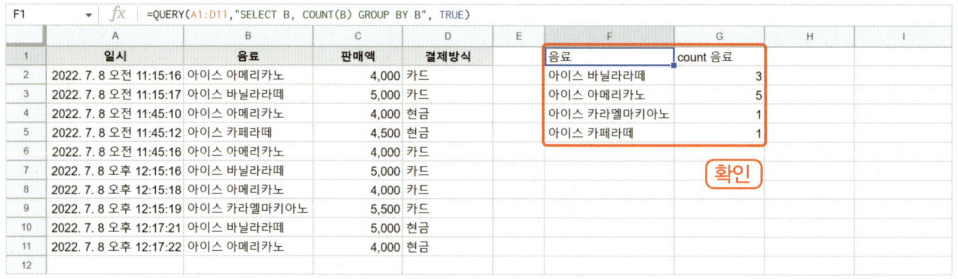

• 멘토의 팁 •
UNIQUE와 COUNTIF 함수를 동시에 사용해서 찾을 수 있는 결과를 QUERY 함수로 한 번에 해결할 수 있습니다.

03 이번에는 음료별 판매액을 추가로 구하기 위해 [F1] 셀을 =QUERY(A1:D11,"SELECT B, COUNT(B), SUM(C) GROUP BY B", TRUE)로 수정하고, Enter 키를 누릅니다.

• 멘토의 팁 •

함수식 =QUERY(A1:D11,"SELECT B, COUNT(B), SUM(C) GROUP BY B", TRUE)는 전체 데이터(A1:F11)에서 음료의 종류별(GROUP BY B)로 음료 목록(SELECT B)과 음료 개수(COUNT(B)), 음료 판매액의 합계(SUM(C))를 검색하는 쿼리문("SELECT B, COUNT(B), SUM(C) GROUP BY B")를 입력한 후 헤더가 존재하는 인수(TRUE)를 지정합니다.

04 전체 데이터에서 음료별 개수와 판매액의 합계가 계산되어 나타납니다(헤더 영역까지 QUERY 문으로 반환할 수 있음).

멘토의 노트 쿼리문의 집계 함수

GROUP BY절을 사용할 때 개수, 합계, 평균 등을 계산할 수 있는 집계 함수를 이용할 수 있습니다.

함수명	설명	예문
COUNT( )	(그룹별) 비어 있지 않은 셀의 개수	SELECT B COUNT(B) GROUP BY B
SUM( )	(그룹별) 값들의 합계	SELECT B SUM(C) GROUP BY B
AVG( )	(그룹별) 값들의 평균	SELECT B AVG(C) GROUP BY B
MAX( )	(그룹별) 최대값(숫자, 날짜, 텍스트 역순)	SELECT B MAX(C) GROUP BY B
MIN( )	(그룹별) 최소값(숫자, 날짜, 텍스트 순)	SELECT B MIN(A) GROUP BY B

SECTION 04 / ARRAYFORMULA 함수

> ARRAYFORMULA 함수를 사용하면 단일 인수를 받는 함수를 배열 인수로 받을 수 있도록 하여 배열 값을 반환합니다. 하나의 셀에 ARRAYFORMULA 함수를 입력하면 다른 셀에도 같은 수식이 적용되어 편리하게 데이터를 관리할 수 있습니다.

:: ARRAYFORMULA 함수의 기초

배열 수식에서 여러 행과 열에 반환된 값을 표시하고, 배열을 인수로 받을 수 없는 함수에 배열을 사용할 수 있게 만듭니다.

설명	배열 수식에서 여러 행 또는 열에 반환된 값을 표시하고, 배열이 아닌 함수에 배열을 사용할 수 있음
구문	=ARRAYFORMULA(배열 수식)
인수	배열 수식 : 범위, 하나의 셀 범위 및 크기가 동일한 여러 범위를 사용한 수학 표현식 또는 하나의 셀보다 큰 결과를 반환하는 함수
다른 함수와 비교	ARRAY_CONSTRAIN : 배열 결과를 지정된 크기로 제한
사용할 수 있는 엑셀 버전	없음(MS Office 2007 이상의 배열 수식 기능과 유사)

01 'ARRAYFORMULA+DATEDIF' 예제 파일을 불러온 후 만 나이를 표시하기 위해 [C2] 셀에 =DATEDIF(B2,TODAY( ),"Y")를 입력하고, Enter 키를 누릅니다.

02 앞의 함수식에 ARRAYFORMULA 함수를 추가하고, 인수 범위(B2:B11)를 수정하기 위해 =ARRAYFORMULA(DATEDIF(B2:B11,TODAY( ),"Y"))를 재입력하고, Enter 키를 누릅니다.

> **• 멘토의 팁 •**
>
> [C2] 셀에서 수식을 수정할 때 '=' 다음에 Ctrl + Shift + Enter 키를 누르면 ARRAYFORMULA 함수가 자동으로 입력되면서 기존에 입력했던 수식이 인수로 변경됩니다.

03 그 결과 [C2:C11] 범위에 자동으로 만 나이가 계산됩니다.

이름	생년월일	만 나이
정해린	1996. 9. 10	25
채정희	1989. 11. 3	32
최지은	1994. 1. 13	27
이수진	1990. 7. 11	31
임은경	1995. 3. 27	26
강규희	1990. 2. 25	31
이지은	1996. 9. 28	25
임다슬	1997. 1. 17	24
이규영	1995. 2. 25	26
김지연	1993. 10. 29	28

:: ARRAYFORMULA 함수와 열린 범위 참조

ARRAYFORMULA 함수에서 삽입될 인수에 열린 범위 참조를 사용하면 데이터가 새롭게 추가되더라도 자동으로 수식이 적용되기 때문에 행별로 수식을 추가할 필요가 없습니다.

01 'ARRAYFORMULA과 열린 범위 참조' 예제 파일을 불러온 후 '값1'과 '값2'의 곱을 계산하기 위해 [C2] 셀에 =ARRAYFORMULA(A2:A*B2:B)를 입력하고, Enter 키를 누릅니다.

02 C열의 결과값은 A열의 범위(A2:A)와 B열의 범위(B2:B)를 곱하므로 [A8] 셀과 [B8] 셀에 숫자를 입력하면 [C8] 셀에 자동으로 숫자의 곱이 입력됩니다.

· 멘토의 팁 ·

[C7] 셀과 [C9] 셀 이후에 0이 입력된 이유는 A열과 B열이 빈칸이면 0으로 인식하기 때문에 0*0의 결과가 나타납니다.

03 A열과 B열이 빈칸이면 C열도 빈칸으로 처리하기 위해 [C2] 셀에 =ARRAYFORMULA(IF((A2:A<>"")*(B2:B<>""),A2:A*B2:B,""))을 입력하고, Enter 키를 누릅니다.

• 멘토의 팁 •

함수식 =ARRAYFORMULA(IF((A2:A<>"")*(B2:B<>""),A2:A*B2:B,""))은 A2:A와 B2:B에 빈칸이 아니면 수식(A2:A*B2:B)을 실행하고, 그렇지 않고 열이 빈칸이면 모두 빈칸으로 처리됩니다.

04 수식의 결과 [C7] 셀과 [C9] 셀 이후에 표시되었던 0이 모두 빈칸으로 처리됩니다.

	A	B	C
1	값1	값2	결과
2	5	6	30
3	3	6	18
4	3	6	18
5	7	8	56
6	3	7	21
7			
8	8	6	48
9			

확인

• 멘토의 팁 •

FILTER 함수와 마찬가지로 ARRAYFORMULA 함수에서도 AND와 OR 함수를 사용할 수 없습니다. AND(조건식, 조건식)에는 (조건식×조건식) 수식을, OR(조건식, 조건식)에는 (조건식+조건식) 수식을 입력합니다. 자세한 내용은 218쪽을 참고하세요.

:: ARRAYFORMULA와 VLOOKUP 함수의 조합

VLOOKUP 함수는 검색할 키값으로 지정된 셀의 값을 반환하는 함수로서 한 개의 값만 반환합니다. VLOOKUP 함수에 ARRAYFORMULA 함수를 사용하면 여러 색인을 지정하여 키값에 해당하는 행 데이터를 한꺼번에 찾습니다.

01 **'ARRAYFORMULA+VLOOKUP' 예제 파일을** 불러온 후 [A15] 셀의 키값을 참조하여 사진이름을 찾기 위해 [B15] 셀에 =VLOOKUP(A15,A2:G11,2,FALSE)를 입력하고, Enter 키를 누릅니다. 색인 (2)에 해당하는 사진이름 열의 셀 값이 입력됩니다. VLOOKUP 함수에 대한 자세한 내용은 189쪽을 참고하세요.

02 앞의 함수식에 ARRAYFORMULA 함수를 추가하고, 인수에 해당하는 색인을 {2,3,4,5,6,7}로 수정하기 위해 =ARRAYFORMULA(VLOOKUP(A15,A2:G11,{2,3,4,5,6,7},FALSE))를 재입력하고, Enter 키를 누릅니다.

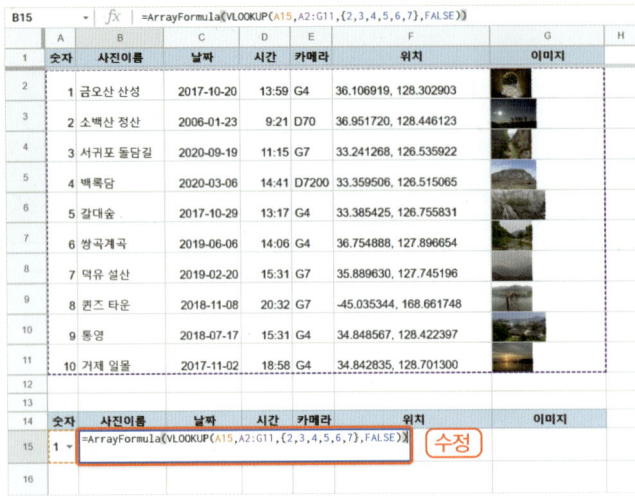

· 멘토의 팁 ·

{2,3,4,5,6,7}은 2~7열에 해당하는 색인을 모두 불어오는 배열을 의미합니다.

03 그 결과 VLOOKUP 함수로 찾은 데이터가 [B15:G15] 범위에 자동으로 입력됩니다.

멘토의 노트 — VLOOKUP 함수에서 복수의 검색 키로 데이터 찾기

앞서 ARRAYFORMULA와 VLOOKUP 함수의 조합에서 하나의 검색할 키로 한 행의 데이터를 찾았는데 여러 검색할 키를 범위로 설정하여 다수의 데이터를 동시에 찾을 수도 있습니다.

01 'ARRAYFORMULA+VLOOKUP' 예제 파일을 불러온 후 여러 검색할 키를 활용하여 데이터를 찾기 위해 [B15] 셀에 =ARRAYFORMULA(VLOOKUP(A15:A17,A2:G11,{2,3,4,5,6,7},FALSE))를 입력하고, Enter 키를 누릅니다.

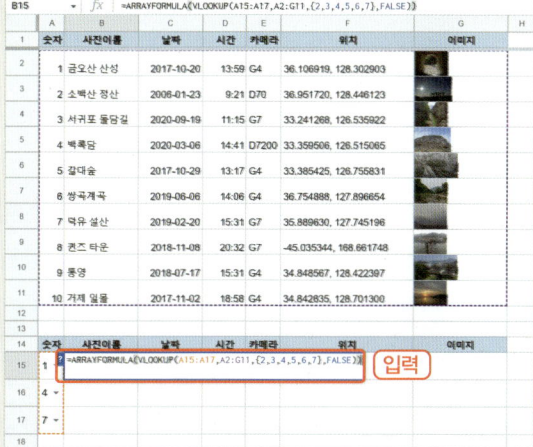

02 [A15:A17] 범위를 검색할 키로 사용하여 각 행의 데이터가 동시에 나타납니다.

Chapter 09 배열을 다루는 함수

SECTION 05 / 데이터 집계 함수

다른 구글 스프레드시트의 데이터나 웹사이트의 데이터를 필요에 따라 구글 스프레드시트로 바로 불러올 수 있습니다. IMPORTRANGE, IMPORTHTML, IMPORTXML 등 다양한 함수를 제공하므로 용도에 맞게 인터넷 데이터를 구글 스프레드시트에서 활용할 수 있습니다.

:: IMPORTRANGE 함수

다른 구글 스프레드시트 데이터를 본인의 구글 스프레드시트 문서로 불러와 참조할 수 있는데 원본 데이터가 변경되면 해당 데이터에 실시간으로 반영됩니다.

설명	지정된 스프레드시트 문서에서 셀 또는 범위를 불러옴
구문	=IMPORTRANGE(구글 스프레드시트 URL, 범위 문자열)
인수	• 구글 스프레드시트 URL : 참조할 구글 스프레드시트 문서의 URL 또는 고유 ID • 범위 문자열 : 참조할 범위를 지정하는 문자열(예 : "시트1!A1:F10")로 첫 번째 시트인 경우 시트 이름은 생략 가능(예 : "A1:F10")
다른 함수와 비교	• IMPORTXML : XML, HTML, CSV, TSV, RSS 및 Atom XML 피드를 포함한 구조화된 데이터로부터 데이터를 가져옴 • IMPORTDATA : .csv(쉼표로 구분된 값) 또는 .tsv(탭으로 구분된 값) 형식으로 주어진 URL에서 데이터를 가져옴
사용할 수 있는 엑셀 버전	없음(컴퓨터 내에서 다른 엑셀 파일의 시트를 참조)

01 'IMPORTRANGE(DATA)' 예제 파일을 불러온 후 해당 문서의 일부 셀 범위를 사용자 문서로 가져오기 위해 주소 표시줄에서 스프레드시트 고유 ID를 복사한 후 메뉴에서 [파일]-[새 문서]-[스프레드시트]를 선택합니다(해당 문서는 누구나 접근할 수 있도록 링크 공유로 설정).

> **• 멘토의 팁 •**
> 주소 표시줄의 전체 URL을 복사해서 IMPORTRANGE 함수 인수에 붙여넣을 수 있지만 여기에서는 함수를 간결하게 처리하기 위해 스프레드시트 고유 ID를 복사합니다. 고유 ID는 웹 브라우저의 주소 표시줄에 표시된 'https://docs.google.com/spreadsheets/d/'와 'edit#gid=xxxxxxx' 사이에 있는 문자 코드입니다.

02 새로운 탭에 구글 스프레드시트 문서가 열리면 [A1] 셀에 =IMPORTRANGE("구글 스프레드시트 고유 ID","DATA!A1:D10")을 입력하고, Enter 키를 누릅니다. 구글 스프레드시트 고유 ID에는 01번에서 복사한 내용을 붙여넣기합니다.

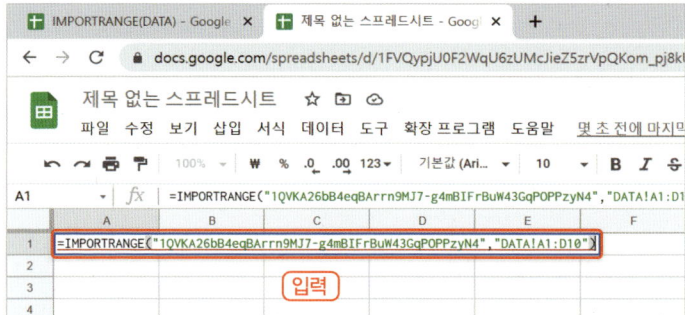

> **• 멘토의 팁 •**
> 구글 스프레드시트는 구글의 클라우드 컴퓨터에서 작동하기 때문에 문서마다 독립적인 고유 ID를 부여하고 관리합니다. 그러므로 고유 ID만 알면 파일 이름, 폴더, 소유자가 변경되더라도 안정적으로 데이터를 불러올 수 있습니다.

03 그 결과 다른 문서의 데이터(A1:D10)를 불러올 수 있으며, 원본 데이터가 수정되면 IMPORTRANGE 함수로 불러온 데이터도 자동으로 갱신됩니다.

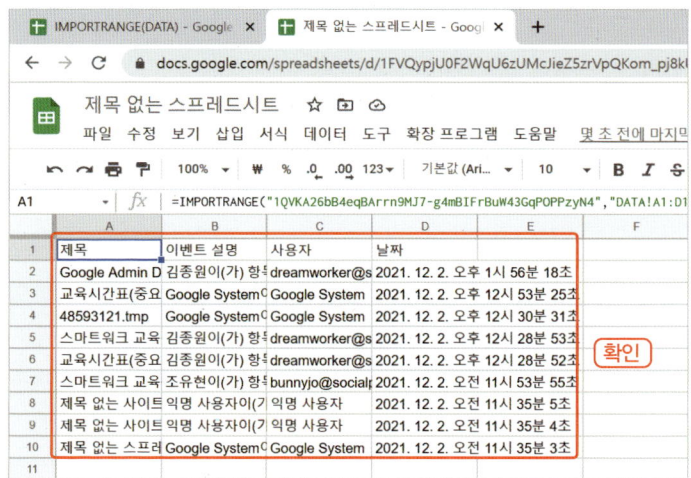

멘토의 노트 — 원본 문서의 권한 설정에 따른 액세스 허용 요청

원본 문서의 소유자가 설정한 공유 상태에 따라 IMPORTRANGE 함수로 데이터를 불러오지 못하거나 액세스 허용 요청을 별도로 진행할 수 있습니다. 권한 설정 없이 다른 사용자가 소유한 원본 문서를 본인이 소유한 문서로 불러오면 접근 권한이 없어 데이터를 불러올 수 없습니다. 링크 공유를 설정한 문서를 본인 문서로 불러올 수 있지만 본인 계정이 공유

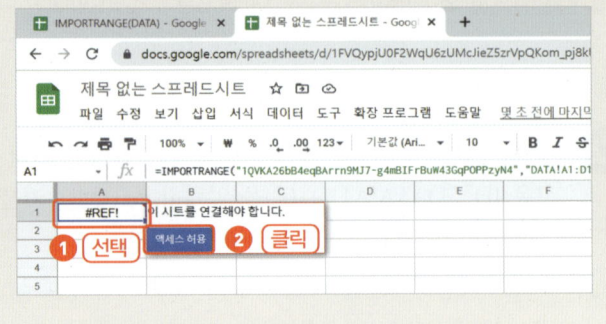

설정에 추가한 원본 문서를 내 문서로 불러오면 '#REF!' 오류가 발생합니다. 이때는 오류가 발생한 셀에 커서를 위치시킨 후 [액세스 허용] 버튼을 클릭하면 바로 IMPORTRANGE 함수가 작동합니다.

:: IMPORTRANGE와 QUERY 함수의 조합

여러 구글 스프레드시트 문서를 하나의 구글 스프레드시트 문서로 모아 볼 수 있습니다. 그 과정에서 QUERY 함수를 사용하면 비어있는 행을 제거할 수 있습니다.

01 '로그데이터1(IMPORTRANGE)' 예제 파일을 불러온 후 주소 표시줄에서 구글 스프레드시트의 고유 ID를 복사하여 따로 저장해 둡니다(예 : 메모장에 붙여넣기).

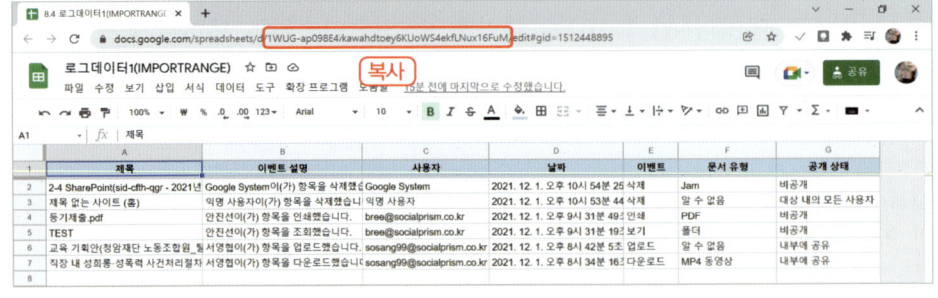

02 '로그데이터2(IMPORTRANGE)' 예제 파일을 불러온 후 주소 표시줄에서 구글 스프레드시트의 고유 ID를 복사하여 따로 저장해 둡니다(예 : 메모장에 붙여넣기).

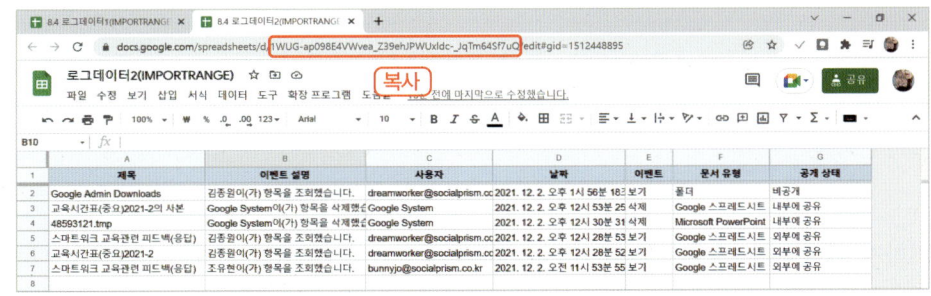

03 메뉴에서 [파일]-[새 문서]-[스프레드시트]를 선택하여 새로운 구글 스프레드시트 문서가 열리면 [A1] 셀에 ={IMPORTRANGE("로그데이터1(IMPORTRANGE) 문서의 고유 ID","12월1일!A1:G");IMPORTRANGE("로그데이터2(IMPORTRANGE) 문서의 고유 ID","12월2일!A1:G")}를 입력하고, Enter 키를 누릅니다. 고유 ID에는 01번과 02번에서 복사한 메모장 내용을 각각 붙여넣기합니다.

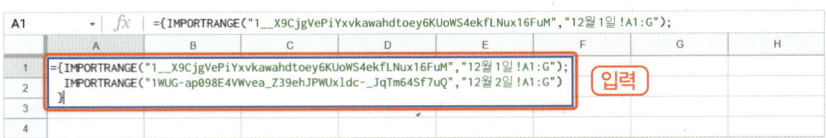

• 멘토의 팁 •

함수식의 구조는 {IMPORTRANGE 함수;IMPORTRANGE 함수}로 앞서 복사한 고유 ID를 각각 IMPORTRANGE 함수에서 사용하고, 중괄호({ })와 세미콜론(;)으로 배열화합니다. 배열에 대한 자세한 내용은 202쪽을 참고하세요. 수식이 길어지면 가독성이 떨어지기 때문에 줄 바꿈(Alt+Enter) 키)을 이용하여 수식을 입력하는 것이 좋습니다. 수식에 줄 바꿈이 되더라도 수식 기능에는 영향을 미치지 않습니다.

04 그 결과 해당 범위의 두 문서가 나타나는데 여기에서 두 문서 사이의 빈 행은 '로그데이터1(IMPORTRANGE)' 문서에 있는 빈 줄을 열린 범위 참조("12월1일!A1:G')로 불러왔기 때문입니다.

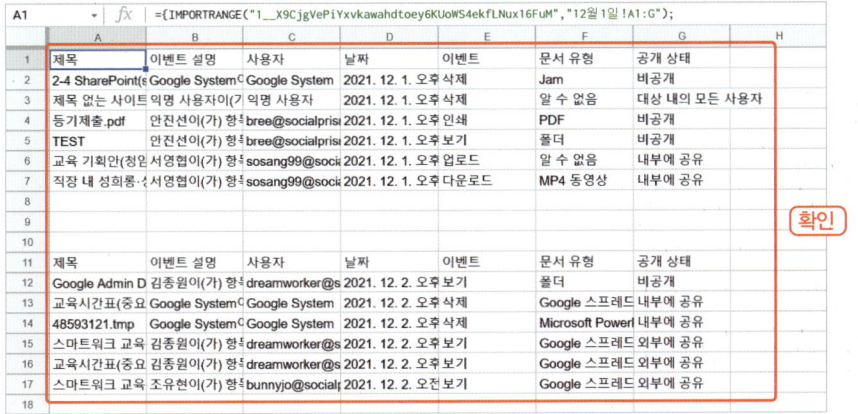

• 멘토의 팁 •

원본 문서의 공유 권한이 계정 공유인 경우에는 IMPORTRANGE 함수를 사용한 숫자만큼 '#REF!' 오류가 발생하므로 오류가 발생할 각 셀로 커서를 이동한 후 [액세스 허용] 버튼을 클릭하여 권한을 요청해야 합니다.

---

05 빈 행을 제거하기 위해 [A1] 셀에 =QUERY({IMPORTRANGE("로그데이터1(IMPORTRANGE) 문서의 고유 ID","12월1일!A1:G");IMPORTRANGE("로그데이터2(IMPORTRANGE) 문서의 고유 ID","12월2일!A2:G")},"SELECT * WHERE Col1 IS NOT NULL")을 입력(수정)하고, Enter 키를 누릅니다.

• 멘토의 팁 •

쿼리문("SELECT * WHERE Col1 IS NOT NULL")은 첫 번째(Col1) 열에서 비어 있지 않은 열만 모두 불러오는 것이고, 두 번째 문서의 범위는 머리글을 제외한 범위("12월2일!A2:G")로 변경한 것입니다. IMPORTRANGE와 FILTER 함수에서 반환된 배열에는 열 문자에 관한 정보가 없기 때문에 열 위치를 'A', 'B', 'C' 등으로 표시할 수 없습니다. 'Col1', 'Col2', 'Col3'을 사용하여 위치를 표시하며, 'Col'을 입력할 때 대소문자를 유의해야 합니다.

---

06 빈 행과 두 번째 문서의 머리글이 제외되면서 그룹화된 하나의 문서가 나타납니다.

:: IMPORTHTML 함수

웹페이지에서 〈table〉 태그로 만든 표나 〈ol〉 또는 〈ul〉 태그로 만든 목록을 확인하여 불러올 수 있습니다.

설명	HTML 페이지에서 표 또는 목록에 있는 데이터를 가져옴
구문	=IMPORTHTML(URL, 쿼리, 색인)
인수	• URL : 검토할 페이지의 URL로 프로토콜(예 : http://)을 포함 • 쿼리 : 원하는 데이터가 어떤 구조에 포함되었는지에 따라 목록이면 LIST, 표이면 TABLE로 지정 • 색인 : HTML 소스에 정의된 표 또는 목록 중 반환되어야 하는 것을 확인하는 색인으로 1에서 시작
다른 함수와 비교	• IMPORTXML : XML, HTML, CSV, TSV, RSS 및 Atom XML 피드를 포함한 구조화된 데이터로부터 데이터를 가져옴 • IMPORTDATA : .csv(쉼표로 구분된 값) 또는 .tsv(탭으로 구분된 값) 형식으로 주어진 URL에서 데이터를 가져옴
사용할 수 있는 엑셀 버전	없음

01 크롬(Chrome)에서 google.com에 접속한 후 '우리나라 높은 건물 순위'를 검색하고, 첫 번째 검색 목록인 [대한민국의 마천루 목록 – 위키백과, 우리 모두의 백과사전]을 클릭합니다.

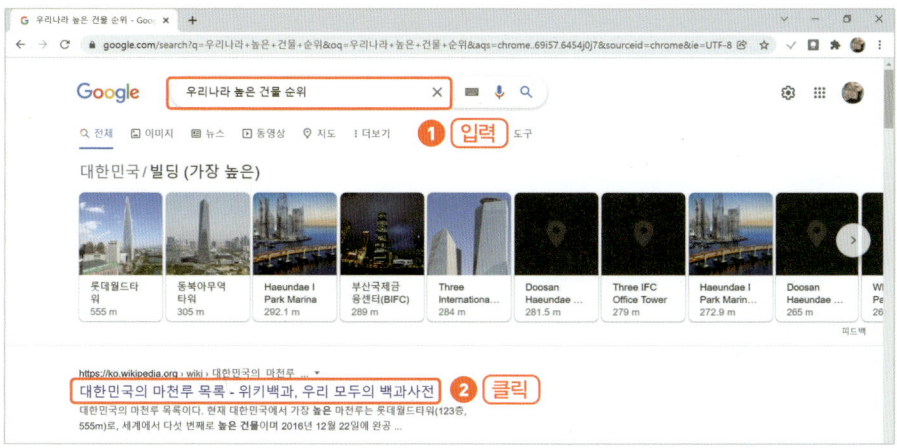

02 내용 중 '대한민국에서 가장 높은 마천루' 표를 확인한 후 F12 키를 눌러 개발자 도구를 실행한 다음 [검사(▣)]와 [Elements]를 차례로 클릭하여 웹페이지 소스를 확인할 수 있는 기능을 활성화합니다.

03 표를 만드는 〈TABLE〉 태그를 찾기 위해 Ctrl + F 키를 누르고, 검색란에 "〈table〉"을 입력합니다. Enter 키를 누를 때마다 〈table〉 태그를 찾으면서 해당 표가 활성화되는데 원하는 표가 활성화되면 몇 번째 태그인지 확인하고, 주소 표시줄에서 URL을 복사합니다.

> **• 멘토의 팁 •**
> 〈TABLE〉 태그 이외에도 〈OL〉(번호 있는 리스트), 〈UL〉(번호 없는 리스트) 태그를 이용해서 만든 목록을 IMPORTHTML 함수에서 불러올 수 있습니다.

04 [파일]-[새 문서]-[스프레드시트]를 선택하여 새로운 구글 스프레드시트 문서가 열리면 [A1] 셀에 =IMPORTHTML("복사한 URL 주소 붙여넣기","TABLE",3)을 입력하고, Enter 키를 누릅니다(색인의 '3'은 검색한 세 번째 태그를 의미).

• 멘토의 팁 •

URL의 인코딩 문제로 한글이 UTF-8 형식으로 변환되어 그림처럼 나타나지만 함수 사용에는 지장이 없습니다.
=IMPORTHTML("https://ko.wikipedia.org/wiki/대한민국의_마천루_목록","TABLE",3)이라고 입력해도 됩니다.

05 해당 URL의 표 데이터가 구글 스프레드시트에 나타나는 것을 확인할 수 있습니다.

:: IMPORTXML 함수

인터넷의 구조화된 데이터에서 일부 데이터를 구글 스프레드시트로 가지고 옵니다. 대부분의 형식을 가지고 올 수 있어 데이터 크롤링에서는 필수적인 함수입니다.

설명	XML, HTML, CSV, TSV, RSS 및 Atom XML 피드를 포함한 다양한 구조화된 데이터를 가져옴
구문	=IMPORTXML(URL, xpath_쿼리)
인수	• URL : 검토할 페이지의 URL이며, 프로토콜(예 : http://)을 포함 • xpath_쿼리 : 구조화된 데이터에서 실행되는 XPath 쿼리(xpath는 확장 생성 언어 문서의 구조를 통해 경로 위에 지정된 구문을 사용하여 항목을 배치하고, 처리 방법을 기술하는 언어)
다른 함수와 비교	IMPORTDATA : .csv(쉼표로 구분된 값) 또는 .tsv(탭으로 구분된 값) 형식으로 주어진 URL에서 데이터를 가져옴
사용할 수 있는 엑셀 버전	없음

01 네이버 검색 기능으로 우편번호를 수집하기 위해 네이버(naver.com)의 검색 입력란에 임의의 주소를 입력합니다.

02 URL과 해당 우편번호를 확인합니다.

• 멘토의 팁 •

네이버의 검색 URL은 'https://search.naver.com/search.naver?query='와 검색어의 결합한 형식으로 URL을 작성합니다. 해당 형식을 활용하면 다량의 우편번호를 IMPORTXML 함수로 가지고 올 수 있습니다.

03 우편번호 항목에서 마우스 오른쪽 버튼을 클릭하고, [검사]를 선택한 후 오른쪽 소스 창에서 파란색 선택 라인에 있는 [▶]를 클릭합니다.

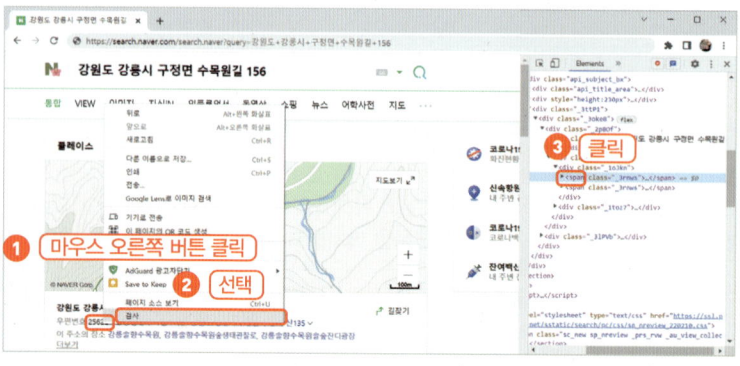

04 우편번호가 있는 숫자에서 마우스 오른쪽 버튼을 클릭하고, [Copy]-[Copy full XPath]를 선택합니다.

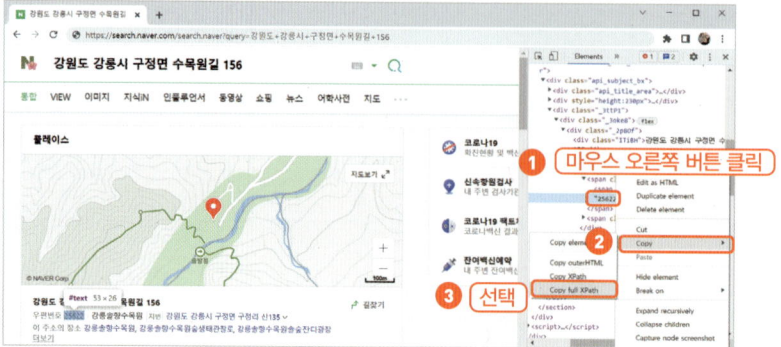

05 'IMPORTXML' 예제 파일을 불러온 후 주소를 수집하기 위해 [C2] 셀에 =IMPORTXML("https://search.naver.com/search.naver?query="&B2,"복사한 Full XPath")를 입력하고, Enter 키를 누릅니다.

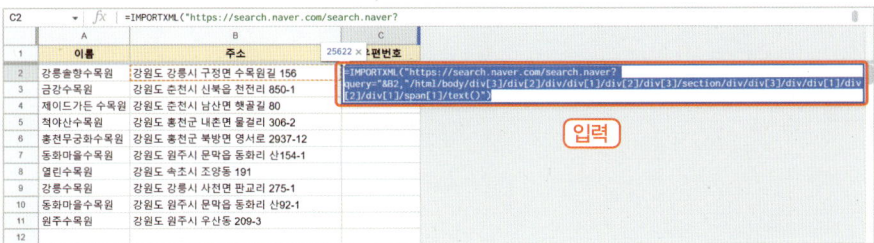

06 나머지 셀에도 같은 수식을 적용하기 위해 [C2] 셀에서 자동 채우기 핸들을 더블 클릭합니다.

:: GOOGLEFINANCE 함수

전 세계의 증권 거래소, 뮤추얼 펀드, 주가 지수 및 기타 재무 데이터의 목록을 가지고 올 수 있습니다.

설명	Google Finance에서 현재 또는 기존 유가증권 정보를 가져옴
구문	=GOOGLEFINANCE(시세 표시 종목, [속성], [시작일], [종료일|일수], [간격])
인수	• 시세 표시 종목 : 유가증권의 시세 표시 종목으로 정확하게 검색되고, 불일치를 방지하기 위해 필수적으로 거래소 약자와 주식 약자를 모두 사용함(예를 들어 GOOG 대신 NASDAQ:GOOG 를 사용해야 함) • 속성 : Google Finance에서 시세 표시에 대해 가져올 속성으로 날짜가 지정된 경우는 필수 사항(선택 사항, 기본값은 price) • 시작일 : 과거 데이터를 가져올 기간의 시작일(선택 사항) • 종료일|일수 : 과거 데이터를 가져올 기간의 종료일 또는 데이터를 반환할 시작일로부터의 일수(선택 사항) • 간격 : 데이터 반환 빈도로 DAILY(매일) 또는 WEEKLY(매주) 중 하나를 선택(선택 사항)
다른 함수와 비교	GOOGLETRANSLATE : 텍스트를 한 언어에서 다른 언어로 번역
사용할 수 있는 엑셀 버전	없음

01 'GOOGLEFINANCE' 예제 파일을 불러온 후 [B3] 셀에 =GOOGLEFINANCE($C$1,A3)을 입력하고, Enter 키를 누릅니다. 함수식에서 시세 표시 종목($C$1)을 입력한 후 속성(A3)을 지정합니다.

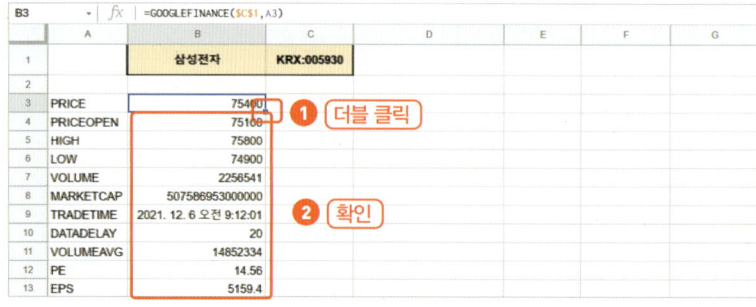

- **멘토의 팁** -

원하는 시세 표시 종목을 검색하기 위해서는 google.com에서 '(회사이름) 시세 표시 종목' 또는 '(회사이름) 티커'라고 검색하면 'KRX:00000' 또는 'NASDAQ:XXXX' 형식의 '거래소:티커' 코드를 확인할 수 있습니다.

02 다른 셀에도 동일한 속성을 적용하기 위해서 자동 채우기 핸들을 더블 클릭합니다.

03 한 달 동안의 실제 가격 정보를 배열로 불러오기 위해 [D3] 셀에 =GOOGLEFINANCE($C$1,"PRICE",TODAY( )-30,TODAY( ))를 입력하고, Enter 키를 누릅니다.

04 30일 동안의 변동 가격을 오름차순으로 확인할 수 있는데 최신 가격을 상단에서 볼 수 있도록 하기 위해 [D3] 셀을 =SORT(GOOGLEFINANCE($C$1,"PRICE", TODAY( )-30,TODAY( )), 1,FALSE)로 수정합니다.

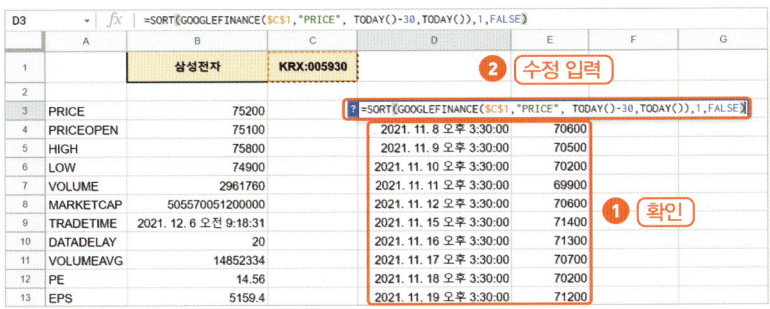

05 최신 날짜가 상단에 위치하여 내림차순으로 변경된 것을 확인할 수 있습니다. 이번에는 30일 동안의 가격을 간단한 선 그래프로 나타내기 위해 [D1] 셀에 =SPARKLINE(GOOGLEFINANCE ($C$1,"PRICE",TODAY( )-30,TODAY( )))을 입력하고, Enter 키를 누릅니다. SPARKLINE 함수에 대한 자세한 내용은 196쪽을 참고하세요.

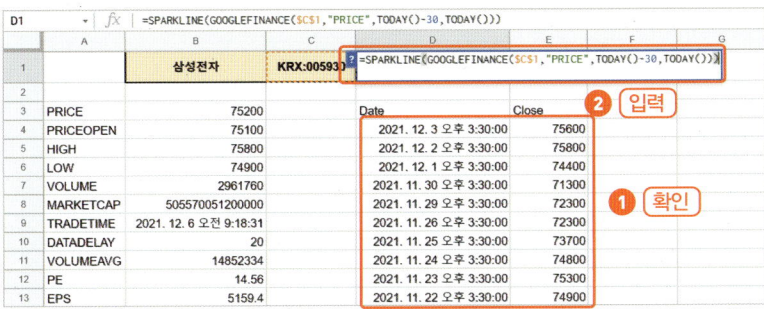

06 최근 30일 동안의 가격 변화를 간단한 선 그래프로 확인할 수 있습니다.

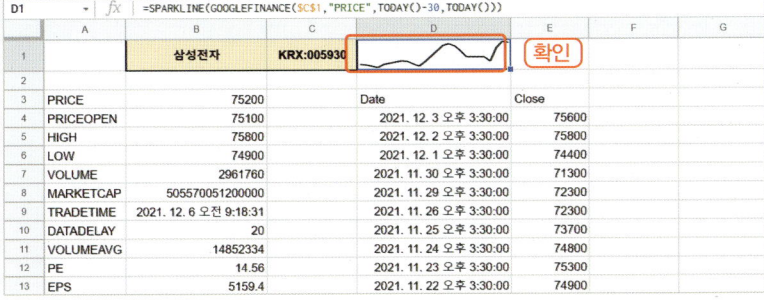

Chapter 09 배열을 다루는 함수 **243**

07 [C1] 셀의 내용을 다른 시세 표시 종목으로 수정하면 전체 데이터가 변경되는 것을 확인할 수 있습니다.

멘토의 노트 — GOOGLEFINANCE 함수의 속성

분류	속성	설명
실시간 데이터	price	실시간 가격 정보로 최대 20분까지 지연
	priceopen	개장 시점의 가격
	high	현재 날짜의 최고가
	low	현재 날짜의 최저가
	volume	현재 날짜의 거래량
	marketcap	주식의 시가 총액
	tradetime	마지막 거래 시간
	datadelay	실시간 데이터의 지연 정도
	volumeavg	일일 평균 거래량
	pe	가격대 수익률(PER)
	eps	주당 순이익
	high52	52주 최고가
	low52	52주 최저가
	change	전 거래일 마감 이후의 가격 변동
	changepct	전 거래일 마감 이후의 주식 가격 백분율 변동
	closeyest	전일 종가
	shares	발행 주식 수
	currency	유가증권이 거래되는 통화(통화에는 거래 기간이 없으므로 인수에 open, low, high, volume을 사용하면 결과가 반환되지 않음

244 구글 스프레드시트

매크로와 부가 기능

반복적으로 자주 사용하는 작업을 하나의 매크로로 저장하면 여러 작업을 한 번에 수행할 수 있어 편리합니다. 또한, 구글 워크스페이스 마켓플레이스에서 전문가가 만들어 놓은 다양한 부가 기능을 추가하여 유용하게 사용할 수 있습니다.

SECTION 01 매크로(Macro) 기능

구글 스프레드시트에서 반복되는 작업을 매크로로 지정하여 자동화하면 업무 시간을 절약할 수 있습니다. 또한, 매크로는 Google Apps Script 프로그래밍 언어로 저장되어 있어 필요 시 내용을 수정하여 확장할 수 있습니다.

:: 데이터의 일괄 정리

같은 형식의 데이터가 시트별로 있다면 매번 번거롭게 반복 작업을 하지 않고, 매크로를 활용하여 신속하게 데이터를 처리할 수 있습니다.

01 '데이터 일괄 정리' 예제 파일을 불러온 후 메뉴에서 [확장 프로그램]-[매크로]-[매크로 기록]을 선택합니다.

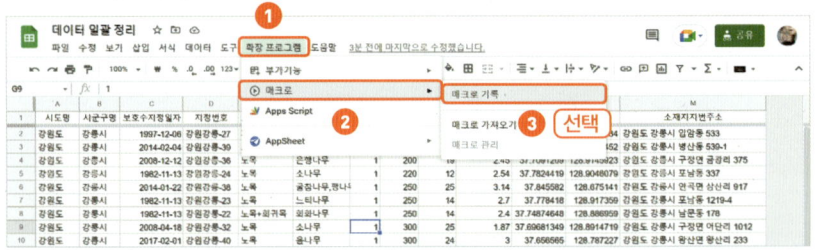

02 '새 매크로 기록 중…' 팝업 창이 나타나면 매크로 기록을 위해 1행을 선택한 후 툴바에서 [굵게(B)]와 [채우기 색상(🎨)] 단추를 차례로 클릭하고, [연한 밝은 파란색 3(●)]을 선택합니다.

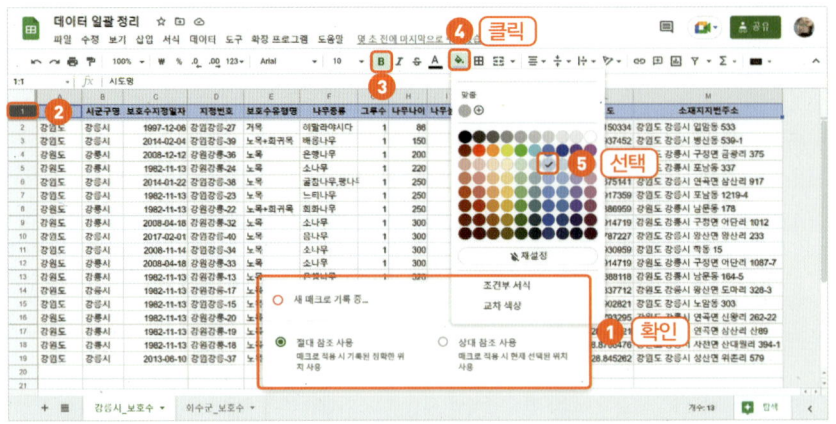

> • **멘토의 팁** •
> 작업이 진행될 때마다 나타나는 '새 매크로 기록 중…'은 작업 과정이 매크로에 기록되면서 갱신되는 것을 나타냅니다.

03 위도와 경도 열을 삭제하기 위해 K열과 L열의 머리글을 드래그하여 선택한 후 마우스 오른쪽 버튼을 클릭하고, [K-L열 삭제]를 선택합니다.

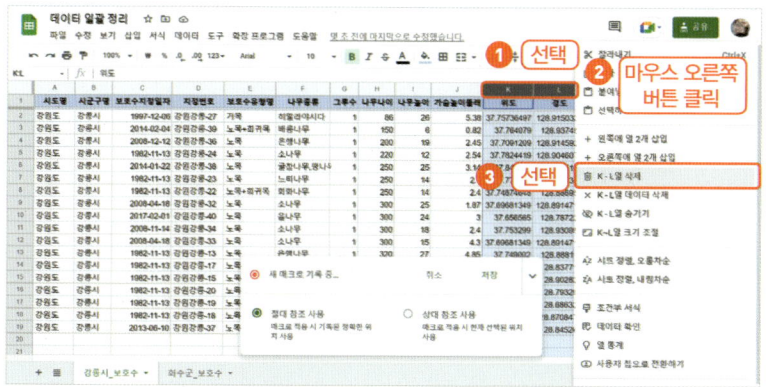

04 보호수지정일자를 정렬하기 위해 C열을 선택한 후 메뉴에서 [데이터]-[시트 정렬]-[C열을 기준으로 시트 정렬(내림차순)]을 선택하고, 매크로를 저장하기 위해 '새 매크로 기록 중...' 팝업 창에서 [저장]을 클릭합니다.

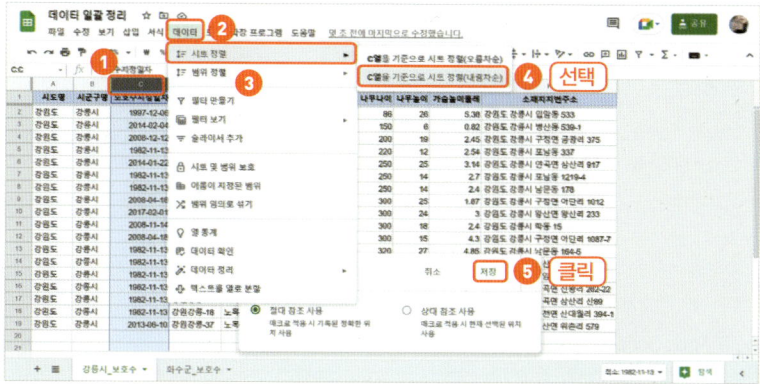

05 [새 매크로 저장] 대화 상자의 이름 입력란에 "데이터 정리"를 입력한 후 '단축키(선택사항)' 항목에 "1"을 입력하고, [저장] 버튼을 클릭합니다.

Chapter 10 매크로와 부가 기능   247

06 저장한 매크로를 다른 시트에 적용하기 위해 하단의 [화수군_보호수] 시트 탭을 클릭하고, [확장 프로그램]-[매크로]-[데이터 정리]를 선택합니다.

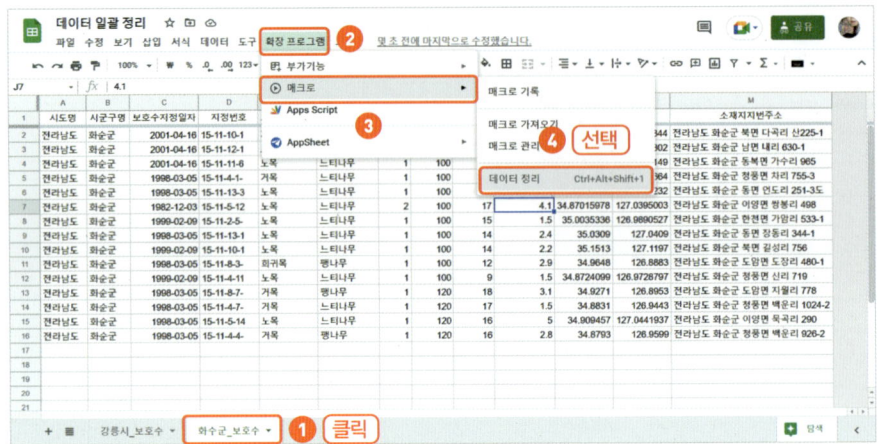

> • **멘토의 팁** •
> 앞서 지정한 단축키인 Ctrl + Alt + Shift + 1 키를 누르면 매크로가 바로 실행됩니다.

07 [권한이 필요합니다] 대화 상자가 나타나면 [계속] 버튼을 클릭합니다.

> • **멘토의 팁** •
> 문서에서 매크로를 처음 작동할 때는 Google Apps Script를 실행하기 위해 권한을 부여해야 합니다.

08 '로그인' 창에서 사용자 계정을 선택한 후 권한 설정에 대한 세부 설명을 확인하고, [허용] 버튼을 클릭합니다.

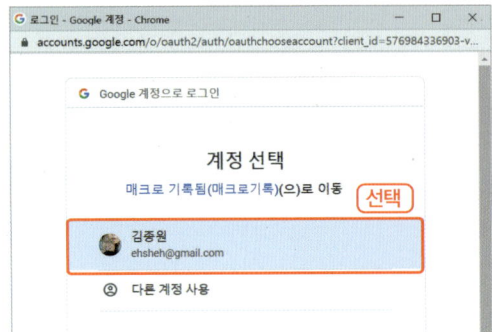 

09 다시 메뉴에서 [확장 프로그램]-[매크로]-[데이터 정리]를 선택하면 현재 시트에 저장한 매크로가 적용되는 것을 확인할 수 있습니다.

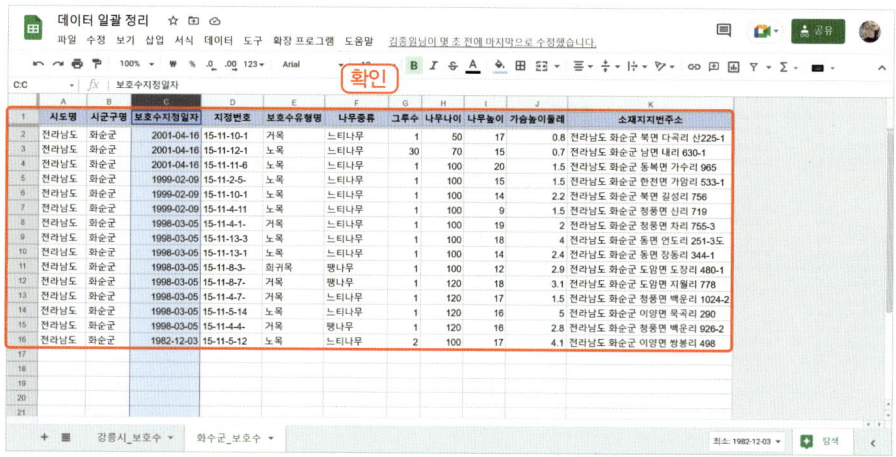

:: 마지막 데이터까지 범위 선택

매크로 기록을 할 때 Ctrl + Shift + ↓ 키를 이용하면 데이터가 입력된 마지막 행을 찾아 선택하는 것을 기록할 수 있습니다. 데이터 행의 길이가 달라도 항상 마지막 행을 찾아 범위를 적용하기 때문에 편리하게 범위를 선택할 수 있습니다.

01 '**데이터 일괄 정리**' **예제 파일**에서 [강릉시_보호수] 탭을 클릭한 후 [확장 프로그램]-[매크로]-[매크로 기록]을 선택합니다.

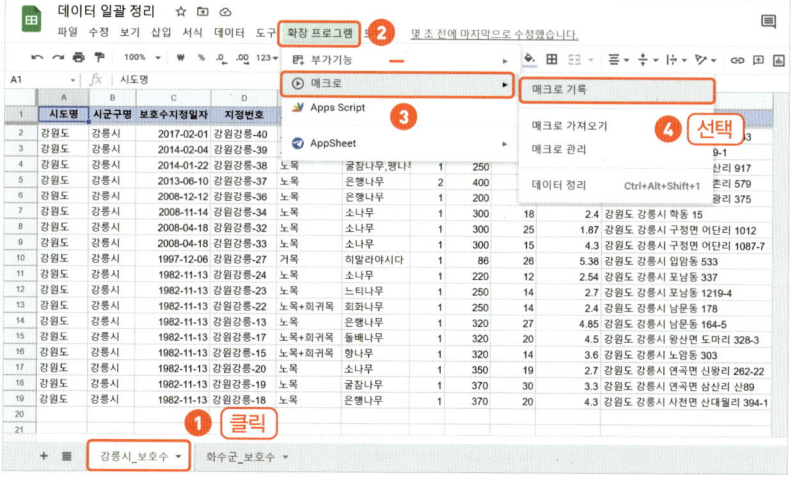

Chapter 10 매크로와 부가 기능 249

02 [A2:A19] 범위를 선택한 후 툴바에서 [채우기 색상(🎨)]-[노란색(🟡)]을 선택합니다.

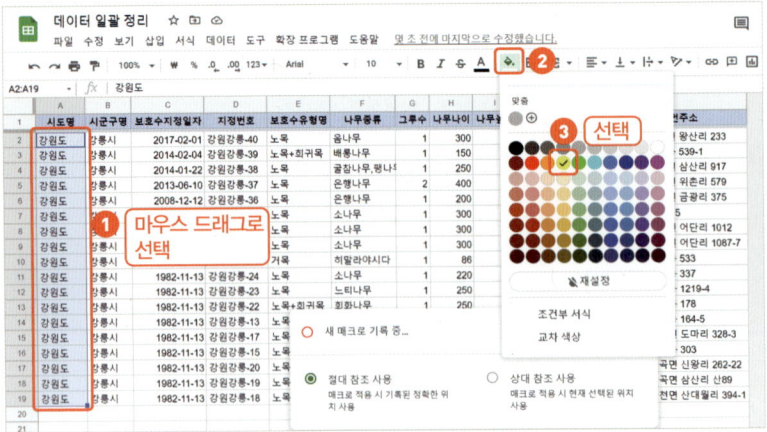

03 이번에는 [C2] 셀을 클릭하고, Ctrl + Shift + ↓ 키를 누르면 데이터가 입력된 마지막 행까지 선택됩니다. 툴바에서 [채우기 색상(🎨)]-[밝은 파란색(🔵)]을 선택합니다.

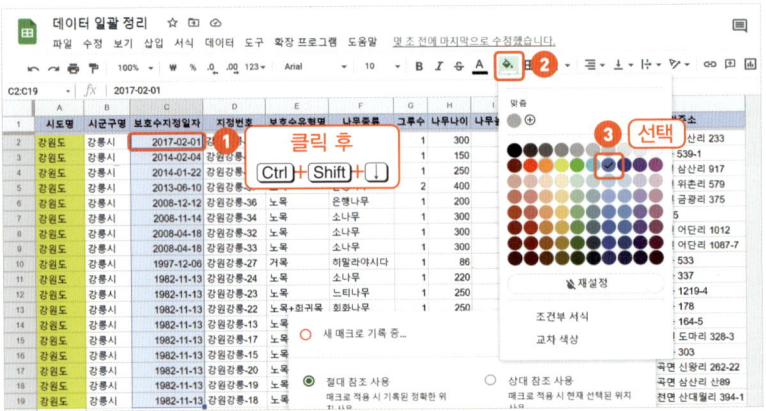

04 매크로에 기록할 작업이 모두 완료되면 '새 매크로 기록 중...' 팝업 창에서 [저장]을 클릭합니다.

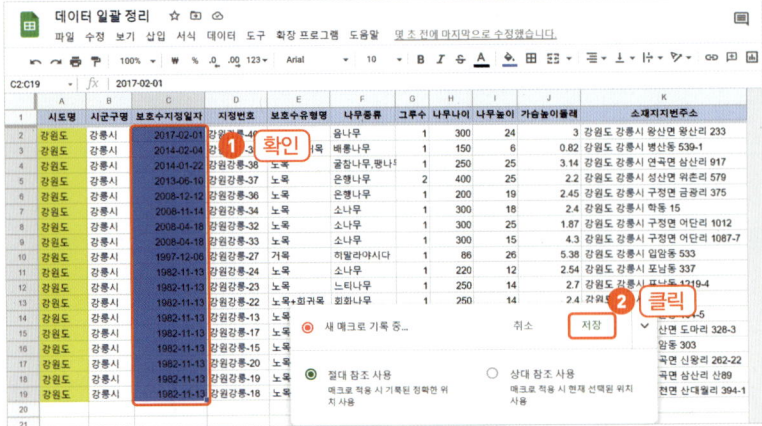

05 [새 매크로 저장] 대화 상자의 이름 입력란에 "배경 변경"을 입력한 후 '단축키(선택사항)' 항목에 "2"를 입력하고, [저장] 버튼을 클릭합니다.

06 다른 시트 탭에도 같은 서식을 적용하기 위해 [화순군_보호수] 시트 탭을 클릭하고, 메뉴에서 [확장 프로그램]-[매크로]-[배경 변경]을 선택합니다.

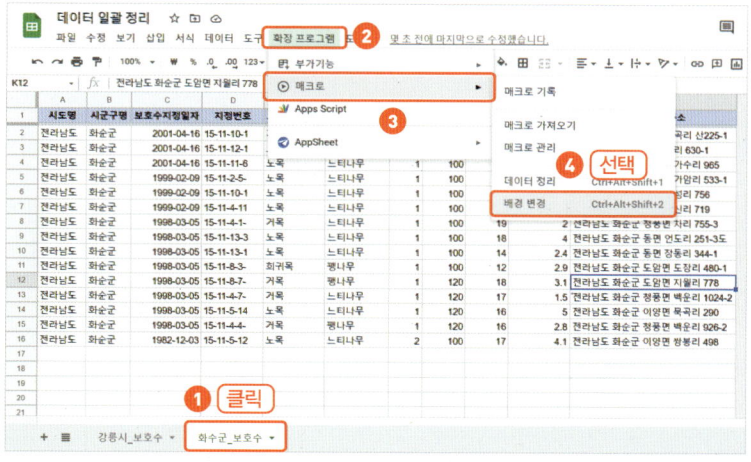

07 그 결과 마우스로 범위를 선택한 노란색 배경은 [A2:A19] 범위까지 그대로 적용되고, Ctrl + Shift + ↓ 키로 범위를 선택한 밝은 파란색 배경은 데이터가 입력된 [C2:C16] 범위까지 적용됩니다.

Chapter 10 매크로와 부가 기능 251

:: 매크로의 절대 참조와 상대 참조

매크로 기록을 할 때 기록의 기준점은 절대 참조와 상대 참조 중 선택할 수 있습니다. 절대 참조는 항상 [A1] 셀을 기준점으로 매크로가 기록되기 때문에 선택한 셀에서만 작업을 수행하고, 상대 참조는 선택한 셀 기준으로 매크로가 기록되기 때문에 선택한 셀과의 상대적 위치를 고려하여 작업을 수행합니다.

01 '절대 참조 VS 상대 참조' 예제 파일을 불러온 후 절대 참조에서 매크로 기록을 수행하기 위해 [확장 프로그램]-[매크로]-[매크로 기록]을 선택합니다.

02 '새 매크로 기록 중...' 팝업 창에서 '절대 참조 사용'을 선택한 후 관심사1, 2, 3을 하나의 셀에서 콤마(,)로 연결하기 위해 [F2] 셀에 =TEXTJOIN(",",TRUE,C2:E2)를 입력하고, Enter 키를 누릅니다.

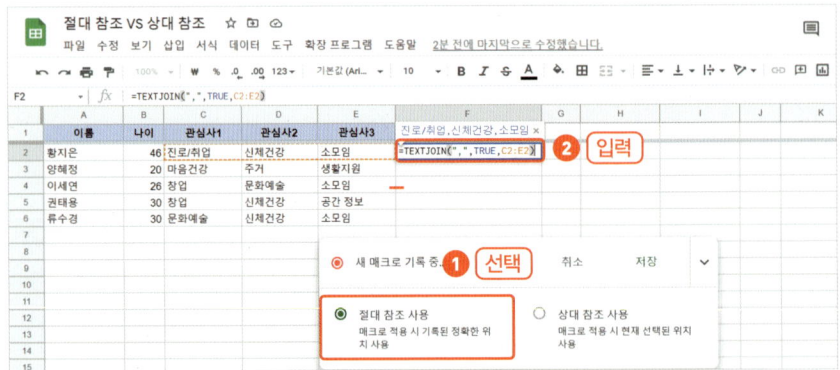

> • 멘토의 팁 •
> TEXTJOIN은 여러 문자열을 결합하는 함수로 자세한 내용은 175쪽을 참고하세요.

03 다시 [F2] 셀을 선택하고 툴바에서 [채우기 색상(🎨)]-[연한 노란색 3(🟡)]을 선택한 후 '새 매크로 기록 중...' 팝업 창에서 [저장]을 클릭합니다.

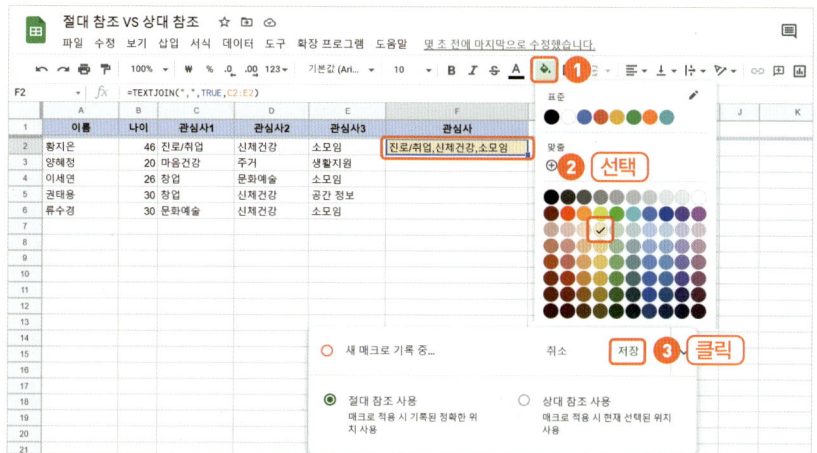

04 [새 매크로 저장] 대화 상자의 이름 입력란에 "관심사(절대참조)"를 입력한 후 '단축키(선택사항)' 항목에 "1"을 입력하고, [저장] 버튼을 클릭합니다.

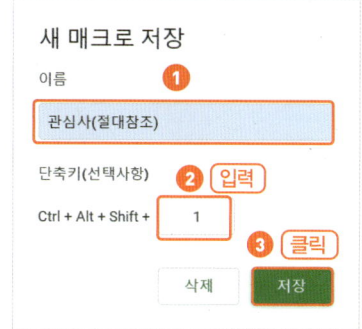

05 저장한 매크로를 적용하기 위해 하단의 [DATA2(절대)] 시트 탭을 클릭한 후 메뉴에서 [확장 프로그램]-[매크로]-[관심사(절대참조)]를 선택합니다([DATA2(절대)] 시트는 B열에 성별이 추가되어 관심사가 오른쪽으로 밀린 데이터임).

06 [DATA2(절대)] 시트 탭에는 B열이 추가되었지만 앞서 기록한 수식 그대로 [C2:E2] 범위의 글자가 쉼표(,)로 연결되어 [F2] 셀에 매크로가 적용됩니다.

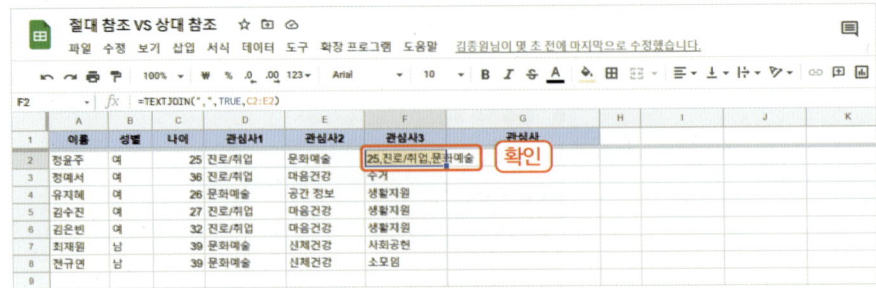

07 06번 문제를 해결하려면 매크로를 상대 참조로 기록해야 합니다. 하단의 [DATA1(상대)] 시트 탭을 클릭한 후 메뉴에서 [확장 프로그램]-[매크로]-[매크로 기록]을 선택합니다.

08 '새 매크로 기록 중…' 팝업 창에서 '상대 참조 사용'을 선택한 후 [F2] 셀에 =TEXTJOIN(",",TRUE,C2:E2)를 입력하고, Enter 키를 누릅니다.

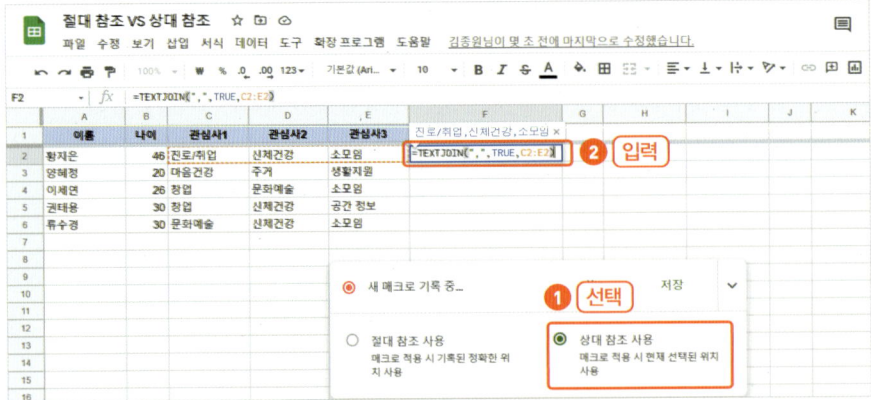

09 다시 [F2] 셀을 선택하고 툴바에서 [채우기 색상(⬦)]-[연한 노란색 3(●)]을 선택한 후 '새 매크로 기록 중...' 팝업 창에서 [저장]을 클릭합니다.

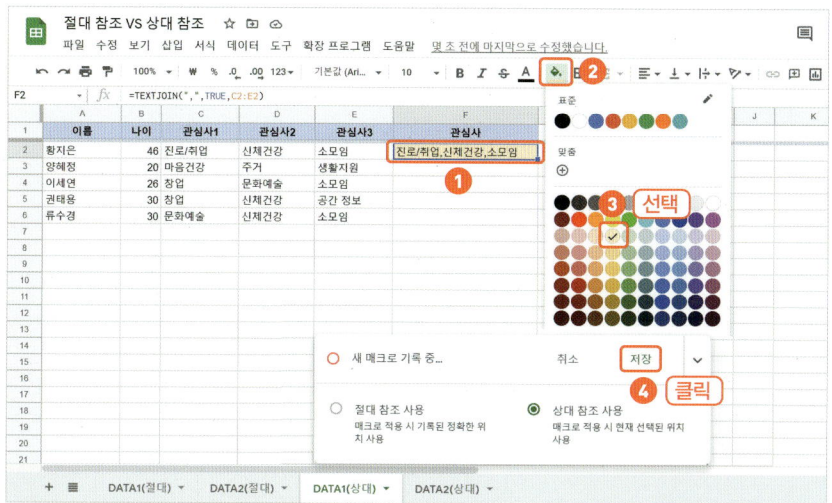

10 [새 매크로 저장] 대화 상자의 이름 입력란에 "관심사(상대참조)"를 입력한 후 '단축키(선택사항)' 항목에 "2"를 입력하고, [저장] 버튼을 클릭합니다.

11 저장한 매크로를 적용하기 위해 [DATA2(상대)] 시트 탭을 클릭한 후 [G6] 셀을 선택하고, 메뉴에서 [확장 프로그램]-[매크로]-[관심사(상대참조)]를 선택합니다.

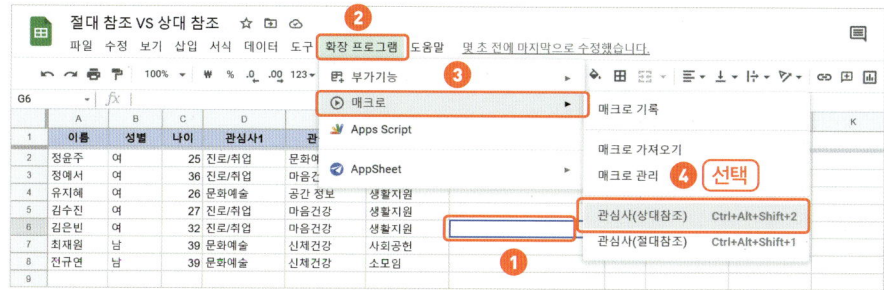

Chapter 10 매크로와 부가 기능　255

12 [G6] 셀에 관심사1, 2, 3의 데이터가 쉼표(,)로 연결되어 나타나는 것을 확인할 수 있습니다.

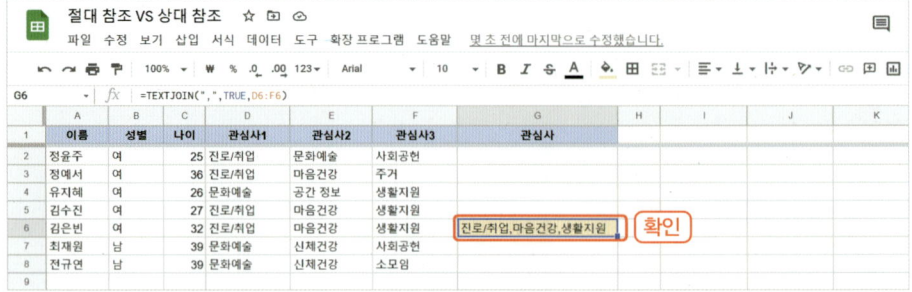

• **멘토의 팁** •

상대 참조는 선택한 셀의 위치를 참조하여 계산하므로 열이 변경되더라도 매크로를 실행할 수 있습니다.

멘토의 노트 — 매크로의 삭제 및 이름 변경

저장한 매크로를 삭제하거나 이름을 변경하여 관리할 수 있습니다.

01 메뉴에서 [확장 프로그램]-[매크로]-[매크로 관리]를 선택합니다.

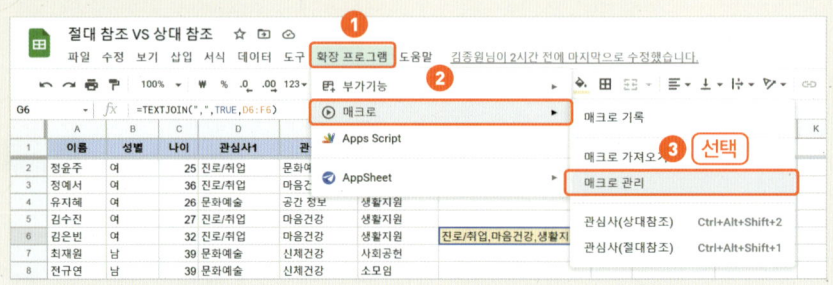

02 [매크로 관리] 대화 상자에서 저장한 매크로 목록을 확인한 후 삭제하려는 매크로의 [옵션 더보기(⋮)]-[삭제]를 선택하고, [업데이트] 버튼을 클릭합니다. 매크로 이름과 단축키는 입력란에서 바로 수정할 수 있습니다.

:: 매크로와 앱스 스크립트

설정한 매크로는 Google Apps Script 코드로 저장되며, 해당 매크로를 실행하면 Apps Script 코드를 읽는 방식으로 진행됩니다. 이렇게 설정한 매크로가 어떤 형식으로 저장되는지 확인할 수 있습니다.

01 '절대 참조 VS 상대 참조' 예제 파일에서 [확장 프로그램]-[Apps Script]를 선택합니다.

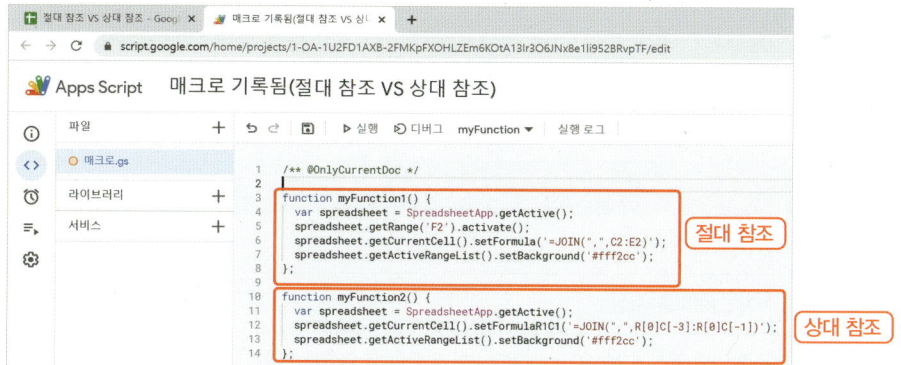

02 myFunction1( ) 함수는 매크로를 절대 참조로 저장한 함수이고, myFunction2( ) 함수는 상대 참조로 저장한 함수입니다. 앞서 진행한 매크로 기록은 Apps Script 함수에 하나의 명령어를 입력하는 작업인데 해당 코드를 수정하면 매크로 실행이 변경됩니다.

03 해당 코드를 이해할 수 있도록 코드마다 설명을 삽입하였는데 앞서 진행한 매크로 기록이 모두 코드로 변경된 것을 확인할 수 있습니다.

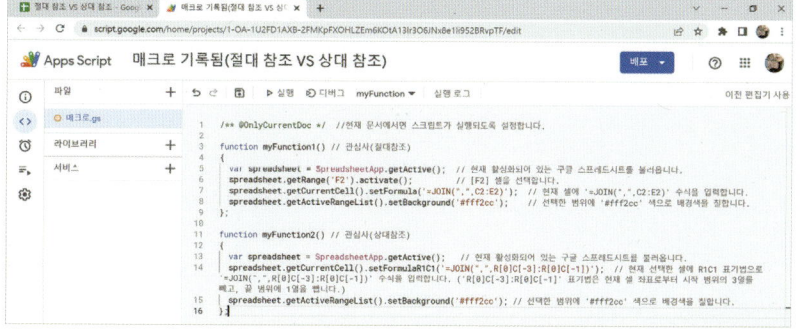

멘토의 노트 — Google Apps Script

Google Apps Script는 구글에서 제공하는 다양한 앱을 연계하거나 자동화 시스템을 만들 수 있도록 도와주는 프로그래밍 언어입니다. 이는 자바스크립트(JavaScript)로 이루어져 있으며 구글 스프레드시트, 드라이브, 지메일, 설문지 등 구글의 19가지 앱에서 사용할 수 있습니다.

구글 스프레드시트에서 만든 Google Apps Script는 구글 문서, 구글 드라이브 등에 접근할 수 있습니다(Google Apps Script에서 구글 스프레드시트는 다른 앱을 위한 데이터베이스를 담당). Google Apps Script는 클라우드에서 실행되는 서비스로 구글 서버를 이용하기 때문에 시간이나 기기의 제약 없이 업무에 적합한 여러 앱을 만들 수 있습니다. 예를 들어 구글 설문지에서 교육 확인증 요청이 있으면 자동으로 데이터를 구글 스프레드시트에 쌓이게 하고, 구글 문서를 통해 확인증을 PDF로 만들어 구글 드라이브에 저장한 후 신청자에게 PDF 다운 링크를 메일로 보낼 수 있습니다.

앱	Apps Script 작동
(구글 설문지)	교육 확인증 신청을 받음
(구글 스프레드시트)	신청받은 정보를 저장
(구글 문서)	교육 확인증 양식에 신청자의 개인정보를 입력한 후 PDF로 변환
(구글 드라이브)	PDF로 변환한 파일을 저장하고 공유 링크를 생성
(지메일)	신청자의 이메일로 PDF 신청 링크를 첨부하여 발송

SECTION 02 구글 워크스페이스 마켓플레이스

구글 워크스페이스 마켓플레이스는 구글 워크스페이스 앱에 부가기능을 추가할 수 있는 온라인 스토어입니다. 여기에서는 원하는 무료 이미지를 삽입하고, 단어별로 문서를 분리하는 기능을 추가해 보겠습니다.

:: 무료 이미지 삽입

구글 워크스페이스 마켓플레이스에서 'Free icons, photos & illustrations'의 부가기능을 설치하면 아이콘, 사진, 일러스트를 쉽게 찾고 무료로 삽입할 수 있습니다.

01 '마켓플레이스 무료이미지' 예제 파일을 불러온 후 메뉴에서 [확장 프로그램]-[부가기능]-[부가기능 설치하기]를 선택합니다.

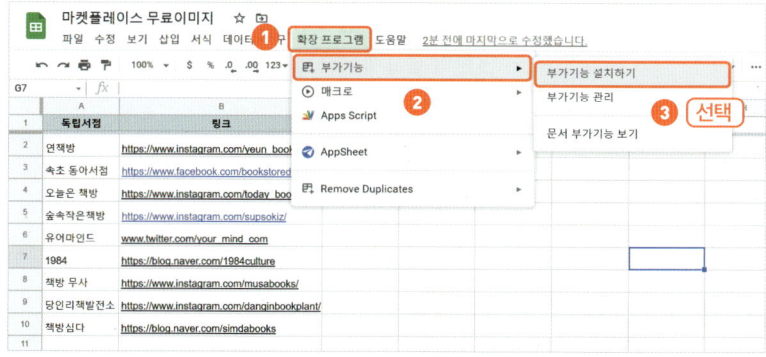

02 'Google Workspace Marketplace' 창의 검색란에 "Free icons, photos & illustrations"를 입력하여 검색한 후 해당 항목을 선택합니다.

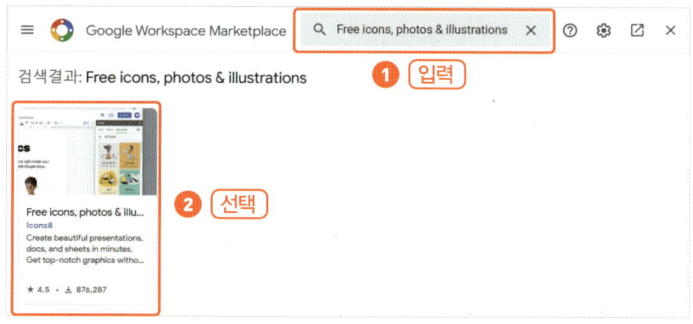

> • 멘토의 팁 •
>
> [메뉴(☰)]를 클릭하면 구글 드라이브, 설문지, 문서 등 다른 앱에 설치할 수 있는 다양한 부가기능을 찾을 수 있습니다.

03 해당 화면이 나타나면 [설치] 버튼을 클릭합니다.

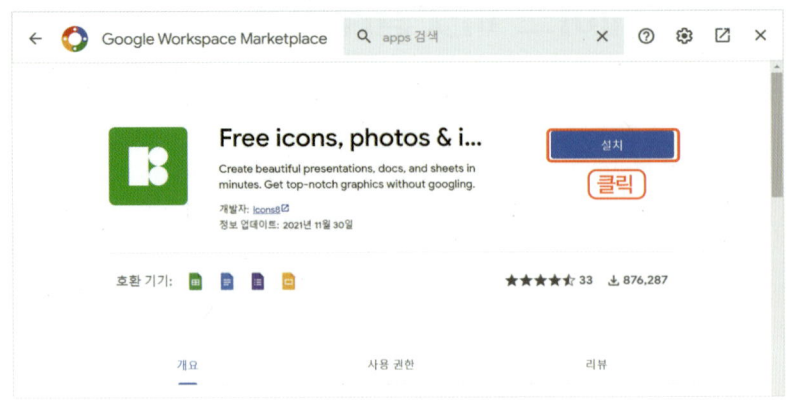

04 부가기능에 대한 권한을 부여하기 위해 [계속]을 클릭합니다.

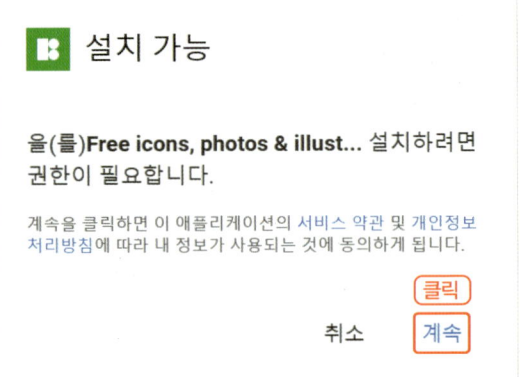

05 로그인 창에서 사용자 계정을 선택하고, [허용] 버튼을 클릭합니다.

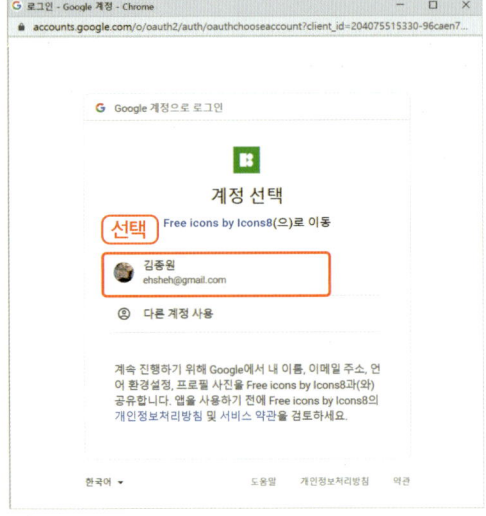
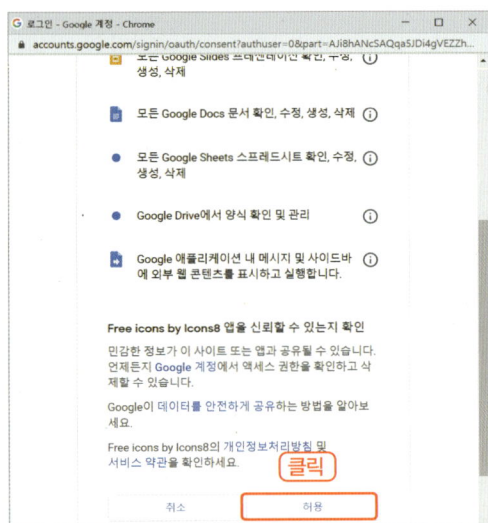

06 '부가기능이 설치되었다'는 메시지를 확인하면 [완료]를 클릭한 후 해당 창을 닫기 위해 [닫기(✕)] 단추를 클릭합니다.

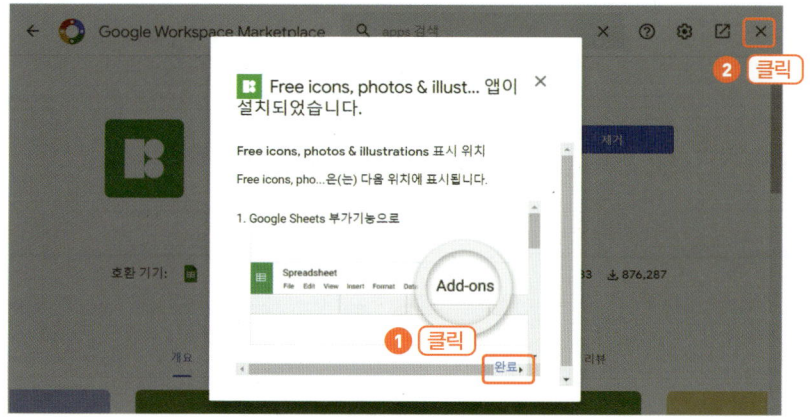

07 설치한 부가기능을 실행하기 위해 메뉴에서 [확장 프로그램]-[Free icons, photos & illustrations]-[Start]를 선택합니다.

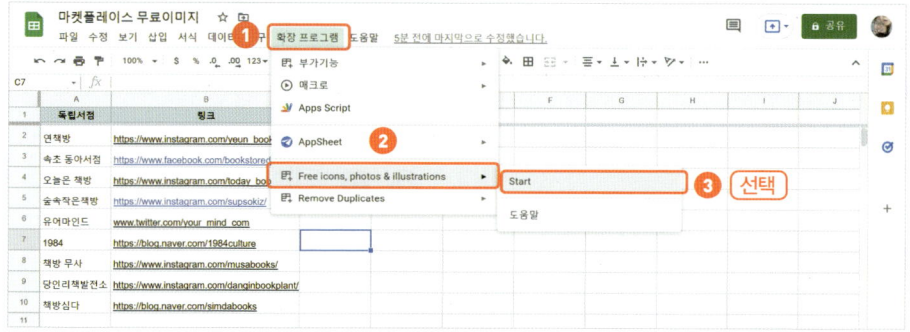

08 해당 작업 창의 검색란에 "instargram"을 입력하여 검색한 후 사용하고 싶은 이미지를 선택하면 스프레드시트에 이미지가 삽입됩니다.

09 원하는 셀에 이미지를 위치시키기 위해 [C2] 셀을 클릭하고, 삽입된 이미지에서 [옵션 더보기] ((:)]-[선택한 셀에 이미지 배치]를 선택합니다.

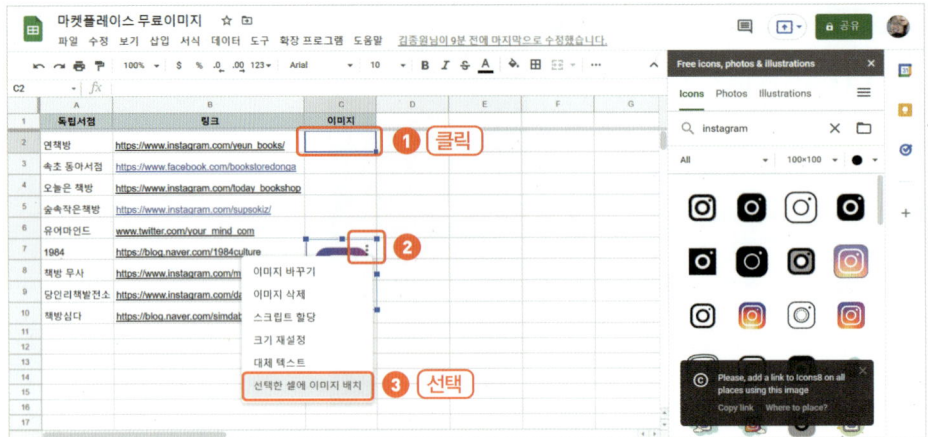

10 원하는 셀에 이미지가 삽입된 것을 확인할 수 있습니다.

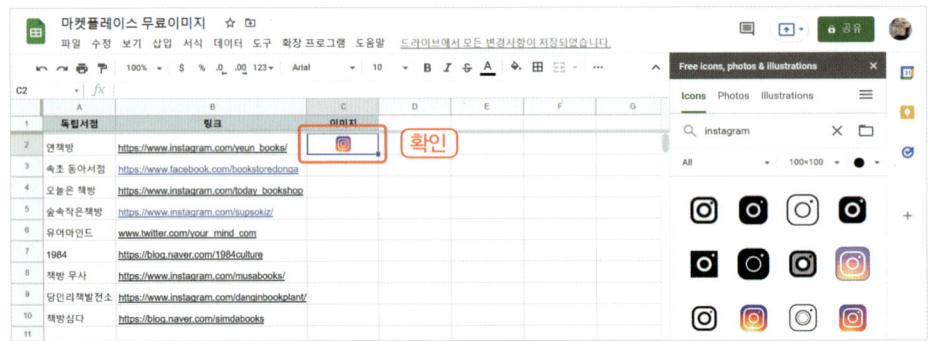

11 동일한 방법으로 'facebook', 'twitter', 'blog'를 각각 검색하여 관련 이미지들을 C열에 삽입합니다.

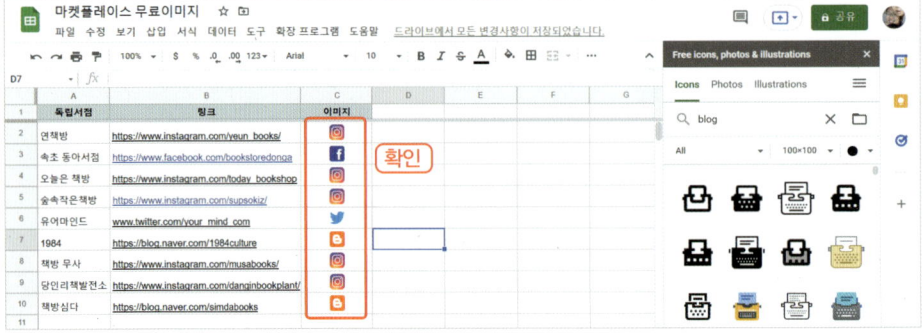

:: 특정 문자열 기준의 문서 분리

Sheet Spider 부가기능을 설치하면 특정 열의 문자열을 기준으로 데이터를 각각 다른 구글 스프레드시트 문서로 분리하여 저장할 수 있습니다.

01 '**Sheet Spider' 예제 파일을** 불러온 후 메뉴에서 [확장 프로그램]-[부가기능]-[부가기능 설치하기]를 선택합니다.

02 'Google Workspace Marketplace' 창의 검색란에 "Sheet Spider"를 입력하여 검색한 후 해당 항목을 선택합니다. 이후 부가기능에 대한 설치와 권한 부여는 앞서 259쪽을 참고하여 설치를 마무리합니다.

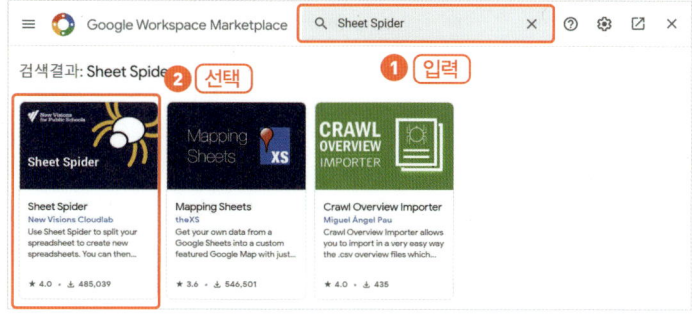

03 설치한 부가기능을 실행하기 위해 메뉴에서 [확장 프로그램]-[Sheet Spider]-[Launch]를 선택합니다.

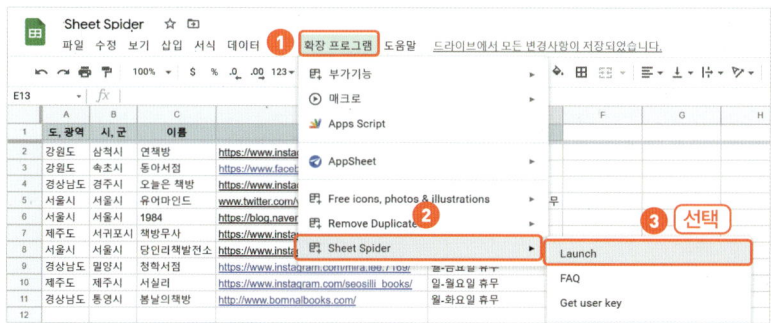

04 [Sheet Spider] 대화 상자에서 [GET STARTED] 버튼을 클릭한 후 STEP 1에서 'Select your sheet'의 목록(▼) 단추를 클릭하여 나눌 시트 명(독립서점)을, 'Select your column'의 목록(▼) 단추를 클릭하여 시트를 분리할 열(도, 광역)을 각각 선택한 후 [NEXT] 버튼을 클릭합니다.

 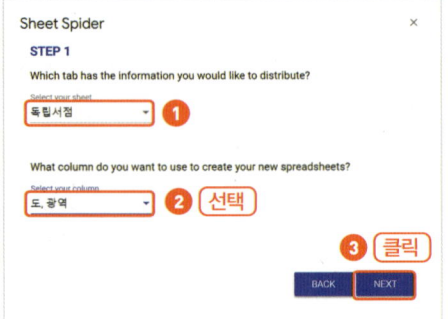

05 STEP 2에서 [Select folder] 버튼을 클릭한 후 구글 스프레드시트 파일이 저장될 폴더를 선택하고, [Select] 버튼을 클릭합니다.

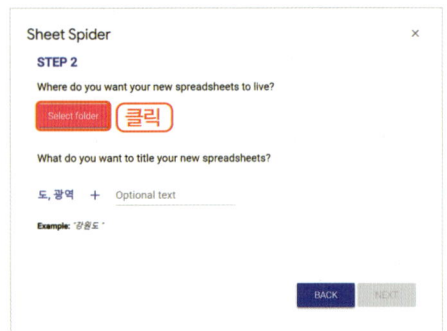 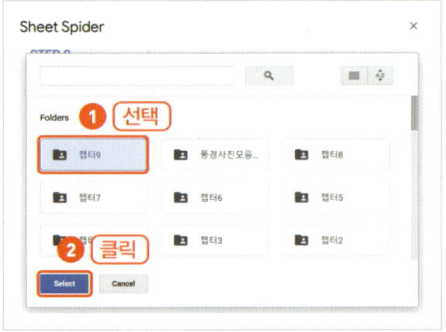

> **• 멘토의 팁 •**
> 구글 스프레드시트 파일이 저장될 폴더는 사용자마다 다르게 나타납니다.

06 'Optional text' 입력란에 "독립서점"을 입력하고, [NEXT] 버튼을 클릭한 후 '도, 광역 열을 기준으로 4개의 새로운 구글 스프레드시트를 만든다'는 메시지를 확인하면 [CREATE] 버튼을 클릭합니다.

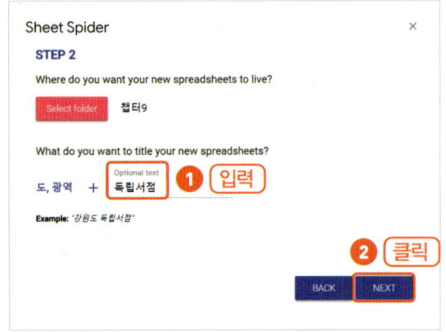 

07 작업이 성공했다는 메시지를 확인하고, [CLOSE] 버튼을 클릭합니다.

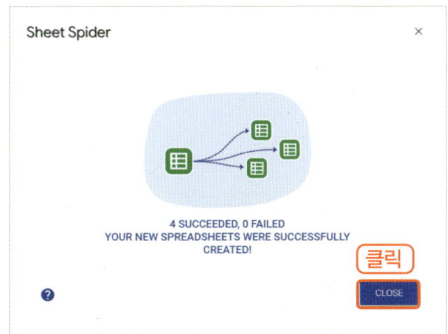

08 [Sheet Spider] 시트 탭이 새롭게 생성되어 작업 기록을 확인할 수 있습니다. 결과물을 확인하기 위해 [C6] 셀의 링크를 클릭합니다.

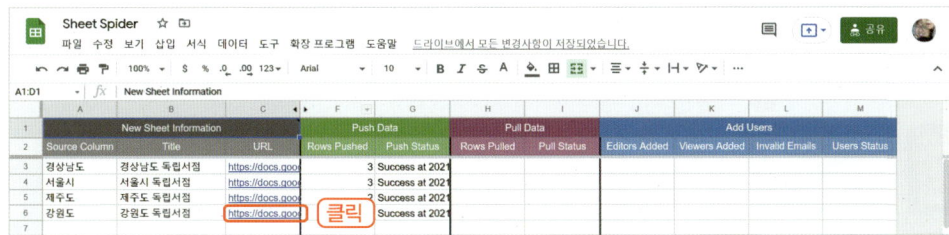

09 새로운 파일로 '강원도 독립서점' 문서가 실행되는 것을 확인할 수 있습니다.

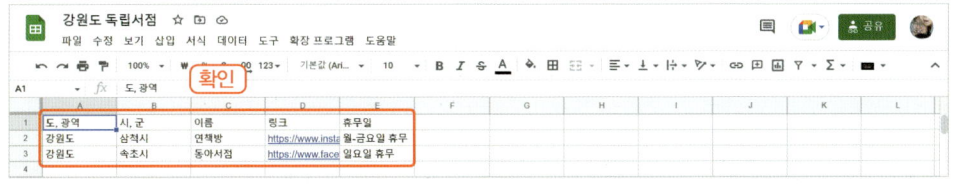

10 구글 드라이브에서 앞서(05번) 지정한 '챕터9' 폴더로 이동하면 지역별로 분리되어 생성된 문서를 확인할 수 있습니다.

멘토의 노트 | 부가기능 제거

구글 워크스페이스 마켓플레이스에서 설치한 부가기능을 제거할 수 있습니다.

01 메뉴에서 [확장 프로그램]-[부가기능]-[부가기능 관리]를 선택합니다.

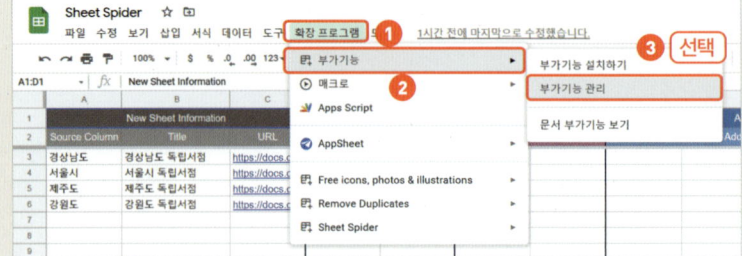

02 Sheet Spider의 부가기능에서 [옵션 더보기(⋮)]-[제거]를 선택합니다.

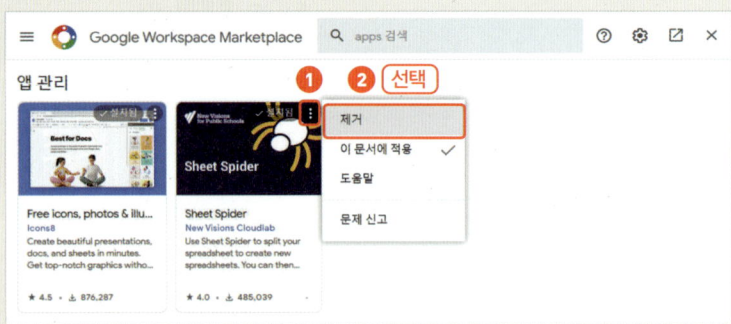

03 [Sheet Spider 제거 확인] 대화 상자에서 [앱 제거]를 클릭합니다.

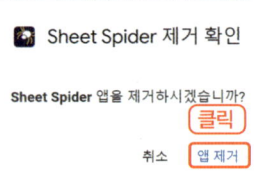

04 'Google Workspace Marketplace' 창에서 해당 부가기능이 삭제됩니다.

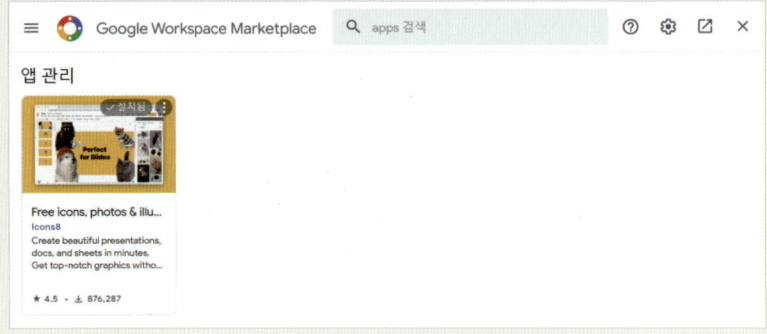

업무에 유용한 실전 예제

실전에 자주 사용하여 업무 속도를 높일 수 있는 다양한 샘플들을 소개합니다. 데이터를 입력하면 행 번호가 자동 생성되거나, 데이터 입력 시간을 자동으로 기록하거나, 선택한 열 데이터만 모아 보거나, 숫자를 한글로 변환하는 등 다양한 기능에 대해 살펴보겠습니다.

SECTION 01 / 행 번호 자동 입력

A열은 주로 행 번호를 입력하는 열로 사용하는 경우가 많습니다. 이에 A열의 행 번호가 자동으로 생성된다면 데이터 개수를 파악하고, 행별로 고유값을 만들 수 있어 데이터를 쉽게 관리할 수 있습니다.

01 '**행번호 자동 입력**' **예제 파일을** 불러온 후 [A2] 셀에 =ROW(A2)-ROW(A1)을 입력하고, Enter 키를 누릅니다.

· **멘토의 팁** ·

ROW 함수는 지정된 셀의 행 번호를 반환하는 함수로 A2의 행 번호는 '2'이고, 여기에서 ROW(A1)을 빼는 이유는 머리글 행이 차지하는 행 개수를 제외하여 숫자 '1'부터 행 번호가 시작되도록 하기 위함입니다. 작업 중 머리글 행에 행이 추가되더라도 상대 참조로 인해 행 번호가 변경되지는 않습니다.

02 [A2] 셀의 수식을 =IF(B2<>" ",ROW(A2)-ROW(A1)," ")로 변경합니다. 이는 [B2] 셀에 데이터를 입력하면 자동으로 행 번호가 입력되고, 데이터가 없으면 빈 셀로 나타납니다. IF 함수에 대한 자세한 내용은 162쪽을 참고하세요.

03 [A2] 셀의 수식을 =ARRAYFORMULA(IF(B2:B〈 〉" ",ROW(A2:A)−ROW(A1)," ")로 변경합니다. 이는 B열과 A열의 범위(B2:B와 A2:A)를 지정하여 B열에 데이터가 입력되면 같은 행의 A열에 열 번호가 자동으로 입력되도록 합니다. ARRAYFORMULA 함수에 대한 자세한 설명은 226쪽을 참고하세요.

A2	▼	fx	=ArrayFormula(IF(B2:B<>"",ROW(A2:A)
	A	B	C
1	번호	이름	입력
2	=ArrayFormula(IF(B2:B<>"",ROW(A2:A)-ROW(A1),""))		
3			
4			
5			
6			

> **・멘토의 팁・**
> 엑셀에서 자동으로 행 번호 입력을 구현하기 위해서는 A열의 모든 셀에 함수를 입력해야 하지만 구글 스프레드시트에서는 하나의 셀에만 함수를 입력하면 됩니다.

04 B열에 데이터를 입력하면 자동으로 A열에 행 번호가 입력되지만 B열에 데이터를 입력하지 않으면 행 번호가 입력되지 않습니다.

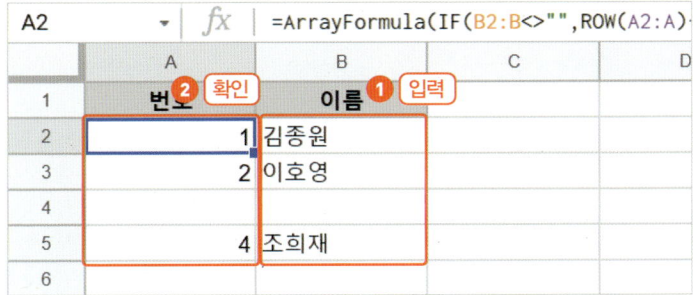

> **・멘토의 팁・**
> 행 번호를 적용한 A열에 다른 데이터를 입력하면 참조 에러(#REF!)가 발생합니다. 이러한 문제를 해결하기 위해서는 A열에 시트 보호 처리를 하는 것이 좋습니다. 시트 보호에 대한 자세한 내용은 91쪽을 참고하세요.

멘토의 노트 — 배열 수식으로 머리 열에 배열 함수 넣기

[A2] 셀에 구현한 함수를 배열 수식으로 [A1] 셀에 입력하면 머리 열에 함수를 입력하는 것만으로도 A열 전체에 행 번호를 구현할 수 있습니다. 머리 열의 이름을 넣고 배열 함수를 두 개의 셀로 구현한 것을 한 셀로만 구현하면 관리가 편리합니다. 배열 수식에 대한 자세한 내용은 202쪽을 참고하세요.

01 앞에서 입력한 [A2] 셀의 함수를 삭제한 후 [A1] 셀에 ={"번호";ARRAYFORMULA(IF(B2:B<> " ",ROW(A2:A)-ROW(A1),""))}을 입력하고, Enter 키를 누릅니다.

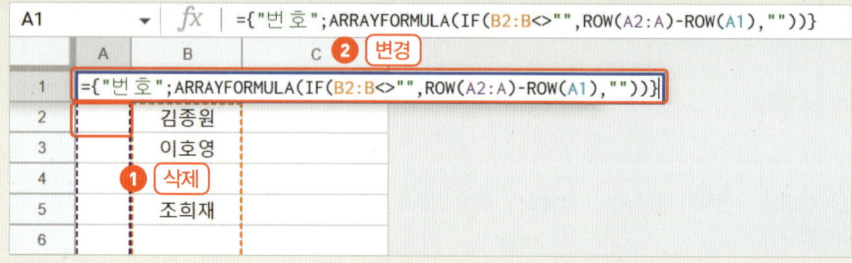

02 그 결과 열 번호가 그대로 적용됩니다.

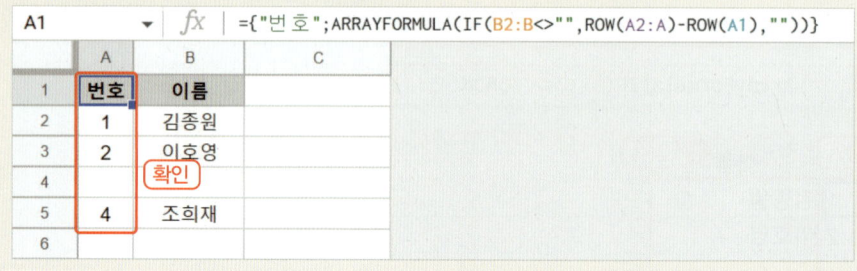

SECTION 02 / 입력 시간 자동 기록

구글 스프레드시트 설정에서 순환 참조 수식을 활성화하고, NOW 함수를 사용하면 자동으로 데이터의 입력 시간을 기록하는 기능을 만들 수 있어 시간을 따로 입력할 필요가 없습니다.

01 '**입력 시간 자동 기록**' **예제 파일을** 불러온 후 [A2] 셀에 =ArrayFormula(IF(B2:B="","",IF(A2:A ="",NOW( ),A2:A)))를 입력하고, Enter 키를 누릅니다.

A2	fx	=ArrayFormula(IF(B2:B="","",IF(A2:A="",NOW(),A2:A)))
	A	B	C
1	입력시간	이름	
2	=ArrayFormula(IF(B2:B="","",IF(A2:A="",NOW(),A2:A)))	입력	
3			
4			

• **멘토의 팁** •

함수식 =ArrayFormula(IF(B2:B="","",IF(A2:A="",NOW( ),A2:A)))는 이름 열이 비어 있으면(B2:B="") 빈칸("")을, 데이터가 입력되면 입력시간 열(A2:A)이 비어 있는지 확인합니다. 비어 있으면(A2:A="") 입력시간을 입력(NOW( ))하고, 그렇지 않으면 이전에 입력한 값을 그대로(A2:A) 둡니다. ARRAYFORMULA 함수를 이용해서 이름 열(B)과 입력시간 열(A) 전체 행마다 계산이 되도록 설정합니다.

02 [B2] 셀에 임의의 이름을 입력하면 [A2] 셀에 #REF! 오류가 나타납니다. 이는 A열에 함수를 입력했는데 함수 내에서 다시 A열을 참조하기 때문에 순환 종속 참조가 일어나는 오류입니다.

C9	fx	
	A	B	C
1	입력시간 ❷ 확인	이름 ❶ 입력	
2	#REF!	김종원	
3			
4			

• **멘토의 팁** •

순환 종속 참조는 수식에서 직접 또는 간접적으로 셀 자신을 참조하는 경우 나타납니다.

03 순환 종속 참조 기능을 활성화하기 위해 메뉴에서 [파일]-[설정]을 선택합니다.

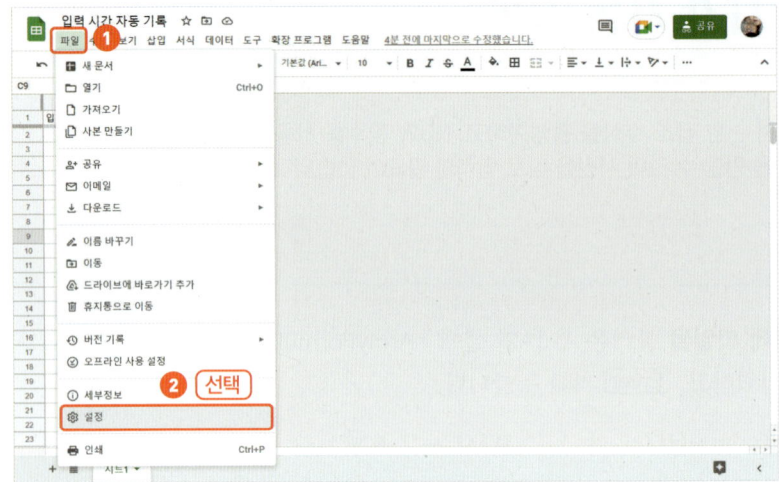

04 [스프레드시트 설정] 대화 상자의 [계산] 탭에서 '반복 계산'의 목록(▼) 단추를 클릭하여 [사용]을 선택하고, [설정 저장] 버튼을 클릭합니다.

05 B열에 임의의 이름을 입력하면 자동으로 입력시간이 나타납니다.

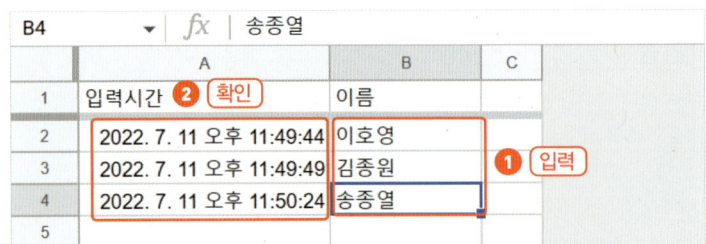

SECTION 03 / 체크 항목 모아보기

행마다 체크 박스를 만들어 선택한 항목만 다른 시트 탭에서 모아볼 수 있습니다. 구글 설문지로 데이터를 수시로 요청할 때 원하는 데이터만 수집할 수 있고, 전체 목록 중에서 선택한 일부 목록만 따로 관리하여 보고서용 시트를 만들 수 있습니다.

01 **'체크한 항목만 모아보기' 예제 파일을** 불러온 후 선택한 행의 배경색이 변경되도록 하기 위해 메뉴에서 [서식]-[조건부 서식]을 선택합니다.

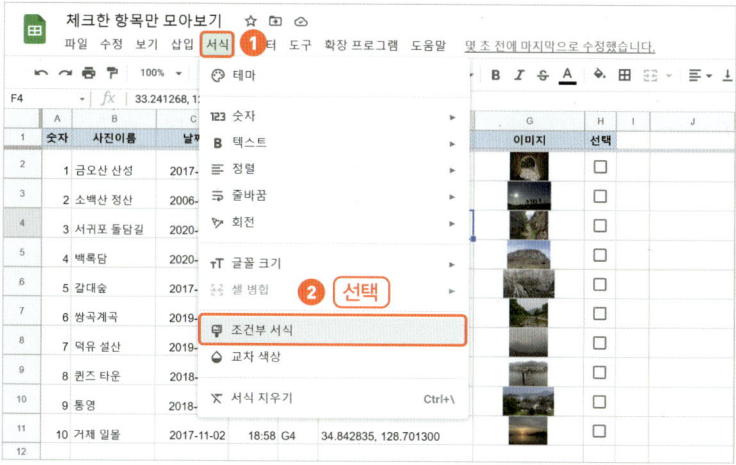

02 '조건부 서식 규칙' 작업 창의 '범위에 적용'에 "A2:H"를 입력한 후 '다음의 경우 셀 서식 지정'에서 [맞춤 수식]을 선택하고, "=$H2"를 입력한 다음 [완료] 버튼을 클릭합니다.

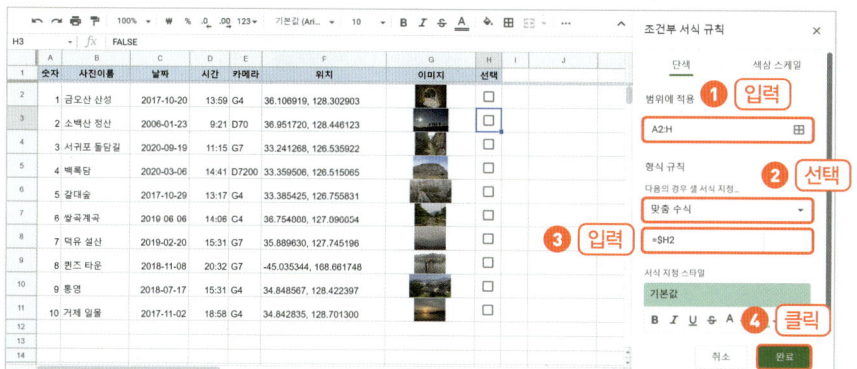

• 멘토의 팁 •

수식 =$H2는 H열에 체크 표시가 되어 TRUE인 행을 찾아 해당 행에 배경색을 적용하는 것입니다. 혼합 참조를 사용하여 열이 고정되도록 합니다.

03 H열에서 체크 박스를 선택하면 해당 행의 배경색이 기본값 색으로 적용되는 것을 확인할 수 있습니다.

04 선택한 행만을 따로 모아보기 위해 하단에서 [CheckedDATA] 시트 탭을 선택한 후 [A2] 셀에 =FILTER('DATA'!$A$2:$G,'DATA'!$H$2:$H=true)를 입력하고, Enter 키를 누릅니다.

05 그 결과 03번에서 선택한 행들만 따로 나타납니다.

06 다시 [DATA] 시트 탭으로 이동한 후 H열에서 원하는 행을 추가로 선택합니다.

07 그 결과 선택한 행들이 추가로 변경된 것을 확인할 수 있습니다.

멘토의 노트 — 셀에서 이미지를 참조할 수 없는 QUERY 함수

데이터를 검색하기 위해 QUERY 함수를 사용하면 세밀하게 원하는 데이터를 추출할 수 있지만 셀 내에서는 이미지와 함께 특정 데이터를 참조할 수 없어 빈 셀로 표시됩니다.

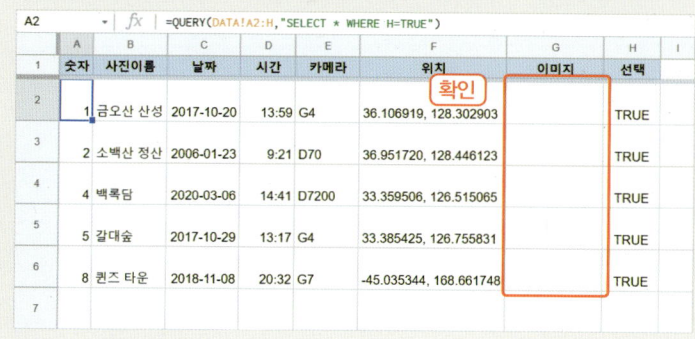

부록 업무에 유용한 실전 예제 **275**

SECTION 04 조건부 서식으로 중복 데이터 강조

고객ID와 같이 유일한 데이터만 입력되어야 하는 열에 중복된 데이터가 있다면 조건부 서식으로 미리 표시하여 사용자가 중복 데이터를 입력하지 않도록 사전에 예방할 수 있습니다.

01 '중복 데이터 표시' 예제 파일을 불러온 후 [F2] 셀에 =ArrayFormula(COUNTIF(A2:A, A2:A))를 입력하고, Enter 키를 누릅니다.

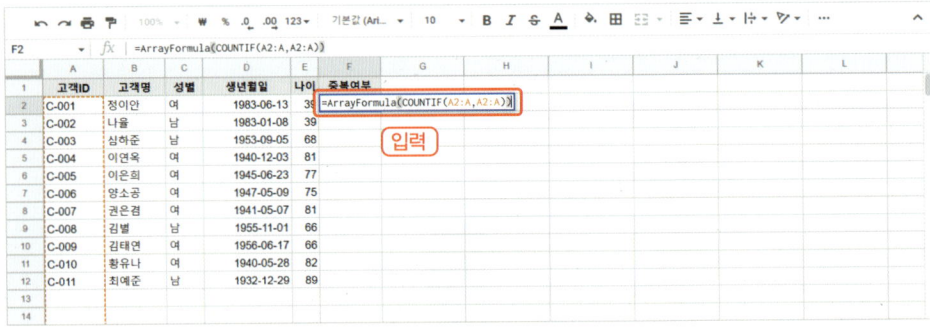

• 멘토의 팁 •

함수식 =ArrayFormula(COUNTIF(A2:A,A2:A))는 A2:A 범위 중 같은 데이터를 입력한 개수를 표시한 것으로 ArrayFormula 함수를 사용하여 모든 행의 중복 숫자를 찾습니다.

02 [A13] 셀에 "C-011"을 입력하면 [F12] 셀과 [F13] 셀이 2로 변경되는데 이는 중복 데이터를 찾은 개수를 의미합니다.

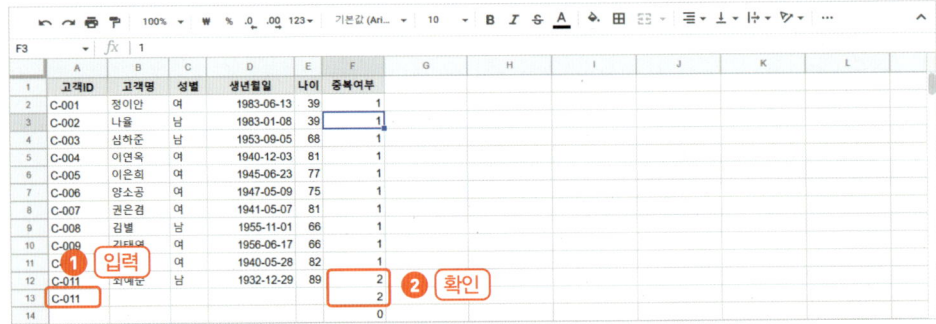

03 [F2] 셀에서 마우스 오른쪽 버튼을 클릭하고, [셀 작업 더보기]-[조건부 서식]을 선택합니다.

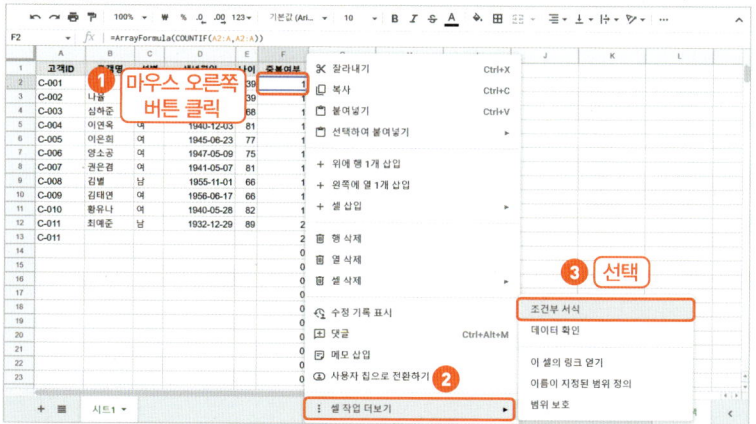

04 '조건부 서식 규칙' 작업 창의 '범위에 적용' 항목에 "A2:F"를 입력한 후 형식 규칙의 목록(▼) 단추를 클릭하고, [맞춤 수식]을 선택합니다.

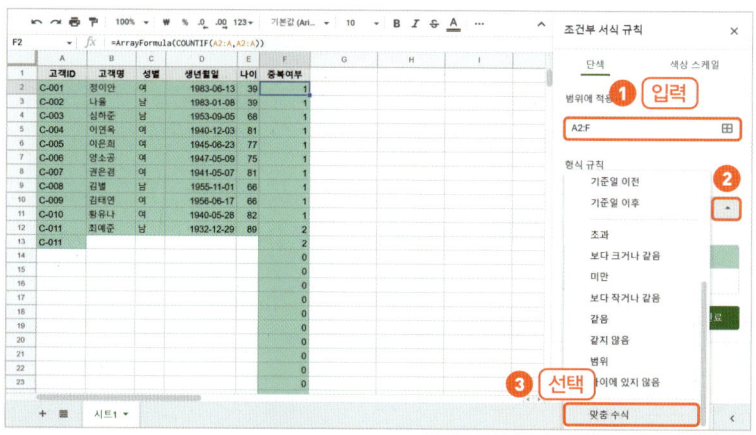

05 맞춤 수식의 입력란에 "=$F2>1"을 입력하고, 서식 지정 스타일의 채우기 색상(◆) 아이콘을 클릭합니다.

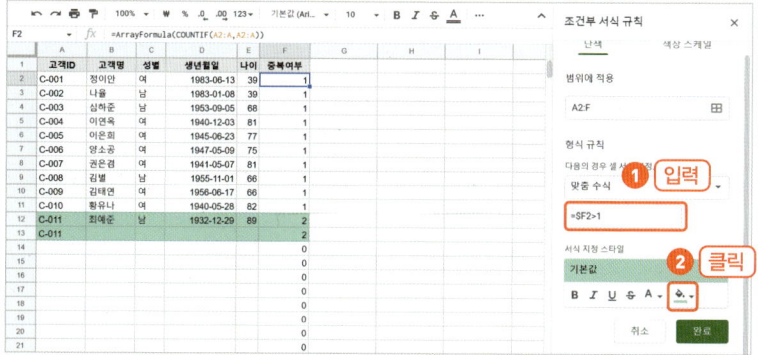

부록 업무에 유용한 실전 예제 **277**

• 멘토의 팁 •

맞춤 수식에 "=$F2>1"을 입력하면 F열에서 2 이상의 데이터를 찾습니다(혼합 참조를 사용하여 행 방향으로 여러 데이터를 찾음).

06 중복된 데이터가 나타나면 경고색을 지정하기 위해 채우기 색상을 '연한 빨간색 2(●)'로 선택하고, [완료] 버튼을 클릭합니다.

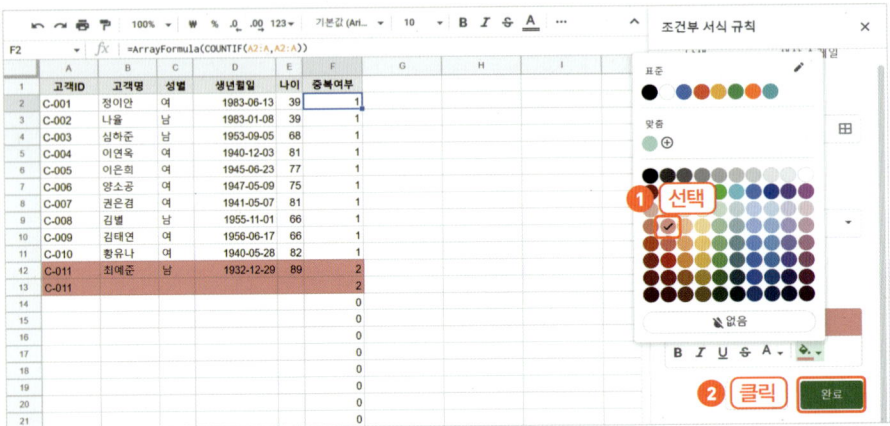

07 '조건부 서식 규칙' 작업 창을 닫고, [A14] 셀에 "C-003"을 입력하면 중복된 데이터가 있는 4행에도 조건부 서식이 적용되는 것을 확인할 수 있습니다.

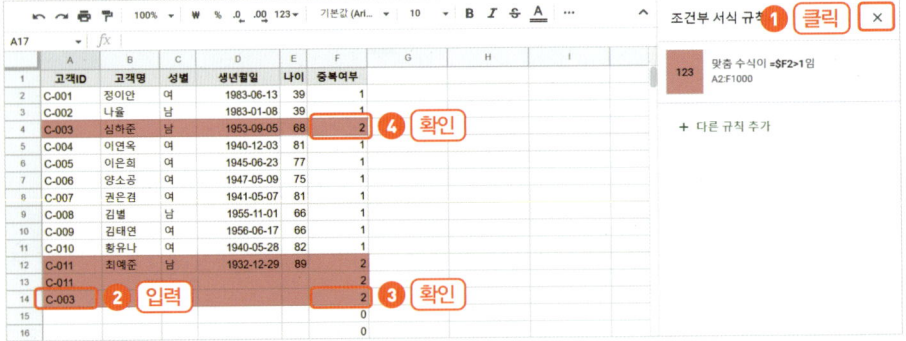

• 멘토의 팁 •

F열은 조건부 서식을 작동시키기 위한 열이므로 필요에 따라 '열 숨기기'로 사용하는 것이 좋습니다. 열 숨기기에 대한 자세한 내용은 90쪽을 참고하세요.

SECTION 05 / 숫자를 한글로 변환하는 함수

Google Apps Script를 활용하면 구글 스프레드시트에서 제공하지 않는 함수를 만들어 사용할 수 있습니다. 또한, 인터넷 검색을 통해 공개된 여러 가지 함수를 쉽게 가지고 와서 활용할 수 있습니다. 여기에서는 숫자를 한글로 변환하는 함수에 대해 살펴보겠습니다.

01 google.com에서 "숫자를 한글 발음대로 표기"를 검색한 후 GitHub 링크를 선택합니다.

02 GitHub 사이트는 숫자를 한글 발음대로 표기하는 자바스크립트로 해당 부분의 소스를 복사합니다.

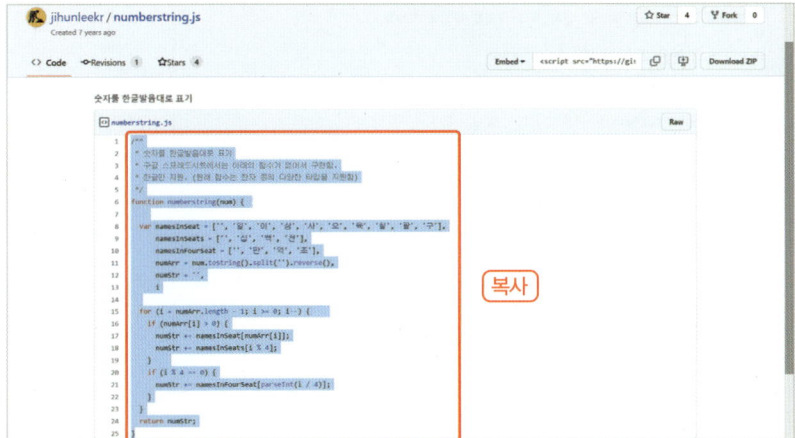

부록 업무에 유용한 실전 예제　279

03 '**숫자를 한글로 변환 함수**' **예제 파일을** 불러온 후 메뉴에서 [확장 프로그램]-[Apps Script]를 선택합니다.

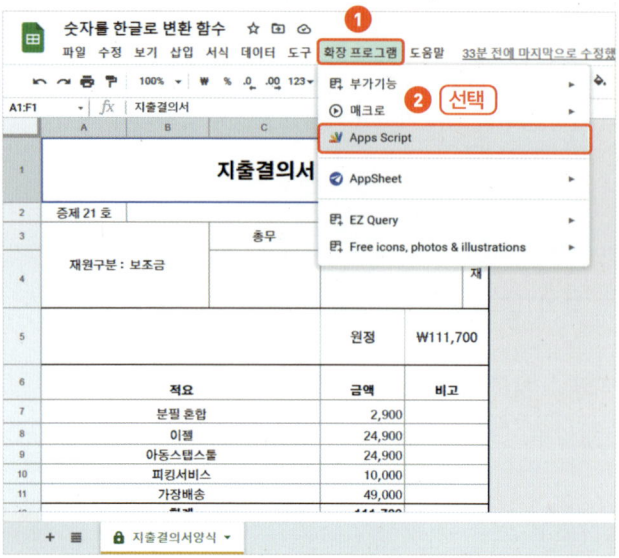

04 [Apps Script] 탭이 나타나면 Code.gs의 커서 위치에 복사한 소스를 붙여넣고 저장한 다음 [Apps Script] 탭을 닫습니다(NUMBERSTRING 함수를 생성함).

05 [A5] 셀에 =“일금”&NUMBERSTRING(E5)&“원”을 입력하고, Enter 키를 누릅니다.

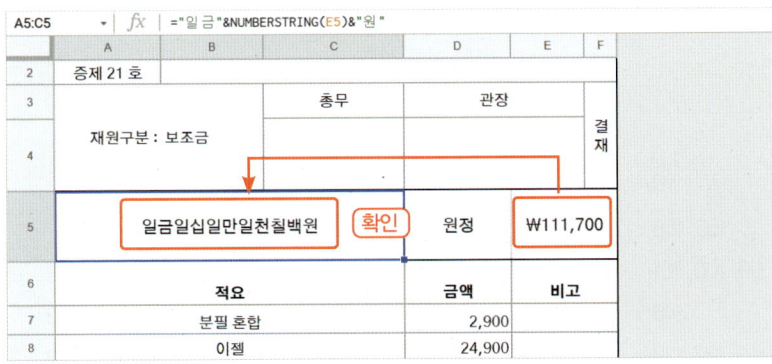

• **멘토의 팁** •
함수식 =“일금”&NUMBERSTRING(E5)&“원”은 [E5] 셀의 숫자를 인수로 사용하고, 함수 앞뒤로 '일금'과 '원'을 추가합니다.

06 그 결과 [E5] 셀의 숫자를 참조하여 한글 문자로 변환된 것을 확인할 수 있습니다.

찾아보기

ㄱ~ㄴ

값별 필터링	125
공유 링크 만들기	32, 36
공유 설정	27
구글 문서 편집기	12
구글 스프레드시트 실행	16
구글 스프레드시트 화면	18
구글 앱스 스크립트	15
기타 유용한 함수	194
날짜 데이터	44, 45
날짜/시간 함수	179
날짜 연산	186
누적 영역 차트	140, 144

ㄷ~ㄹ

다른 시트 참조	111
대시보드	155, 158
댓글로 업무 할당	98, 99, 100, 101
데이터 일괄 정리	246
데이터 정렬	122, 123
데이터 통합	205
데이터 형식	44, 45, 46
데이터 확인	60, 63, 64, 65
드롭다운 만들기	68
링크 공유	25

ㅁ~ㅂ

마켓플레이스	259, 263
맞춤 수식	128
맞춤 수식 만들기	71
맞춤 숫자 형식	58, 59
매크로 기능	246, 249, 252, 257
매크로 기록	246, 252
메모 삽입	104
무료 이미지 삽입	259
문자 데이터	46
문자열 함수	171
배열 수식	202, 204, 270
배열 입력하기	202
배열 참조	204, 205
배열 함수	208, 270
버전 기록	28
범위 보호	93
범위 선택	74, 75, 76, 249
범위 이름 삭제	114
범위 참조	120

ㅅ~ㅇ

사본 만들기	31
사용자 및 그룹과 공유	21, 23
상대 참조	108, 252
색상 스케일	85
색상별 필터링	129
서식 더보기	55, 56, 58, 183
서식 복사와 붙여넣기	115, 117
선택하여 붙여넣기	119
셀 병합	81
셀 서식	78, 80, 81, 82
수식 오류 메시지	107
수식의 이해	106
수정 기록 표시	30
순환 종속 참조	271

숫자 데이터	44
숫자를 한글로 변환	279
슬라이서 만들기	152, 153, 154
슬라이서 사용하기	155, 156, 157
슬라이서의 맞춤 설정	158
시간 데이터	45
시트 보호	91
시트 복사와 삭제	88
시트 숨기기와 표시	89
시트 이름과 색상	87
시트 추가와 순서	86
실시간 채팅	96, 97
알림 규칙	102, 103
액세스 허용 요청	234
앱스 스크립트	257
언어 자동 감지	200
엑셀 파일	34, 37, 39, 40
엑셀 파일 편집하기	37
연산자의 종류	106
열 순서 변경	206
이름 바꾸기	20
입력 거부 설정	62
입력 시간 자동 기록	271

ㅈ~ㅊ

자동 완성	53, 165
자동 저장	19
자동 채우기	48, 49, 51, 52
절대 참조	109, 252
정렬	80, 122
정렬 순서	123
조건 함수	162
조건별 필터링	126
조건부 서식	83, 273, 277
중복 데이터 강조	276
지역 차트	142, 149
집계 함수	225, 232
차트 게시	150
차트의 종류	140, 141, 142, 143
참조 방식	108, 109, 110
찾기/참조 함수	189
체크박스 만들기	65
체크 항목 모아보기	273

ㅋ~ㅌ

콤보 차트	140, 146
쿼리문의 기본 구조	223
텍스트 줄 바꿈	80
특정 범위 이름	113

ㅍ~ㅎ

피봇 테이블	132, 135
필터 만들기 알림	125
필터 보기	130
한글 글꼴 추가	78
함수의 이해	160
함수의 도움말	161
행 번호 자동 입력	268
행/열 고정	82
행/열 추가와 숨기기	90
혼합 참조	110
확장 프로그램	246, 256, 257, 259

A~B

Apps Script	39, 257, 258, 280
App Sheet	39
ARRAYFORMULA 함수	226, 228, 229, 269

C~D

COUNT/COUNTA 함수	166
COUNTIF 함수	163
COUNTIFS 함수	165
DATEDIF 함수	185
DATEVALUE 함수	216
DAY 함수	180
DAYS360 함수	187

E~F

FILTER 함수	215, 217, 218, 220

G~H

Google Sheets로 저장	40
GOOGLEFINANCE 함수	241
GOOGLETRANSLATE 함수	199
GROUP BY	224

I~J

IF 함수	162
IFERROR 함수	169
IMAGE 함수	194
IMPORTHTML 함수	237
IMPORTRANGE 함수	232, 234
IMPORTXML 함수	239
INDEX 함수	192

K~L

LEFT 함수	171

M~N

MATCH 함수	191
Microsoft Excel	34, 38
MONTH 함수	180
NOW 함수	179

Q~R

QUERY 함수	222, 234, 275
REPLACE 함수	172
ROW 함수	268

S~T

SEARCH 함수	177, 219
Sheet Spider	263
SORT 함수	211
SPARKLINE 함수	196
SPLIT 함수	212
SUMIF 함수	167
SUMIFS 함수	168
TEXT 함수	174, 184
TEXTJOIN 함수	175

U~V

UNIQUE 함수	210
VLOOKUP 함수	189, 207, 229

W~X

WEEKDAY 함수	182

Y~Z

YEAR 함수	180